Meda Mucundorfeanu

Die deutschsprachige Presse in Rumänien während der kommunistischen Zeit. Fallstudie: die Zeitung „Neuer Weg“

Mitteldeutsche Hochschul-Schriften
Herausgeber: Otto Altendorfer †, Ludwig Hilmer

ISBN (Taschenbuch): 978-3-9815142-4-7
ISBN (Hardcover): 978-3-948345-04-4

1. Auflage 2015
2. unveränderte Auflage 2020

Layout: Meda Mucundorfeanu
Satz: Christian Greim
Druck und Vervielfältigung: tredition GmbH,
Halenreie 40-44, 22359 Hamburg;
www.tredition.de

Hochschulverlag Mittweida
Technikumplatz 17, 09648 Mittweida

HVM
Hochschulverlag
Mittweida

Vorwort

Meda Mucundorfeanu ist eine junge Kommunikationswissenschaftlerin die an der Babes-Bolyai Universität in Rumänien arbeitet. Seit dem Jahr 2009 arbeitete sie innerhalb des deutschsprachigen Studiengangs für Kommunikationswissenschaft, PR und Werbung als wissenschaftliche Mitarbeiterin. Seit 2014 ist sie Lektorin beim selben Department. Seit 2010 ist Meda Mucundorfeanu Lehrbeauftragte an der Fakultät für Medien der Hochschule Mittweida.

Ihr Werdegang ist interdisziplinär geprägt: sie hat Kommunikationswissenschaft und auch Sprachwissenschaft auf der Bachelor, aber auch auf der Master Ebene studiert. Die Autorin ist auch staatsgeprüfte Übersetzerin und Dolmetscherin für die Sprachen Rumänisch, Deutsch und Englisch. Die Promotion hat sie in Geschichtswissenschaft mit der Auszeichnung *sehr gut* im Jahre 2012 absolviert. Folglich ist ihre Dissertation, die in Form dieses Buches veröffentlicht wurde, eine interdisziplinäre Auseinandersetzung mit der Geschichte der deutschsprachigen Medien in Rumänien für einen bestimmten Zeitraum.

Die deutschsprachige Presse in Rumänien während der kommunistischen Zeit. Fallstudie: die Zeitung „Neuer Weg“ ist der Titel des erstes Buches von Meda Mucundorfeanu, jedoch ist die Publikationsliste der Kollegin umfangreich und beinhaltet zahlreiche Artikel, die in Fachzeitschriften in der englischen, deutschen und rumänischen Sprache verfasst wurden.

Man kann nicht über die deutschsprachigen Medien, die in Rumänien in dem 20. Jahrhundert veröffentlicht wurden, sprechen, ohne den allgemeinen Kontext zu erklären. Aus diesem Grund widmet sich die Autorin im ersten Kapitel des Buches der Geschichte der in Rumänien lebenden Deutschen in dem gegebenen Zeitraum.

Das nächste Kapitel der Arbeit stellt die Situation der Medien in Rumänien im Zeitalter des Realsozialismus dar. Die Auseinandersetzung ist erneut komplexer Art. Es sind historische, ökonomische und gesetzliche Rahmenbedingungen dargestellt. Obwohl der Kern der Arbeit die Printmedien sind, wurde bei dieser Gelegenheit generell über alle Medien: Print, Radio und Fernsehen gesprochen.

Ein weiteres Kapitel beinhaltet die tatsächliche empirische Arbeit. Die Methoden der Untersuchung sind zwei. Als erstes wurde die Inhaltsanalyse ausgewählter Ausgaben der Zeitung Neuer Weg bezüglich bestimmter bedeutenden Themen für die deutsche Minderheit in Rumänien durchgeführt. Als Ergänzung führt die junge Forscherin Experteninterviews durch. Der Wahl der Methoden, deren Anwendung, die Analyse und die Darstellung der Ergebnisse ist der Beweis für die Qualifikation der Autorin.

Prof. Dr. Delia Cristina Balaban

Meinen lieben Eltern in Dankbarkeit

Inhaltsverzeichnis:

1. Einleitung

Der Kern der vorliegenden Arbeit liegt in der Untersuchung der für die Rumäniendeutschen wichtigsten überregionalen, deutschsprachigen Zeitung *Neuer Weg*. Es wird untersucht, ob die Zeitung *Neuer Weg* bei allen kommunistischen Vorgaben trotzdem die Interessen der Rumäniendeutschen unterstützt hat, ob und inwieweit diese Blätter für die Minderheit, für die sie gedruckt wurden, identitätsstiftend waren. Wir wollten herausfinden welchen Stellenwert minderheitenrelevante Inhalte in der Berichterstattung des *Neuen Wegs* einnehmen. Es wird analysiert wie die deutschen Traditionen und Belange dargestellt wurden, wenn sie überhaupt dargestellt wurden.

Diese Analyse dient des besseren Verstehens des rumänischen Pressesystems während des Kommunismus im Allgemeinen, und spezifisch, der deutschsprachigen Presselandschaft in derselben Zeitspanne, anhand eines repräsentativen Beispiels, und zwar am Beispiel der einzigen deutschsprachigen überregionalen Zeitung, *Neuer Weg*, während der 50 Jahre langen kommunistischen Zeit in Rumänien. Das Verstehen der Situation und der Belange der Rumäniendeutschen wird dadurch wahrscheinlich erleichtert - durch die Analyse des Systems, in dem sie lebten und der Informationen, zu denen sie Zugang hatten.

Um sich so einer anspruchsvollen Analyse annähern zu können, musste ein Kontext geschaffen werden und die wichtigsten Aspekte, die diesem Thema zugrunde liegen, werden in den ersten Kapiteln der vorliegenden Arbeit ausführlich vorgestellt. Dazu zählen: die soziale, wirtschaftliche, politische und kulturelle Lage der in Rumänien lebenden deutschen Minderheiten, die Medienlandschaft im Allgemeinen und besonders die deutschsprachige Medienlandschaft in diesem Land in dieser Zeitspanne. Ein anderer, für die vorgenommene Studie, wichtiger Schritt ist die Analyse und Darstellung der zu diesem Thema schon durchgeführten Studien, deren Grenzen und Ausdehnungsmöglichkeiten, gefolgt von theoretischen Aspekten bezüglich der Inhaltsanalyse im Allgemeinen, und besonders der Medieninhaltsanalyse. Schließlich wird die eigene Inhaltsanalyse des *Neuen Wegs* dargestellt, die Auswahl des Analysematerials, Auswertung, Ergebnisse und wichtige Erkenntnisse die sich daraus ergeben.

Das zweite und dritte Kapitel sind eng miteinander verbunden. **Im zweiten Kapitel** wird die Lage der Rumäniendeutschen nach dem zweiten Krieg in vier Phasen dargestellt: die erste widersprüchliche und schwere Phase direkt nach dem Krieg, gefolgt von der eher moderaten zweiten Phase in den 50er und 60er Jahre, die dritte Phase der 70er Jahren mit der Zwangsassimilation und die letzte vor dem Ende des Ceauşescu Regimes, Schmelztiegel-Effekt genannt.

Die wichtigsten Ereignisse wurden besprochen und dargestellt. Hierzu zählt die Ex-lex Periode, als die Rumäniendeutschen vom Minderheitenstatut ausgeschlossen wurden und rechtlich nicht mehr existent waren, die Deportation von ungefähr 70.000 Rumäniendeutschen zur Wiederaufbauarbeit in die Sowjetunion.

Besondere Aufmerksamkeit wurde dem Agrargesetz aus dem Jahr 1945 geschenkt, deren Auswirkungen die deutsche Minderheit stark beeinträchtigt haben. Es wurde auch ein Vergleich zwischen dieser und der Bodenreform aus dem Jahre 1921 gemacht, Gemeinsamkeiten und Unterschiede ans Licht gebracht. Die Verstaatlichung der Institutionen des Landes und deren Auswirkungen wurden nicht außer Acht gelassen, genauso wenig wie die Anerkennung der Rechte der Rumäniendeutschen im Jahr 1950 und die Rückgabe der Güter der enteigneten Rumäniendeutschen, als Gegenleistung für den Übergang zur Kollektivierung. Wichtige Themen für diese Minderheit, die natürlich in diesem zweiten Kapitel angesprochen werden, sind das Ausreisen und die Auswanderung, der deutschsprachige Schulunterricht und die Wiederaufnahme der diplomatischen Beziehungen zwischen Rumänien und der Bundesrepublik Deutschland, infolge deren zahlreiche Deutsche, gegen ein gewisses *Kopfgeld*, auswandern konnten.

Bezüglich der Kommunistischen Partei werden zwei Unterkapitel erstellt. Eines behandelt die möglichen Gründe weswegen die kommunistische Partei eine regelrechte Werbekampagne für die Aufnahme von Rumäniendeutschen durchgeführt hat. Das zweite Unterkapitel befasst sich mit einer kurzen Analyse bezüglich der Grundzüge der rumänischen kommunistischen Partei im Vergleich zu anderen kommunistischen Parteien aus den anderen Ostblockstaaten. Die politische Landschaft der 70er Jahre wird nuanciert und besondere Aufmerksamkeit wird dem Schmelztiegel-Effekt geschenkt, also den 80er Jahren, in denen Nationalismus zur Staatsideologie wurde und die Homogenisierung, also die Rumänisierung der nationalen Minderheiten eines der Hauptziele der Partei war.

Da dieses Kapitel nur als Kontext für die vorgenommene Studie dienen soll, wurden nur die Auswirkungen des Kommunismus in Bezug auf die Rumäniendeutschen, und nicht der ganzen rumänischen Gesellschaft, dargestellt.

Das dritte Kapitel thematisiert die Medien im Kommunistischen Rumänien und nähert sich somit dem Bereich der beabsichtigten Studie, ein Schritt näher. Dieses Kapitel besteht hauptsächlich aus drei Unterkapiteln bezüglich der rumänischen Presse-, Radio- und Fernsehlandschaft, aus anderen drei Unterkapiteln bezüglich der deutschsprachigen Presse-, Radio- und Fernsehlandschaft und natürlich aus einem Unterkapitel bezüglich der Zensur, den Zensurbehörden, den Zensurmechanismen und der wichtigsten Nachrichtenagentur aus Rumänien, *Agerpres*.

Bei der Darstellung der allgemeinen Situation der Presse werden die Bestimmungen des Pressegesetzes (1974) besprochen und gedeutet. Die Situation der Presse nach 1977 und die Presse während des satanischen Jahrzehnts, der 80er Jahre, und deren Eigenheiten werden dargestellt. Die Anzahl und der Inhalt der Radio- und Fernsehprogramme wurde auch vorgestellt.

Bei der Darstellung der deutschsprachigen Medien aus Rumänien während der Zeit des Kommunismus werden die deutschsprachigen Publikationen, besonders aus dem Banat und aus Sibiu, vor und während der kommunistischen Jahre aufgelistet. Besondere Aufmerksamkeit wird der Zeitung *Neuer Weg* geschenkt. Als Einleitung zum nächsten Kapitel werden das Profil, die Themen und die politischen Themen dieser Zeitung vorgestellt.

Das vierte Kapitel beinhaltet die schon durchgeführten Studien über den *Neuen Weg*. Es werden zunächst die vier Studien, die sich mit der Analyse dieser Zeitung befasst haben, mit ihren Stärken und Schwächen, vorgestellt. Diese Annäherung dient als Ausgangspunkt für die eigene gründliche Studie.

Die schon durchgeführten und von uns untersuchten Studien über den *Neuen Weg* sind die folgenden:

1. Annemarie Weber (2008): *Russlanddeportierte in der rumäniendeutschen Presse des ersten Nachkriegsjahrzehnts:* Untersuchte Zeitspanne: 1949-1957;

2. Manuela Olhausen (2005): *Politische Kommunikation im Wandel. Die deutschsprachige Presse des (ehemaligen) Ostblocks zwischen 1980 und 2000:*
Untersuchte Zeitspanne: die Jahre 1980, 1989, 1990 und 2000;

3. Egon Schuster (1992): *Vom Huldigungstelegramm zur Information. Die deutschsprachige Minderheitenzeitung ‚Neuer Weg' vor und nach dem Umsturz in Rumänien:*
Untersuchte Zeitspanne: 1. Oktober 1989 bis 20. Mai 1990;

4. Müller, Annett (2002): *Vom Neuen Weg zur Allgemeinen Deutschen Zeitung für Rumänien:*
Untersuchte Zeitspanne: 29. Januar 1991 – 31. Mai 1997.

Das fünfte Kapitel beinhaltet die eigene Studie bezüglich des *Neuen Wegs.* Durch die vorliegende Analyse wird untersucht, ob die Zeitung *Neuer Weg* bei allen kommunistischen Vorgaben trotzdem die Interessen der deutschen Minderheit vertreten hat, ob und inwieweit diese Blätter für die Minderheit, für die sie gedruckt wurden, identitätsstiftend waren. Es wird analysiert ob und wie die deutschen Traditionen und Belange dargestellt wurden.

Einerseits wird verfolgt, ob die Zeitung über die Deutschen aus dem Ausland, beziehungsweise aus der BRD und der DDR, berichtet hat und andererseits über die Deutschen aus Rumänien. Das Spannungsverhältnis zwischen Deutschtum und Sozialismus ist hier von besonderem Interesse und eine der wichtigsten Forschungsfragen ist die folgende: Wird im Kontext von Deutschtum oder im Kontext des Sozialismus geschrieben?

Wie erwähnt, wollen wir herausfinden welchen Stellenwert minderheitenrelevante Inhalte in der Berichterstattung des *Neuen Wegs* einnehmen. Wir werden von der Annahme ausgehen, dass folgende Themen minderheitenrelevant sind: Ereignisse aus der DDR und aus der BRD und Ereignisse aus dem Inland bezüglich der Minderheiten.

Um feststellen zu können, ob überhaupt Themen über Deutschland, sowohl über die Bundesrepublik Deutschland, als auch über die Deutsche Demokratische Republik, im *Neuen Weg* veröffentlicht wurden, werden wir eine qualitative Medieninhaltsanalyse durchführen. Wir werden bei der Auswahl des Analysematerials systematisch vorgehen, und zwar werden wir zuerst eine Liste mit den wichtigsten Ereignissen, aus der BRD und der DDR, zusammenfassen. Es geht dabei um die Ereignisse die sich während der kommunistischen Periode aus Rumänien abgespielt haben, also während des Bestehens der Zeitung *Neuer Weg*. Aus diesen Ereignissen, werden wir die wichtigsten 35 aus allen Lebensbereichen auswählen, es geht dabei um Themen wie: deutsche Erfolge im Sport, die deutsche Teilung, fünf Jahrestage des Mauerbaus, politische Entscheidungen, deutsche Beziehungen zu anderen Staaten usw.

Bei der Auswertung der untersuchten Medieninhalte wird die Art und Weise analysiert, in der die Ereignisse über die Berichtet wurde, dargestellt werden, aber auch nach möglichen Gründen gesucht, weswegen bestimmte Ereignisse aus der Berichterstattung fehlen. Somit werden drei Kategorien entstehen:

- Ereignisse über die berichtet wurde;
- Ereignisse über die nicht berichtet wurde;
- Ereignisse aus dem Inland.

Es wird auch untersucht, ob diese Zeitung einfach nur eine rumänische Zeitung in deutscher Sprache gewesen ist, oder ob sie sich inhaltlich von den anderen Zeitungen des Landes unterscheidet. Hierfür werden wir auch Ausgaben aus den zwei wichtigsten rumänischen Überregionalen Zeitungen *Scânteia* und *România Liberă* auswählen und überprüfen, ob sich dieselben Themen darin wiederfinden, wie in der deutschsprachigen Zeitung, und wenn nicht, worin die Unterschiede bestehen.

Die Auswertung des Analysematerials erfolgt mit der Berücksichtigung wichtiger Erkenntnisse, die von wichtigen Persönlichkeiten, die im Pressebereich während des Kommunismus gearbeitet haben, gemacht wurden. Es geht dabei um drei Interviews die mit drei der fünf Personen durchgeführt wurden, die seit vielen Jahrzehnten beim *Neuen Weg* immer noch arbeiten, und zwar: Frau Gertrud Montferrato, Sekretärin beim NW/ADZ, Frau Rohtraut Wittstock, Chefredakteurin des NW/ADZ und Herr Werner Kremm, Redakteur beim NW/ADZ. Es werden bei der Analyse auch zwei Reden in Betracht genommen, eine von Walther Konschitzky, ehemaliger Redakteur des *Neuen Wegs*, und die zweite Rede von Hannes Schuster, ehemaliger Redakteur der *Karpatenrundschau.*

Die vorliegende Arbeit gibt ein Teil der Geschichte wider, anhand eines Beispiels aus der deutschsprachigen Presse aus Rumänien, und zwar anhand der Zeitung *Neuer*

Weg. Wir haben versucht durch die Analyse des *Neuen Wegs* und anhand von Gesprächen mit an der Zeitung direkt beteiligten Akteuren, die Geschichte zu rekonstituieren.

2. Allgemeinbetrachtungen über die Lage der Rumäniendeutschen im 20. Jahrhundert

Die Zeit nach dem zweiten Weltkrieg war für die Rumäniendeutschen keine leichte Zeit. Laut Kroner fand in dieser Ära „eine Tradition von achthundert Jahren, in denen die Siebenbürger Sachsen ihre Vertreter frei gewählt hatten[1]" ein Ende. Besonders im 19. Jahrhundert waren die Lebensbereiche der Banater Schwaben und der Siebenbürger Sachsen, zwar getrennt, aber schön vielfältig. Ihre Leistungen im Bereich der Kultur, Bildung, Presse, Literatur, Musik, Wissenschaft und Technik waren bemerkenswert. Gegen Ende des 19. Jahrhunderts haben diese beiden nationalen Gemeinschaften ihre gemeinsamen Interessen zur Kenntnis genommen und begonnen diesbezüglich zu agieren[2].

Doch gegen Mitte des 20 Jahrhunderts haben sich die Bedingungen im Land verändert und verschlechtert. Totok beschreibt die Jahre nach dem Kriegsende als eine Diskriminierung der Rumäniendeutschen: „Die Angehörigen der deutschen Minderheit wurden in der Zeitspanne 1945 bis 1948 offen diskriminiert, ihre Schulen zum Großteil geschlossen, die Bauern von der Bodenreform ausgeklammert, zahlreiche Personen verhaftet."[3] Während des Kommunismus in Rumänien gab es keine individuellen Rechte, es gab nur Rechte, gewährt und geleitet von einem starken auferlegten Nationalismus. Die Hauptziele dieses stark ausgeprägten Nationalismus waren die Bildung einer homogenen Nation, die Beseitigung der nationalen Unterschiede und die Assimilierung der Minderheiten an die rumänische Kultur.

Man kann die Zeitspanne nach dem zweiten Weltkrieg bis zum Umbruch, also von der Entstehung, bis zum Fall des Kommunismus, in vier Phasen einteilen. Die erste Phase, nach dem Krieg, war widersprüchlich und schwer. Die Rumäniendeutschen

---

[1] Kroner, Michael (1983): *Politische Stimmungen bis 1944*, S. 21-34, in: Schuster, Oskar (1983): *Epoche der Entscheidungen. Die Siebenbürger Sachsen im 20. Jahrhundert.* Sonderausgabe für die Mitglieder des Arbeiterkreises für die Siebenbürgische Landeskunde, e. V. Heidelberg, Köln/ Wien, S. 25.

[2] Vgl. Gräf, Rudolf (2001): *Cultura germanilor din Banat*, S. 589-599 in: Pop, Ioan-Aurel/ Nägler, Thomas, Magyari, András (2001):*Istoria Transilvainiei de la 1711 până la 1918*, Vol. III, Academia Română, S. 598.

[3] Totok, William (1990): *Rumänisierung – Die Nationalitätenpolitik von 1918 bis 1990*, S. 102-135 in: Wagner, Richard/ Frauendorfer, Helmut (Hrsg) (1990): Der *Sturz des Tyrannen. Rumänien und das Ende der Diktatur*, Reinbek, S. 118.

mussten viele Schicksalsschläge einstecken, von der Enteignung, zur Deportation, bis hin zur Einschränkung ihrer Muttersprache.

Die zweite Phase kann als moderat betrachtet werden. Die Maßnahmen waren, in dieser Zeitspanne, eher indirekt, durch die Verabschiedung der Verfassung 1952 und die Konsolidierung des Ceauşescu Regimes Ende der 60er Jahre.

Die dritte Phase war eher intolerant und repressiv. In den 70er Jahren begann die Zwangsassimilation, die Bürger wurden überwacht und verfolgt und waren zynischer Auswanderregelungen unterworfen.

Die vierte Phase ist die Phase vor dem Ende des Ceauşescu Regimes. Hier waren die Folgen der bezüglich der Minderheiten getroffenen Maßnahmen zu spüren. Der extreme Nationalismus und das Verlieren elementarer Grundrechte haben zu großen Spannungen im Land geführt.

2.1 Die Ex-lex Periode

In dieser Periode musste die deutsche Minderheit in der Tat schwere Schläge einstecken. 1945 fand die Deportation[4] statt, gleichzeitig haben die Rumäniendeutschen all ihre staatsbürgerlichen Rechte verloren und wurden vom Minderheitenstatut ausgeschlossen. Somit befanden sie sich in einem Ex-lex-Zustand, also waren sie rechtlich nicht mehr existent, sie hatten keine politischen Rechte und keine Bürgerrechte. Danach folgte die Totalenteignung aller deutschen Grundbesitzern, gefolgt von der Nationalisierung der Industrie, Finanz- und Bankwesen, die Totalenteignung des deutschen Bürgertums im Zuge der Sozialisierung und die Enteignung des deutschen Schulvermögens durch die Verstaatlichung des gesamten rumänischen Schulunterrichtswesens und 1950 gingen alle Zentralbezirke der Rumäniendeutschen mit

[4] Deportation: (lat. Verbringung), im Recht der röm. Kaiserzeit aus dem Exil und der Aberkennung des Bürgerrechts (*aquae et ignis interdictio*) entwickelte Strafe: Verbannung mit Zwangsdomizil (Th. Mommsen); in der NZ. v.a. im Strafrecht Englands (Australien), Rußlands (Sibirien), Frankreichs (Cayenne) ausgebildet: Verschickung von Kriminellen, Schwerverbrechern oder politischen Gefangenen: Bayer, Erich (1980): *Wörterbuch zur Geschichte. Begriffe und Fachausdrücke*, 4. Überarbeitete Auflage, Kröner, Stuttgart, S.94.

ihren Wohn- und Geschäftsbauten im staatlichen Besitz über. Somit war, im kommunistischen Sinne, diese Gemeinschaft reif für den Aufbau des Sozialismus[5].

In der allgemeinen Nachkriegsathmosphäre wurde den Rumäniendeutschen auf Anordnung der Sowjetunion die Schuld an der Teilnahme Rumäniens „am antisowjetischen Krieg und der Besetzung Rumäniens durch Nazi-Deutschland"[6] gegeben. Die Folge war die Deportation von ungefähr 75.000 rumäniendeutschen Männer und Frauen zur Zwangsarbeit in die Sowjetunion im Jahr 1945. Familien wurden getrennt und nach dem Ende des 2. Weltkriegs hat sich die Anzahl der deutschen Minderheit aus Rumänien halbiert[7].

2.1.1 Die Deportation 1945

Als Rumänien am 23. August 1944 die Fronten wechselte und fortan auf sowjetischer Seite Krieg gegen Deutschland führte, waren die Deutschen im Lande ihrem Schicksal schutzlos ausgeliefert[8]. Die Lage der Deutschen aus Rumänien hat sich mit der Friedenskonvention vom September 1944 deutlich verschlechtert. Am 12. September 1944 hat die rumänische Regierung ein Abkommen mit den Regierungen der Sowjetunion, Großbritanniens und der Vereinigten Staaten von Amerika abgeschlossen[9]. Dadurch hat die rumänische Regierung eine Reihe von Verpflichtungen gegenüber den Alliierten auf sich genommen

Artikel 2, 14 und 15 aus der Friedenskonvention beziehen sich auf mögliche Faktoren, die die nationale Sicherheit des Landes gefährden könnten, in diesem Sinne hatte besonders Artikel 15, Folgen für die ganze deutsche Bevölkerung aus Rumänien, da sich die rumänische Regierung hiermit verpflichtet hat alle pro-hitleristischen Organisationen und besonders diejenigen Organisationen, die eine ablehnende

---

[5] Hartl, Hans, (1987): *Die Deutschen in Rumänien nach 1945*, S. 81-101, in: *Die Deutschen in Rumänien heute. Das Schicksal der Siebenbürger Sachsen als schwindende nationale Minderheit*, 2. Auflage, 1987, Herausgegeben vom Kulturreferat der Landsmannschaft der Siebenbürger Sachsen in Deutschaland, S. 87-90.

[6] Eisenburger, Eduard/ Kroner, Michael (1976): *Sächsisch-Scwäbische Chronik. Beiträge zur Geschichte der Heimat*, Kriterion, Bukarest, S. 168.

[7] Gabanyi, Anneli Ute (1991): *Bleiben, gehen, wiederkehren? Zur Lage der deutschen Minderheit, S. 496f*, in: *Rumänien* in *Südosteuropa*, 10/1991, S.493-517.

[8] Oschlies, Wolf (1988): *Rumäniendeutsches Schicksal 1918-1988, Wo Deutsch zur Sprache der Grabsteine wird*, Böhlau Verlag, Köln, Wien, S. 50.

[9] Monitorul Oficial (Partea I), Nr. 219 vom 22. September 1944, S. 6372 - 6373

Propaganda gegen die Vereinigten Nationen und besonders gegen die Sowjetunion hatten, aufzulösen[10]. Gemeint war hiermit die Deutsche Volksgruppe aus Rumänien[11], deren organisatorisch-institutionelle Struktur anschließend aufgelöst wurde und dessen Guthaben und Rechte vom rumänischen Staat übernommen wurden[12]. Jedoch stand in der Friedenskonvention nichts über die Verpflichtung des rumänischen Staates, sich an die Wiederaufbauarbeiten der Sowjetunion zu beteiligen und rumänische Bürger in den vom Krieg zerstörten Regionen zu schicken. Trotzdem wurde am 6. Januar 1945 dem Präsidenten des Ministerrates, von der Alliierten Kontrollkommission verlangt, die deutschen Bewohner aus Rumänien, in der UDSSR zur Arbeit zu schicken.

Aber wieso wurde gerade die deutsche Minderheit aus Rumänien ausgewählt und deportiert? Um Antworten auf diese Fragen zu finden, muss man die 3 Prioritäten der damaligen Zeit in Betracht ziehen, und zwar: die Beseitigung des Faschismus, den Wiederaufbau nach dem Krieg und die Festlegung der Beziehungen zwischen den Großmächten der Welt. All diese Prioritäten führen zur Erfüllung des ultimativen Ziels: Frieden, und zwar so schnell wie möglich.

Für Stalin war der Feind Nummer eins, der Faschismus, Hitlers National-Sozialismus und unmittelbar, Deutschland, das deutsche Volk und alles was deutsch war. Stalin war der Ansicht, dass die Region aus Zentral- und Osteuropa eine Sicherheitszone für die Sowjetunion sein sollte, eine Art Pufferzone zwischen den westlichen Ländern und der Sowjetunion, damit diese letztere, nicht mehr spontan angegriffen werden kann, so wie Hitler vorgegangen ist. Stalin wollte eigentlich die Kontrolle über Deutschland übernehmen, er verfolgte die Hegemonie über Europa, so dass sein Land nie mehr und von niemandem mehr gefährdet werden kann. Eigentlich hat er die langsame aber sichere Umwandlung der Staaten aus Mittel- und Osteuropa in Satellitenstaaten verfolgt. Aber wieso sollte die deutsche Minderheit so viel leiden?

Am Anfang war es nicht sehr klar wer eigentlich deportiert werden soll, entweder die ungarische Minderheit, oder die deutsche Minderheit, oder beide. Schließlich hat man sich für die Deutsche entschlossen. Eine mögliche Erklärung dafür wäre, der unklare

---

[10] Poledna, Rudolf (2001): *Sint ut sunt, aut non sunt? Transformări sociale la sașii ardeleni după 1945*, Presa Universitară Clujeană, Cluj-Napoca, p. 85

[11] Vgl. Böhm, Johann (2003): *Die Gleichschaltung der Deutschen Volksgruppe in Rumänien und das Dritte Reich 1941-1944*, Peter Lang, Frankfurt am Main, S. 9.

[12] Monitorul Oficial (Partea I), Nr. 2 vom 3. Januar 1945, S.16

Statut der Deutschen, die im Norden Siebenbürgens lebten, Region, die nach dem Diktat von Wien, Ungarn übergegeben wurde. Durch den Befehl Nr. 031 hat die Kontrollkommission befohlen, dass alle deutschen Bewohner sich an der Wiederaufbauarbeit beteiligen, unabhängig von ihrer Staatsbürgerschaft[13]. Das heißt, dass keinerlei Unterschiede zwischen den Deutschen des Dritten Reichs und den Bürgern deutscher Herkunft gemacht wurde und somit wurden alle Deutsche bestraft, obwohl im Friedensabkommen, die Deportation rumänischer Bürger nicht vorgesehen wurde. Die sowjetischen Behörden haben alle Deutsche als schuldig angesehen und haben ihnen gegenüber eine besonders pragmatische Politik ausgeübt.

Mit anderen Worten, wurden die rumänischen Staatsbürger deutscher Nationalität, von der Sowjetunion als genauso schuldig angesehen, wie Hitler, die deutsche Wehrmacht oder die Bevölkerung Deutschlands. Folglich ist die Deportation in die Sowjetunion zur Wiederaufbauarbeit nichts anderes als die logische Folge, die sich aus der Kollektivschuld erschließen lässt. Alles was deutsch war, wurde mit hitleristisch und faschistisch gleichgesetzt, die Deutschen wurden zu Sündenböcken[14] für alles was schlecht war, gemacht. Mehr noch, Rumänien hat die Sowjetunion angegriffen und somit wurden die rumänischen Staatsbürger auch als schuldig angesehen. Also wurde die Deportation der Deutschen aus Rumänien aus zwei Perspektiven legitimiert[15]: einerseits durch die Kollektivschuld aller Deutschen und andererseits durch die Tatsache, dass sie rumänische Staatsbürger waren.

Die Gründe weswegen die Rumäniendeutschen, aus der Sicht der Sowjetunion büßen sollten, haben ihren Anfang im Februar 1942, beziehungswese im Mai 1943, als Deutschland ein Abkommen mit Ungarn, beziehungsweise mit Rumänien schloss, wonach die wehrfähigen Deutschen aus Nord- und Südsiebenbürgen der Waffen-SS beitreten sollten. Die restlichen Männer sollten der Wehrmacht, der deutschen Rüstungsindustrie oder der Organisation Todt, einer technischen NS-Spezialtruppe, die im Krieg Aufgaben im militärischen Bauwesen übernahm, beitreten. Durch dieses

[13] Poledna, Rudolf (2001): *Sint ut sunt, aut non sunt? Transformări sociale la sașii ardeleni după 1945*, Presa Universitară Clujeană, Cluj-Napoca, S. 90

[14] Kroner, Michael (2004): *Die Deutschen Rumäniens im 20. Jahrhundert, Österreichische Landsmannschaft*, Wien, S. 65.

[15] Poledna, Rudolf (2001): *Sint ut sunt, aut non sunt? Transformări sociale la sașii ardeleni după 1945*, Presa Universitară Clujeană, Cluj-Napoca, S. 92.

Beitreten, wurden die Rumäniendeutschen als Unterstützer von Hitlerdeutschland angesehen.

Ein anderer Grund für die Bestrafung der Rumäniendeutschen ist, aus der Sicht der Sowjetunion, auf die Entscheidung Rumäniens 1940 an der Seite des Deutschen Reiches am Russlandfeldzug teilzunehmen, zurückzuführen. Daran haben sich auch Mitglieder der deutschen Minderheit beteiligt, da sie auch rumänische Staatsbürger waren und ihren Pflichten nachgehen mussten. Allerdings hat Rumänien am 23. August 1944 nach dem Staatsstreich gegen Marschall Ion Antonescu, auf die Seite der Alliierten gewechselt. Die Folge dieser Entscheidung war die Eingliederung Rumäniens in das sowjetisch beherrschte Staatensystem und die zwangsweise kommunistische Umgestaltung von Wirtschaft, Staat und Gesellschaft.

Nach dem Frontwechsel und der Besetzung Rumäniens durch sowjetische Truppen entstand für die Rumäniendeutschen eine neue Lage von schicksalhafter Bedeutung. Sie wurden von der Sowjetunion aus den oben angeführten Gründen als schuldig angesehen und bestraft. Einerseits weil einige der Mitglieder der in Rumänien lebenden deutschen Minderheit der Waffen SS beigetreten sind und andererseits weil sie sich, als rumänische Staatsbürger, am antisowjetischen Krieg beteiligt haben. Somit begannen die Jahre der Entrechtung, Verschleppung und Diskriminierung, die ihren Willen, in Rumänien zu bleiben, entscheidend schwächten. Die Sowjetunion übte Rache an den Rumäniendeutschen, denen sie die Kollektivschuld an der Teilnahme Rumäniens am antisowjetischen Krieg und der Besetzung Rumäniens durch Nazideutschland zuwiesen.

Die ersten Reaktionen der Betroffenen, die der Verschleppung entkommen wollten, waren natürlich die Flucht, das Verstecken oder die Zweckehe mit Rumänen. Zahlreiche Aussagen von Zeugen und Betroffenen geben Auskunft über die Verzweiflung, die die Nachricht über die Deportation hervorgerufen hat.[16]

Die Zahlen der deportierten Rumäniendeutschen wurden gemäß einer Volkszählung aus dem Jahr 1941 ausgerechnet. Man vermutet, dass es sich um ungefähr

---

[16] Vgl. Budeancă, Cosmin (2006): *Die Deportierung 1945 der Volksdeutschen in die Sowjetunion aus der Sicht der rumänischen Bevölkerung*, S.319-353, in: Gaiu, Corneliu/ Orga, Valentin (Hrsg.) (2006): *Sașii transilvăneni între statornicie și dezrădăcinare/ Die Siebenbürger Sachsen zwischen Heimatreue und Entwurzelung*, Nosa Stiftung, Bistrița, S. 331.

70.000 Deportierte handelt. Angesichts der Beitretung der Waffen-SS, Gefangenschaft, Emigration, Mortalität usw. während des Krieges, kann es sein, dass die Gesamtzahl der Rumäniendeutschen während des Krieges geschrumpft sein könnte, was bedeutet, dass der Anteil der deportierten Rumäniendeutschen, gegenüber der gesamten Anzahl, grösser gewesen sein könnte, als in den meisten Arbeiten dargestellt wird. Es kann sein, dass die Deportation, die deutschen Gemeinden aus Rumänien mehr beeinträchtig hat, als bisher vermutet wurde, durch den Verlust an biologischer Substanz, an Arbeitskraft oder an kulturellem Vermögen.[17]

Ein Versuch die Listen der Deportierten wiederherzustellen hat Prof. Radosav in einem seiner Werke[18] dargestellt. Diese Listen enthalten die Namen der Verschleppten, das Geburtsjahr und die Geburtsortschaft und die Aufenthaltsdauer im Lager und beruhen auf Quellen des Archivs des Verbandes der ehemaligen politischen Gefangenen aus Satmar, Rumänien. Die Listen können jedoch nicht vollständig sein, da die Personen fehlen, die während der Lagerarbeit gestorben sind, die durch Dokumente nicht identifiziert werden konnten, die nach Deutschland ausgewandert sind und die zu Hause ums Leben gekommen sind und keine Nachfolger hatten. Nachfolgend werden einige statistische Daten vorgeführt.

Tab. 1: Prozentsatz der deportierten Rumäniendeutschen aus sechs Kreisen Siebenbürgens (%)[19]

	Alba	Făgăraş	Sibiu	Braşov	Târnava Mare	Târnava Mică
Prozentsatz der deportierten Rumäniendeutschen aus 6 Kreisen Siebenbürgens	17,4	14,2	14,5	14,5	14,3	20,9

[17] Poledna, Rudolf (2001): *Sint ut sunt, aut non sunt? Transformări sociale la saşii ardeleni după 1945*, Presa Universitară Clujeană, Cluj-Napoca, S. 95.

[18] Radosav, Doru (1994): *Donbas – o istorie deportată*, editat de Landmannschaft der Sathmarer Schwaben in der Bundesrepublik Deutschland, Ravensburg, S. 79-163.

[19] Weber, Georg/ Weber-Schlenther, Renate/ Nassehi, Armin, Sill, Oliver/ Kneer, Georg (1995): *Die Deportation der Siebenbürger Sachsen in die Sowjetunion 1945-1949*, 3. Volumen, Böhlau Verlag, Köln, Weimar, Wien, S. 234.

Was den Prozentsatz der Deportierten angesichts ihres Wohnumfeldes, beträgt ist er 10,4% aus der gesamten in Städten lebenden sächsischen Bevölkerung und 17,1% aus der gesamten ländlichen sächsischen Bevölkerung[20].

Tab. 2: Anzahl der Deportierten, nach Geschlecht und Größe der Herkunftsortschaften[21]

Bewohneranzahl Ortschaftsgröße	Frauen		Männer		Gesamt	
	Absolute Zahlen	%	Absolute Zahlen	%	Absolute Zahlen	%
250-1000	2384	54,8	1939	45,2	4287	100,0
1001-1500	3304	55,9	2610	44,1	5914	100,0
1501-3000	5499	55,1	4488	44,9	9987	100,0
3001-10000	2189	51,6	2054	48,4	4243	100,0
10001-40000	795	47,8	868	52,2	1663	100,0
über 40000	1984	48,5	2105	51,5	4089	100,0
Gesamt	16119	53,4	14064	46,6	30183	100,0

Gemäß des Befehls des Innenministeriums, vom 31. Dezember 1944, wurden folgende Alterskategorien für die Deportation in Betracht gezogen: alle Männer im Alter zwischen 17 und 45 Jahren und alle Frauen zwischen 18 und 30 Jahren, deren Kinder mindestens ein Jahr alt waren[22]. Dabei hat man sich nicht genau an diese Regeln gehalten, wie weiter unten, in der Abbildung dargestellt wird.

Tab. 3: Anzahl der Deportierten, nach Geschlecht und Größe der Herkunftsortschaften[23]

Altersgruppe	Frauen		Männer		Gesamt	
	Absolute Zahlen	%	Absolute Zahlen	%	Absolute Zahlen	%

[20] Ebd., S. 234
[21] Ebd., S. 236
[22] Roth, Andrei (1999): *Nationalismus und Demokratismus*, Verlag Pro Europa, Tg. Mureş, S. 317.
[23] Weber, Georg/ Weber-Schlenther, Renate/ Nassehi, Armin, Sill, Oliver/ Kneer, Georg (1995): *Die Deportation der Siebenbürger Sachsen in die Sowjetunion 1945-1949*, 3. Band, Böhlau Verlag, Köln, Weimar, Wien, S. 238.

46 Jahre und mehr	6	0,0	416	3,0	422	1,4
39-45	52	0,3	5878	42,8	5939	100,0
31-38	828	5,2	2903	21,1	3731	100,0
24-30	4523	28,4	913	6,6	5436	100,0
17/18-23	9135	57,5	2768	20,1	11903	100,0
17 Jahre und weniger (Frauen)	1359	8,6			2241	7,6
16 Jahre und weniger (Männer)			882	6,4		
Gesamt	15903	100,0	13769	100,0	29672	100,0

Die ältesten Verschleppten waren 55 und die jüngsten 13 Jahre alt. Es wurde keine Rücksicht darauf genommen, dass manche Kinder ohne Eltern geblieben sind. Glücklicherweise war die deutsche Solidarität groß und die katholische Kirche hat sich bei der Überwindung dieser harten Zeiten eingesetzt[24].

Abb.1: Gesamtzahl der deportierten Frauen und Männer nach Altersgruppen[25]

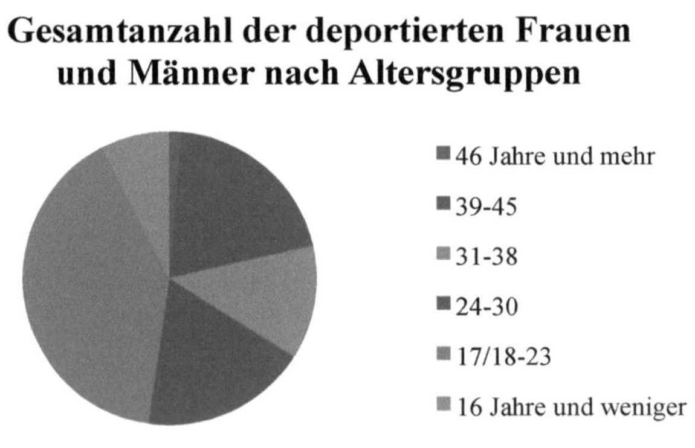

Gemäß der uns vorliegenden Daten, wurden ungefähr 15.000 Frauen und 30.000 Männer zur Wiederaufbauarbeit in die Sowjetunion deportiert. Die meisten Männer, die

[24] Kroner, Michael (2004): *Die Deutschen Rumäniens im 20. Jahrhundert, Österreichische Landsmannschaft*, Wien, S. 69.
[25] Eigene Darstellung

abgeschleppt wurden, waren im Alter 39-45 Jahre, während die meisten Frauen, die abgeschleppt wurden, viel junger waren, und zwar 17-23 Jahre alt. Die wenigsten waren in einem Alter in der physische Arbeit eine zu große Herausforderung gewesen wäre und es sich deswegen für die Sowjetunion vielleicht nicht gelohnt hätte, hier sprechen wir einerseits über die Altersgruppe unter 16 Jahre und andererseits über die Altersgruppe über 46 Jahre.

Abb. 2: Anzahl der deportierten Frauen nach Altersgruppen[26]

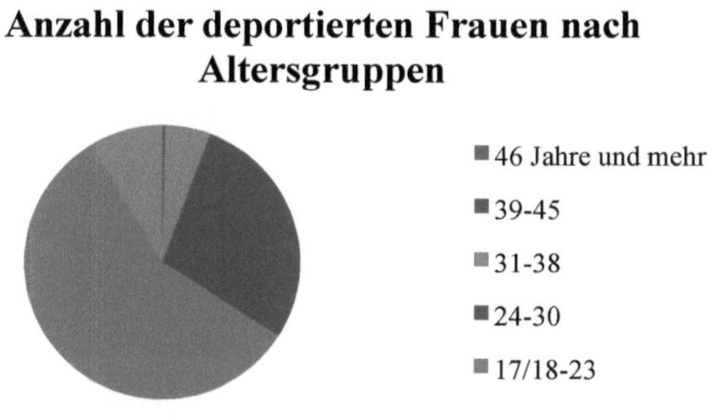

Abb.3 : Anzahl der deportierten Männer nach Altersgruppen[27]

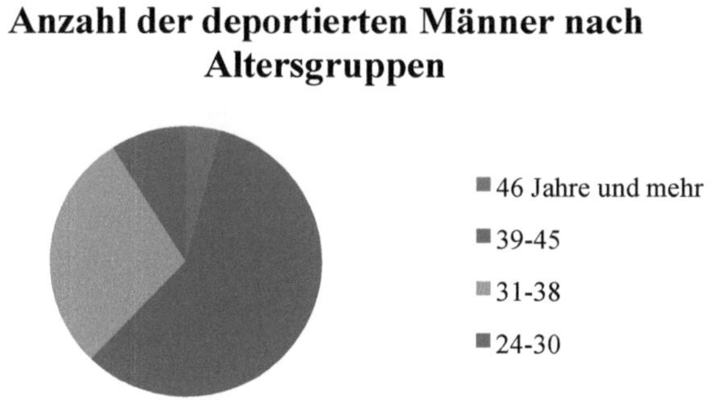

Es gibt wenig Werke über die sächsischen Ortschaften und deren Bewohner, die die Zeitspanne 1933-1945 thematisieren[28]. Auch die Publikationen aus der damaligen und

[26] Eigene Darstellung
[27] Eigene Darstellung

der nachfolgenden Zeit haben sich wenig darüber geäußert. Eine Studie[29] über die Thematisierung der Deportation in der hauptsächlichen deutschen Zeitung *Neuer Weg*, weist darauf hin, dass sehr wenig, und wenn, dann nur positiv über die Erfahrung der Rumäniendeutschen bei der Wiederaufbauarbeit in der Sowjetunion, berichtet wurde.

Die ersten Deportierten, die 1945 zurückgeschickt wurden, waren kranke oder arbeitsunfähige Menschen. Im Herbst 1949 wurden die Arbeitslager aufgelöst und die Arbeiter nach Hause geschickt. Die Rückkehr hat von Oktober bis Dezember gedauert[30]. Die eigentliche Fahrt hat zwischen 10 und 14 Tage gedauert und die Repatriierung ist durch drei Zentren erfolgt: Iaşi, Focşani und Sighet[31].

Bei der Rückkehr konnten sich die Deportierten tatsächlich entscheiden, ob sie in Rumänien bleiben wollen, oder ob sie nach Österreich oder Deutschland auswandern wollen. Einige haben sich für die zweite Variante entschlossen, da sie wussten, dass inzwischen ihre Familien dort lebten[32]. Die Bedingung, um Rumänien zu betreten, war die rumänische Staatsbürgerschaft.

Die rumänische Staatsbürgerschaft wurde durch mehrere Gesetze geregelt, darunter das Dekretgesetz Nr. 261[33] vom 4. April 1945 und die Verordnung Nr. 12 vom 13. August 1945[34]:

„ A. Dekretgesetz Nr. 261 vom 4. April 1945

Art. 2. – Die rumänische Staatsbürgerschaft besitzen nicht:

a) Die Bewohner von Nord-Siebenbürgen, die vom 30. August 1940 bis zum Zeitpunkt der gegenwärtigen Gesetze für eine fremde Staatsbürgerschaft optiert haben.

---

[28] Holzträger, Hanz (1990): *Unter den Teppich gekehrt? Anmerkungen zur Darstellung der nationalsozialistischen Vergangenheit in den siebenbürgischen Heimatbüchern*, in: *Zugänge*, Heft 8/1990, July, Forum des evangelischen Freundeskreises Siebenbürgen, Heidelberg, S. 154-160.

[29] Weber, Annemarie (2008): *Russlanddeportierte in der rumäniendeutschen Presse des ersten Nachkriegsjahrzehnts* in: *Zeitschrift für Siebenbürgische Landeskunde* 31, ISSUE1-2/2008, Hrg: Arbeitskreis für Siebenbürgische Landeskunde e. V. Heidelberg, S. 97 – 111.

[30] Poledna, Rudolf (2001): *Sint ut sunt, aut non sunt? Transformări sociale la saşii ardeleni după 1945*, Presa Universitară Clujeană, Cluj-Napoca, S. 103.

[31] Radosav, Doru (1994): *Donbas – o istorie deportată*, editat de Landmannschaft der Sathmarer Schwaben in der Bundesrepublik Deutschland, Ravensburg, S. 66.

[32] Ebd., S. 66.

[33] Originalfassung siehe Anhang 1

[34] Wagner, Ernst (1981): *Quellen zur Geschichte der Siebenbürger Sachsen 1191-1975*, 2. durchgesehene und erweiterte Auflage, Böhlau Verlag, Köln, Wien, S. 351.

b) Die Bewohner aus Nord-Siebenbürgen, die freiwillig in den Militärdienst eines Staates getreten sind, mit dem Rumänien sich im Kriegszustand befindet, oder die sich fremden militärischen oder paramilitärischen Einheiten angeschlossen haben.

B. Verordnung Nr. 12 vom 13. August 1945

[…]

c) Diejenigen, welche zur Zeit des Rückzuges der feindlichen Heere aus dem Gebiet Nord-Siebenbürgens, indem sie sich mit diesen solidarisierten, freiwillig abgezogen sind.“

Diesem Gesetz nach haben diejenigen, die eine andere Staatsbürgerschaft gewählt hatten oder die der Waffen-SS beigetreten waren und die deutsche Armee unterstützt hatten (damit sind die Sachsen aus der Gegend Bistrita-Reghin gemeint[35]), die rumänische Staatsbürgerschaft verloren. Die Überprüfung wurde sehr sorgfältig von den Rathäusern durchgeführt. Diese überprüften, ob die repatriierte Person im Nationalitätenregister vor dem 28. Juni oder dem 30. August 1940 eingetragen war und ob diese inzwischen ihre Staatsbürgerschaft verloren hatte[36].

Eine der schwerwiegendsten Folgen der Deportation war die Tatsache, dass fünf Jahre lang, der bedeutsamste, wenngleich nicht der größte Teil der deutschen Bevölkerung Rumäniens, abwesend war. Das heißt, dass nur Menschen unter 17 oder über 60 Jahre alt, im Land geblieben sind, die die Rollen ihrer fehlenden Mitbürgern übernehmen sollten und sich bemüht haben, das ehemalige funktionelle und aufrechte soziale System weiterzuführen. Dies hatte schwerwiegende Folgen für alle Lebensbereiche.

Die schweren Zeiten, die diese Menschen, wegen Fragen bezüglich der Herkunft, Nationalität oder Staatsangehörigkeit, durchmachen mussten, sind unerklärlich. Der Historiker Muss Walter hat die Fragen bezüglich der Nation und der Sachsen sehr schön geklärt und definiert: „Als Nation bezeichnet man nach landläufiger Definition, eine Gemeinschaft von Menschen mit dem Bewusstsein gleicher politisch-kultureller Vergangenheit und dem Willen zum Staat. Das erste trifft auf die Siebenbürger Sachsen

[35] Poledna, Rudolf (2001): *Sint ut sunt, aut non sunt? Transformări sociale la sașii ardeleni după 1945*, Presa Universitară Clujeană, Cluj-Napoca, S. 105.

[36] Radosav, Doru (1994): *Donbas – o istorie deportată*, editat de Landmannschaft der Sathmarer Schwaben in der Bundesrepublik Deutschland, Ravensburg, S. 66.

zu, das zweite nicht; sie haben im Verlaufe ihrer 850jährigen Geschichte nie den Willen zu eigener Staatsbildung bekundet, was sich nicht zuletzt auch darin äußerte, dass sie nie einen Angriffskrieg führten."[37]

2.1.2 Das Agrargesetz 1945

Kurz nach der Deportation hat eine andere Maßnahme, die Rumäniendeutschen stark beeinträchtigt, und zwar das Agrargesetz vom 23. März 1945.

2.1.2.1 Die Bodenreform 1945 und deren Auswirkungen

Durch Artikel 3 dieses Gesetzes wurden die Rumäniendeutschen, die mit Hitlerdeutschland kollaboriert haben, entschädigungslos aller landwirtschaftlichen Nutzflächen im Privatbesitz von mehr als 50 Hektar, enteignet. Da aber der Durchschnittsbesitz der deutschen Bauern aus Siebenbürgen nur 5 Hektar betrug, wurden Sonderbestimmungen[38] eingeführt. Artikel 3 führt die genauen Flächen und Bedingungen auf[39]:

„Art. 3. Zwecks Verwirklichung der Agrarreform gehen, um an begüterungsberechtigte Bauern verteilt zu werden und die in Art. 2, Punkt c und d vorgesehenen Reserven zu bilden, folgende landwirtschaftliche Güter mit dem ihnen angeschlossenen toten und lebenden Inventar an den Staat über:

a) die Bodenflächen und landwirtschaftlichen Besitztümer jeder Art, die deutschen Staatsangehörigen, sowie rumänischen Staatsangehörigen, physischen und juristischen Personen, deutscher Nationalität (Volksabstammung) gehören, die mit Hitler-Deutschland zusammengearbeitet haben.
b) die Bodenflächen und sonstigen landwirtschaftlichen Besitztümer der Kriegsverbrecher und der für das Unglück des Landes Verantwortlichen;

---

[37] Muss, Walter (1995): *Lexikon der Siebenbürger Sachsen: Geschichte, Kultur, Zivilisation, Wissenschaften, Wirtschaft, Lebensraum Siebenbürgen*, Wort und Werk Verlag, Thaur bei Innsbruck, S. 5.
[38] Bergel, Hans (1985): *Die Not der Deutschen aus Siebenbürgen und dem Banat*, S. 69, in: Engel, Hans-Ulrich (1985): *40 Jahre nach Flucht und Vertreibung*, Walter Rau Verlag, Düsseldorf, S. 63- 74.
[39] Wagner, Ernst (1981): *Quellen zur Geschichte der Siebenbürger Sachsen 1191-1975*, 2. durchgesehene und erweiterte Auflage, Böhlau Verlag, Köln, Wien, S. 344.

c) die Bodenflächen derjenigen, die in Länder geflohen sind, mit denen Rumänien sich im Kriegszustand befindet, oder die nach dem 23. August 1944 ins Ausland geflüchtet sind;
d) der Landbesitz und sämtliche landwirtschaftliche Güter der Absentisten;
e) der Landbesitz derjenigen, die in den letzten sieben nacheinander folgenden Jahren ihre Bodenflächen nicht in eigener Regie bearbeitet haben, mit Ausnahme von Parzellen bis zu 10 ha;
f) die landwirtschaftlichen Güter jeder Art der rumänischen Staatsangehörigen, die sich freiwillig zum Kampf gegen die Vereinten Nationen gemeldet haben;
g) Güter von toter Hand;
h) der Überschuss an landwirtschaftlichem Besitz, dessen Eigentümer physische Personen sind und der 50 ha überschreitet, wie: Ackerland, Obstgärten, Heuwiesen, Weiden, Sümpfe und künstliche Teiche, gleich ob sie für Fischfang dienen oder nicht, Moorland und Überschwemmungsgebiete."

Damit wurden aber alle Rumäniendeutschen gemeint, nach dem Prinzip, wonach alle Deutschen mit Hitlerdeutschland kollaboriert haben. Bei der Enteignung ging es um das ganze Land und Gut, ohne jegliche Entschädigung seitens des Staates. Es galt, dass jeder der in der Waffen-SS[40] tätig gewesen ist und seine ganze Familie, davon betroffen sein soll. 1945 waren 50.000 Rumäniendeutschen in der Waffen-SS, hinzu kommen noch deren Eltern, Frauen und Kinder[41]. Damit wurde, unter anderen, die wirtschaftliche Unabhängigkeit vieler Menschen stark beeinträchtigt. Es gab nur eine kleine Anzahl von Männern, die der Enteignung entkommen konnten, das waren diejenigen, die nachweisen konnten, dass sie nach dem 23. August 1944 in der rumänischen Armee im Krieg gegen Deutschland teilgenommen haben oder diejenigen, die direkte antihitlerlistische Tätigkeiten nachweisen konnten[42].

Eigentlich war die Zeitspanne 1945-1950, eine Übergangszeitspanne vom kapitalistischen bürgerlichen System zum sozialistischen System. In diesem Sinne, hat

---

[40] Vgl. Casagrande, Thomas (2003): *Die Volksdeutsche SS-Division „Prinz Eugen". Die Banater Schwaben und die National-Sozialistischen Kriegsverbrechen*, Campus Verlag, Frankfurt/New York.
[41] Poledna, Rudolf (2001): *Sint ut sunt, aut non sunt? Transformări sociale la saşii ardeleni după 1945*, Presa Universitară Clujeană, Cluj-Napoca, S. 111.
[42] Kroner, Michael (2004): *Die Deutschen Rumäniens im 20. Jahrhundert,* Österreichische Landsmannschaft, Wien, S. 72.

man verfolgt, die Klasse der Bourgeoisie zu zerstören und ein Teil der deutschen Minderheit war Teil dieser Klasse gewesen.

2.1.2.2 Vergleich zwischen den Bodenreformen aus dem Jahre 1921, beziehungsweise 1945

Die 1945 eingeführte Bodenreform erinnert sehr stark an die 1921 eingeleitete Agrarreform. Obwohl die Bedingungen für die Enteignung und für das Erhalten von landwirtschaftlichem Boden sich im Gesetzestext nicht perfekt überlappen, waren die Grundzüge dieselben und die Verlierer auch, nämlich die deutsche Minderheit.

Schon 1917 hat König Ferdinand den rumänischen Bürgern versprochen, ihnen landwirtschaftlichen Boden zuzuteilen, als Anerkennung für die Beteiligung der Bauern am Krieg für die nationale Vereinigung. Dieses Versprechen wurde progressiv eingehalten, in Form einer Bodenreform, die allmählich von Region zu Region eingeleitet wurde. Aufgrund dieser Bodenreform wurden alle landwirtschaftlichen Oberflächen, die grösser als 100 Hektar waren, ihren Besitzern entnommen. Ausnahme waren die Weinreben, die Wälder, Obstbaumgärten, Seen und künstlich befeuchtete Landflächen. Es wurden mehr als 6 Millionen Hektar Landflächen enteignet, beziehungsweise 66% der Flächen der Großgrundbesitzer. Ungefähr 2 Millionen Bauernfamilien wurden diese Flächen zugeteilt. Die Bodenreform 1921 war die größte in der modernen Geschichte Rumäniens und eine der größten in Europa.

Von dieser Bodenreform haben die Bauern profitiert. Diese machten ungefähr 80% der Landesbevölkerung aus, stellten somit die größte Sozialschicht im Land dar. Infolge der Bodenreform ist ein Wachstum der Mittelschicht zustande gekommen. Auf der anderen Seite, waren die Großgrundbesitzer die Verlierer dieser Maßnahmen. Doch obwohl viele Bauern viel Boden erhalten haben, gab es immer noch das Problem des Mangels an technischer Ausstattung, viele Bauern verfügten nicht über die nötigen landwirtschaftlichen Werkzeuge, um die erhaltenen Flächen bearbeiten zu können.

Am härtesten traf die 1921 eingeleitete rumänische Agrarreform die in Rumänien lebende deutsche Minderheit. Durch die Bodenreform hat die deutsche Bevölkerung - als Minderheit - kaum Boden erhalten, dafür aber verloren. Das Nationalvermögen der Siebenbürger Sachsen wurde weitgehend enteignet. Die katholische Kirche wurde enteignet, dadurch verarmte sie und wurde mittellos. Die evangelische Kirche, welche die

Schulautonomie besaß, verlor mehr als die Hälfte ihres Grundbesitzes. Dadurch wurden die Mittel für das deutschsprachige Schulwesen der Siebenbürger Sachsen erheblich geschmälert.

Durch das Dekret Nr. 187 zur rumänischen Agrarreform vom 23. März 1945 wurden folgende Personengruppen enteignet: rumänische Staatsbürger, die Angehörige der deutschen Waffen-SS waren, mit ihren Familienangehörigen in auf- und absteigender Linie; rumänische Staatsbürger, die mit der deutschen oder ungarischen Armee abgezogen sind; rumänische Staatsbürger deutscher Nationalität, die der deutschen Volksgruppe angehört haben, alle Personen, die auf dem Gebiet der Kultur, Politik oder Wirtschaft Hitleristische Propaganda betrieben haben und der gesamte landwirtschaftliche Besitz von Personen, die sich eines Kriegsverbrechens schuldig gemacht haben[43]. Aber auch die landwirtschaftlichen Flächen dessen Oberfläche grösser als 50 Hektar war.

Davon haben mehr als 900.000 Familien profitiert, darunter Kriegsbeteiligte, Kriegswitwen, Waisen und Bauern ohne Grundbesitz, aber diese mussten sich weiterhin mit denselben Problemen auseinandersetzen. Es fehlten den Bauern weiterhin die nötigen technischen Mittel, um die erhaltenen Flächen verwerten zu können, es fehlte ihnen an mechanischen Werkzeugen, an Zugtieren, sie hatten nicht genug Samen und Pflanzmittel. In diesem Kontext haben sich die kleinen Landwirtschaftler in kleinen Arbeitsgemeinschaften vereinigt, als einzige Möglichkeit, das viele erhaltene Land bearbeiten zu können.

Wieder hatte unter diesen Maßnahmen die deutsche Minderheit am meisten zu leiden. Tatsächlich fielen durch die rumänische Agrarreform über 90% des gesamten landwirtschaftlichen Besitzes der deutschen Volksgruppe dem Staat zu. Durch diese Bodenreform hat diese Bevölkerungsgruppe ihren landwirtschaftlichen Grundbesitz, sowie ihre Häuser mit lebendem und totem Inventar verloren. Damit wurde den rumäniendeutschen Bauern ihre wirtschaftliche Lebensgrundlage entzogen.

Beide Bodenreformen hatten als Ziel, den wirtschaftlichen Aufbau der rumänischen Landwirtschaft. Durch die Wiederaufteilung der Großgrundbesitztümer, hat

---

[43] *Das Schicksal der Deutschen in Rumänien* in: *Dokumentation der Vertreibung der Deutschen aus Ost-Mitteleuropa.* Bd. III. Hg. Bundesministerium für Vertriebene, Flüchtlinge und Kriegsgeschädigte, S. 156 R, Anlage 10.

die Bodenreform eine schnellere Entwicklung der Produktionsleistung und des Innenmarktes verfolgt. Diese Reformen sollten auch zur Stärkung des Nationalstaates, durch die Zuteilung von Boden an Bauern, beitragen. Die Bedingungen, um Boden zu erhalten waren in beiden Fällen die Beteiligung am Krieg und die Flächen, die die Bauern besaßen. Die Hauptbedingung, um enteignet zu werden, war Großgrundbesitzer zu sein. Infolge beider Bodenreformen hat die deutsche Minderheit am meisten unter der Enteignung gelitten, weil sie mehr als die Hälfte ihrer landwirtschaftlichen Flächen, und somit ihre Lebensgrundlage verloren hat.

2.1.3 Die Verstaatlichung der Institutionen des Landes

In Rumänien widersetzte sich der seit Oktober 1945 amtierende kommunistische Parteiführer Gheorghe Gheorghiu-Dej der Entstalinisierung. Das Stalinistische Wirtschaftskonzept blieb unangetastet und die Zwangskollektivierung wurde fortgesetzt. „Die Abschottung Rumäniens gegenüber der Sowjetunion deuteten viele westlichen Wissenschaftler lange als Liberalisierung, obwohl dort ein antisowjetisch legitimierter Neostalinismus entstand. Vor allem westliche Ökonomen bezeichneten den rumänischen Kurs als ein Abbild des sowjetischen Entwicklungsmodells von vor 1953.“[44]

Nach dem 23. August 1944 wurden die deutschen Schulen zunächst von der Kirche unterstützt, aber vier Jahre später wurde das Dekret-Gesetz Nr. 175/1948 verabschiedet, demnach alle konfessionellen und privaten Schulen jeder Art verstaatlicht wurden[45]:

„Art. I. Zum Zwecke guter Einrichtung und Wirksamkeit des öffentlichen staatlichen Unterrichts und zur Verbreitung und Demokratisierung des Unterrichts werden sämtliche beweglichen und unbeweglichen Güter, die Kirchen, Kongregationen, religiösen Gemeinschaften, Privatvereinen, mit und ohne lukrativen Zweck, und – ganz allgemein – natürlichen oder juristischen Privatpersonen gehört haben und dem Betrieb der gemäß Artikel 35 des Gesetzes über den öffentlichen Staatsunterricht abgelösten Unterrichtsschulen dienten, in das Staatseigentum übergeführt und dem Ministerium für

---

[44] Hausleitner, Mariana (2011): *Das „Tauwetter" in der Sowjetunion und seine Folgen in Polen, Ungarn und Rumänien 1953-1956*, S. 26, in: Gräf, Rudolf/ Volkmer, Gerald (Hrsg.) (2011): *Zwischen Tauwettersozialismus und Neostalinismus. Deutsche und andere Minderheiten in Ostmittel- und Südosteuropa 1953-1964*, IKGS Verlag, München, S.11-26.

[45] Wagner, Ernst (1981): *Quellen zur Geschichte der Siebenbürger Sachsen 1191-1975*, 2. durchgesehene und erweiterte Auflage, Böhlau Verlag, Köln, Wien, S. 358.

Öffentlichen Unterricht unterstellt, dass sie für die Bedürfnisse des Unterrichts verwendet wird.“

Das ganze soziale System der Rumäniendeutschen wurde aus dem Gleichgewicht gebracht, mindestens aus drei Hinsichten: demographisch, wirtschaftlich und kulturell. Einerseits durch die Deportation, bei der tausende von Menschen aus ihrem sozialen System herausgebracht wurden, was zur Folge hatte, dass diese ihre und die Interessen ihres sozialen Systems nicht mehr verteidigen konnten. Andererseits wurde die Opposition so stark wie möglich minimiert, durch die physisch-geographische Beseitigung eines Bevölkerungsanteils. Danach wurden dessen Mitglieder ihrer Güter enteignet, ihre individuellen, kollektiven und gesellschaftlichen Grundlagen wurden angeschlagen. Schließlich hat dieses System die Kontrolle über die eigenen kulturellen und sozialen Werte und Normen verloren. Mit anderen Worten, wurde in dieser Zeitspanne das System der Rumäniendeutschen marginalisiert[46].

„Die erwähnte Deportation und Enteignung waren die schwersten Schläge in der Geschichte der Rumäniendeutschen und belastende Traumata der folgenden Jahrzehnte.“[47]

Ein anderer Schlag war mit Sicherheit das Wahlgesetz aus dem Jahr 1946, das die Deutschen von der Wahlbeteiligung ausgeschlossen hatte und die Nationalisierung vom 1948, durch die die Rumäniendeutsche ihre Betriebe und Geschäfte verloren hatten[48].

2.2 Die Integrationsperiode

Diese Periode könnte man als zweiten Entwicklungsabschnitt der Minderheitensituation betrachten und dessen Umfang beträgt ungefähr die Zeitspanne von der Verabschiedung der Verfassung 1952 bis zur Machtkonsolidierung des Ceauşescu-Regimes Ende der 60er Jahre. Diese Minderheitenpolitik kann im Vergleich

---

[46] Poledna, Rudolf (2001): *Sint ut sunt, aut non sunt? Transformări sociale la saşii ardeleni după 1945*, Presa Universitară Clujeană, Cluj-Napoca, S. 116.

[47] Kroner, Michael (2004): *Die Deutschen Rumäniens im 20. Jahrhundert, Österreichische Landsmannschaft*, S. 73.

[48] Bodeanu, Denisa Florentina (2006): *Die Auswanderung der Deutschen aus Rumänien: Ursachen, Etappen, Folgen*, S. 388-405, in: Gaiu, Corneliu/ Orga, Valentin (Hrsg.) (2006): *Saşii transilvăneni între statornicie şi dezrădăcinare/ Die Siebenbürger Sachsen zwischen Heimatreue und Entwurzelung*, Nosa Stiftung, Bistriţa, S. 393.

zu der vorigen und zu der künftigen als moderat betrachtet werden. Diese Zeitspanne ist „dadurch charakterisierbar, dass die rumänische Politik zwar zunehmend von nationalistischen Zielsetzungen geleitet erscheint, dabei aber nicht mehr so nachdrücklich auf kollektive Sonderbehandlungen oder Repressionsmittel, sondern eher auf indirekte Maßnahmen wie Gebiet- und Schulreformen oder strukturelle Wandlungsprozesse setzte."[49]

In dieser Zeitspanne hat das kommunistische Regime für die deutsche Minderheit folgendes vorgesehen: im Dezember 1948 erfolgte die Ausweitung des Minderheitenstatuts von 1945, somit wurden allen rumänischen Staatsbürgern volle Gleichberechtigung zugesprochen. Ein Jahr später wurde das *Deutsche Antifaschistische Komitee*, als Repräsentativorgan der deutschen Minderheit in Bukarest gegründet. Dieses wurde bald in *Antifaschistisches Komitee der Werktätigen deutscher Nationalität* umbenannt. 1968 gründete Ceauşescu den *Rat der Werktätigen deutscher Nationalität*, der für die sozialistische Erziehung der Rumäniendeutschen zuständig war[50]. 1950 wurde der deutschen Minderheit das Wahlrecht zugesprochen und sie hatten Vertreter in der Großen Nationalversammlung. Seit 1949 gab es auch deutschsprachige Publikationen, die aber als Sprachrohr des Regimes fungierten und die von den rumänischen Aspekten, genauso wie die Schulen, mit der Zeit verdrängt wurden[51].

2.2.1 Die Rumäniendeutschen in der Volksrepublik Rumänien

Nach der aufgezwungenen Abdankung des Königs Michael I., 30. Dezember 1947, wurde die Volksrepublik Rumänien ausgerufen. Die Verfassung, das Land, die Wirtschaft und das ganze Kulturleben wurden sozialistisch umgestellt und die Kommunistische Partei ergriff die Alleinherrschaft und Kontrolle über alle

---

[49] Sterbling, Anton (1995): *Die Entwicklung der ethnischen Konflikte und Beziehungen in Rumänien im 20. Jahrhundert*, S. 309, in : Grimm. Gerhard/ Zach, Krista (1995): *Die Deutschen in Ostmittel- und Südosteuropa. Geschichte, Wirtschaft, Recht, Sprache*, Band 1, Verlag Südostdeutsches Kulturwerk, München, S. 297-311.

[50] Vgl. für Reden aus den Plenartagungen: *Plenartagungen der Räte derwerktätigen ungarischer und deutscher Nationalitätin der sozialistischen Republik Rumänien*, 13.14. März 1978, Politischer Verlag, Bukarest.

[51] Hartl, Hans (1987): *Die Deutschen in Rumänien nach 1945*, S. 81-101, in: *Die Deutschen in Rumänien heute. Das Schicksal der Siebenbürger Sachsen als schwindende nationale Minderheit*, 2. Auflage, 1987, Herausgegeben vom Kulturreferat der Landsmannschaft der Siebenbürger Sachsen in Deutschaland, S. 90-93.

Lebensbereiche der Bevölkerung. Nach sowjetischem Muster, führte die Kommunistische Partei eine kommunistisch-stalinistische Diktatur ein.

Ehemalige Kapitalisten wurden verfolgt und ehemalige Politiker und angesehene Persönlichkeiten wurden regelrecht gehetzt und meistens ohne gesetzlichen Prozess, inhaftiert, es ging um Persönlichkeiten wie[52]: Hans Otto Roth, Rudolf Brandsch, Franz Kräuter, Josef Gabriel, Rudolf Speck oder Georg Hromadka.

Im kommunistischen Rumänien fanden zahlreiche Prozesse gegen den „Klassenfeind" statt, gegen Rumäniendeutsche Politiker, Intellektuelle[53] und Geistliche[54], von denen kaum jemand eine eindeutig regimefeindliche Handlung begangen hat. Das Urteil stand aber schon vor den Prozessen[55] fest und das Recht der Angeklagten auf einen Anwalt war beschränkt, wegen den Risiken denen sich der Anwalt aussetzte. Gründe für die Verhaftung waren: „Zugehörigkeit zur gewesenen „Ausbeuterklasse", Aktivitäten innerhalb der deutschen Volksgruppe vor 1944, „Dienst" in „fremden Heeren", d.h. im Falle von Deutschen in der Waffen-SS und/oder der Deutschen Wehrmacht, betont nationale Gesinnung, die als „Separatismus" und „Nationalismus" gebrandmarkt wurde, weil sie der Rumänisierungspolitik zuwiderlief, Beziehungen zum westlichen Ausland wurden selbst dann, wenn es sich lediglich um einen Briefwechsel mit Verwandten und Freunden oder um deren Besuch in Rumänien handelte, als Spionagetätigkeit interpretiert."[56]

Infolge des Konkordats mit dem Vatikan, 1948, wurde die griechisch-katholische Kirche mit der orthodoxen vereinigt und alle Geistlichen, die sich dagegen gewehrt

---

[52] Kroner, Michael (2004): *Die Deutschen Rumäniens im 20. Jahrhundert, Österreichische Landsmannschaft*, S. 75.

[53] Vgl. Motzan, Peter (1993): *Risikofaktor Schriftsteller. Ein Beispielsfall von Repression und Rechtswillkür*, S. 51-81, in: Motzan, Peter/ Sienerth, Stefan (Hrsg.) (1993): *Worte als Gefahr und Gefährdung. Fünf deutsche Schriftsteller vor Gericht*, Verlag Südostdeutsches Kulturwerk, München.

[54] Vgl. Pintilescu, Corneliu (2011): *Justitz und politische Repression im kommunistischen Rumänien: der Schwarze-Kirche-Prozess in Kronstadt/ Braşov*, S. 133-145, in: Gräf, Rudolf/ Volkmer, Gerald (Hrsg.) (2011): *Zwischen Tauwettersozialismus und Neostalinismus. Deutsche und andere Minderheiten in Ostmittel- und Südosteuropa 1953-1964*, IKGS Verlag, München.

[55] Vgl. Für mehr Inforationen über die Prozesse und Verurteilungen sämtlicher Rumäniendeutschen: Rusan, Romulus (Hrsg.)(2008): *Chronologie und Geografie der kommunistischen Unterdrückung in Rumänien. Zählung der zwangsinternierten Bevölkerung (1945-1989),* Übersetzung aus dem Rumänischen mit Ergänzungen: Hans Bergel, Editura Fundaţiei Academiei Civice, Bucureşti, S. 48-50;

[56] Kroner, Michael (1993): *Politische Prozesse gegen Deutsche im kommunistischen Rumänien. Versuch einer Bestandsaufnahme und eines Überblicks*, S. 31-49, in: Motzan, Peter/ Sienerth, Stefan (Hrsg.) (1993): *Worte als Gefahr und Gefährdung. Fünf deutsche Schriftsteller vor Gericht*, Verlag Südostdeutsches Kulturwerk, München, S. 48.

haben, wurden festgenommen[57]. Da die Staatsideologie Rumäniens Marxistisch-Leninistisch war, wurde eine atheistische Politik eingeführt, was bedeutet hat, dass viele Kirchen an Einfluss und Autonomie während des Kommunismus verloren haben. „Trotz so kirchenfeindlicher Propaganda und Schikanen ist kaum ein sächsisches oder schwäbisches Kind, wenn auch im Geheimen, nicht getauft, konfirmiert bzw. gefirmt worden, kaum ein Brautpaar hat geheiratet, ohne sich kirchlich trauen zu lassen, und es hat kaum eine Beerdigung – auch von Parteifunktionären – ohne Pfarrer stattgefunden. Die Gottesdienste waren relativ gut besucht.“[58]

2.2.2 Die Anerkennung der Rechte der Rumäniendeutschen

Der erste Schritt in Richtung der Anerkennung der Rechte der Rumäniendeutschen hat man im Dezember 1948 gemacht, durch die Ausweitung der konstitutionellen Vorschriften bezüglich des Minderheitenstatuts. Erst ab diesem Jahr wurde der am 7. Februar 1945, durch das Gesetz Nr. 86, der erlassene Statut der Minderheiten[59] auch angewendet. Dabei geht es hauptsächlich um die Gleichheit aller rumänischen Staatsbürger. Hier einige der wichtigsten Bestimmungen[60]:

„Art. 1. Alle rumänischen Staatsbürger sind vor dem Gesetz gleich und erfreuen sich ohne Unterschied der Rasse, Nationalität, Sprache und Religion derselben politischen und zivilen Rechte. [...]

Art. 6. Die amtliche Sprache des rumänischen Staates ist die rumänische, jedoch sind in den Verwaltungsgebieten oder gerichtlichen Bezirken, in welchen ein großer Teil der Bevölkerung eine andere als die rumänische Sprache spricht, die in Art. 8 und folgende angeführten Bestimmungen zur Anwendung zu bringen. [...]

Art. 8. Diejenigen Tribunale und Gerichte, die ihre Befugnisse im Rahmen eines Gerichtsbezirkes haben, in dem gemäß letzter Volkszählung mindestens 30% der Bewohner eine gemeinsame Muttersprache, jedoch eine andere als die rumänische, sprechen sind verpflichtet:

---

[57] Kroner, Michael (2004): *Die Deutschen Rumäniens im 20. Jahrhundert, Österreichische Landsmannschaft*, S. 75.
[58] Vgl. S. 83.
[59] Originalfassung, siehe Anhang 2
[60] Wagner, Ernst (1981): *Quellen zur Geschichte der Siebenbürger Sachsen 1191-1975*, 2. durchgesehene und erweiterte Auflage, Böhlau Verlag, Köln, Wien, S. 339fff.

a) jede schriftlich vorgelegte Eingabe der Bewohner des Bereichs, die die Quote von 30% erfüllen, in ihrer Muttersprache anzunehmen, ohne eine Übersetzung in die Staatssprache zu fordern;

b) sich in derselben Sprache wie die der Eingabe zu äußern;

c) die Parteien in der Muttersprache anzuhören. [...]

Art. 18. Der rumänische Staat sichert den Unterricht in der Muttersprache durch die staatlichen Volksschulen, Mittel- und höheren Schulen denjenigen mitwohnenden Minderheiten, die eine genügende Anzahl von qualifizierten Schülern besitzen, mit Ausnahme der Ortschaften, in welchen dieser Mangel bereits durch private konfessionelle Schulen behoben wurde. Der Lehrkörper dieser staatlichen Schulen mit einer anderen Sprache als der rumänischen wird bevorzugt aus der entsprechenden Minderheit zusammengesetzt.

Weiterhin wurde das antifaschistische Komitee anerkannt und 1950 wurde das Wahlrecht der deutschen Minderheit anerkannt[61].

2.2.3 Die Rückgabe der Güter der enteigneten Rumäniendeutschen

Durch den Dekret 81/18. vom März 1954 der Großen Volksversammlung und dem Beschluss des Ministerrates Nr. 370/19. März 1954 bezüglich der Umsetzung des Dekrets, wurden den rumäniendeutschen, die enteigneten Häuser zurückgegeben[62]. Die deutschsprachige Zeitung *Neuer Weg* hat sich für die Umsetzung dieses Dekrets stark eingesetzt.

Alle Bauern und Arbeiter haben ihre Häuser zurückbekommen, unter den folgenden Bedingungen[63]:

a. sie sollten der Kollektivierung beitreten;
b. sie sollten Vollzeitangestellte als Arbeiter oder Techniker im Bereich der Landwirtschaftsmaschinen, der Industriewerken oder in den landwirtschaftlichen Staatsbetrieben werden;

[61] Wagner, Ernst (1990): *Geschichte der Siebenürger Sachsen. Ein Überblick,* Wort und Werk Verlag, Thaur bei Innsbruck, S. 88.

[62] Poledna, Rudolf (2001): *Sint ut sunt, aut non sunt? Transformări sociale la saşii ardeleni după 1945*, Presa Universitară Clujeană, Cluj-Napoca, S. 117.

[63] Vgl. S. 118.

Dies könnte eine Ursache für die unten dargestellte Statistik sein, in der ganz deutlich zwei Tendenzen auftreten, einerseits der steigende Prozentsatz im Bereich der Kollektivierung und andererseits, das völlige Verschwinden der freien Berufe.

Der *Neue Weg* hat über die Rückgabe der enteigneten Häuser und Güter zwar nicht berichtet, jedoch über deren Folgen, und zwar über die Tatsache, dass "über 100 Familien Werktätiger deutscher Bauern der Kollektivwirtschaft beigetreten"[64] sind.

---

[64] Neuer Weg (1954): *Über 100 Familien werkätiger deutscher Bauern der Kollektivwirtschaft beigetreten*, Ausgabe vom 18.03.1954, S. 1.

2.3 Die Situation der Deutschen in Rumänien 1956-1966

Tab. 4: Die Situation der Deutschen in Rumänien 1956-1966[65]

	1956	**1966**
Gesamtbevölkerung Rumäniens	17.489.450	19.103.163
Deutsche	384.708	382.595
Anteil (%)	2,2 %	2,0 %
Deutsche in Städten	192.501	206.278
Deutsche auf dem Land	192.207	176.317
Rum. Staatsbürger mit Deutsch als Muttersprache	388.158	383.189
Berufliche Gliederung der Deutschen		
Arbeiter (%)	219.907 (57,14%)	224.364 (58,49%)
Intelligenz (%)	53.110 (13,77%)	52.028 (13, 58%)
Kollektivbauern (%)	41.782 (10,91%)	75.478 (19,58%)
Privatbauern (%)	40.098 (10,39%)	3.772 (1,04%)
Freie Berufe (%)	640 (0,16%)	-

[65] Gilberg, Trond (1974): *Ethnic minorities in Romania under socialism,* in: East European Quarterly, Nr. 4/1974, S. 435-458.

Abb. 4: Anteil der Deutschen an der Bevölkerung Rumäniens 1956[66]

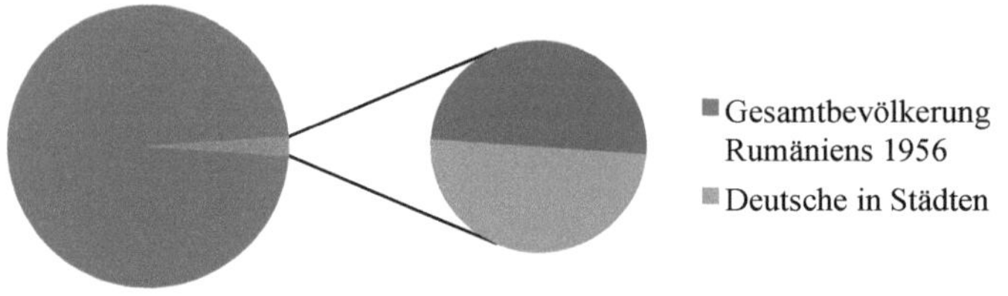

2,2% der Bevölkerung Rumäniens bestand aus Deutschen. Deren Anzahl war fast gleich verteilt: die Hälfte lebte auf dem Land und die andere Hälfte in Städten.

Abb. 5: Anteil der Deutschen an der Bevölkerung Rumäniens 1966[67]

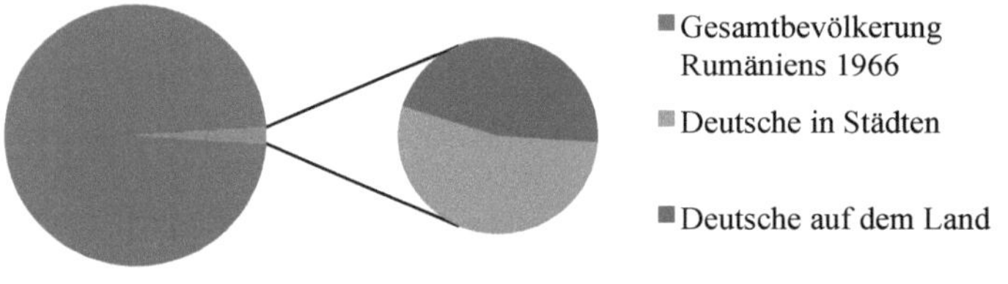

Ungefähr ein Viertel der Deutschen, die zehn Jahre zuvor auf dem Lande gelebt hatten, sind im Jahr 1966 in die Städte gezogen.

In Jahr 1966 ist eine Tendenz der Umsiedlung der Deutschen in die Städte festzustellen. Die Kollektivierung ist das Merkmal, das sich am stärksten in dieser Zeitspanne verdeutlicht hat. Was für die Deutschen nicht freuenswert gewesen sein sollte. Hinzu kam noch, dass die Ausreisen stark eingeschränkt waren[68]. Diejenigen wenigen Personen, die einen Antrag zur Aussiedlung gestellt hatten und nach jahrelangem Warten mussten bis sie angenommen wurden, ihre Häuser dem Staat übergeben oder zu einem minimalen Preis verkaufen. „Eventuelle Ersparnisse, soweit sie nicht bei der Bestechung

---

[66] Eigene Darstellung

[67] Eigene Darstellung

[68] Wissenschaftlicher Dienst Südosteuropa (1964): *Bukarest und seine Minderheiten*, Nr. 8-9/1964, S. 140-143.

für Ausreiseformalitäten oder für die Ausreise aufgebraucht wurden, mussten in Rumänien bleiben."[69]

Abb. 6: Rumänische Staatsbürger mit Deutsch als Muttersprache[70]

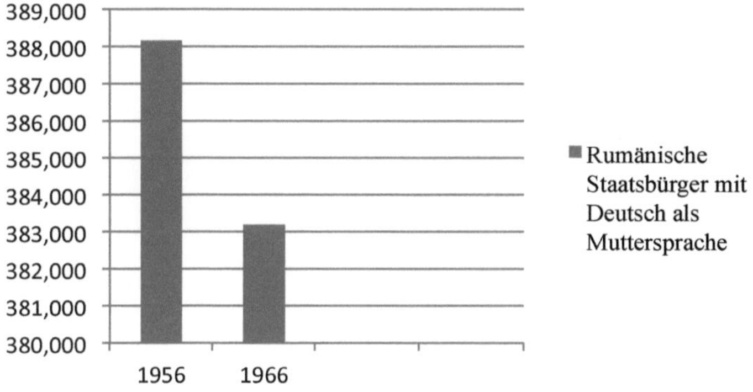

In einem einzigen Jahrzehnt ist die Anzahl der rumänischen Staatsbürger mit Deutsch als Muttersprache sehr stark gesunken. Ein Grund dafür wäre die Verstaatlichung der Schulen, infolge deren die Schulsituation sich stark verändert hat. Viele Fächer die bislang in deutscher Sprache unterrichtet wurden, wurden mit der Zeit in rumänischer Sprache unterrichtet. Es gab eher deutsche Abteilungen in rumänischsprachigen Schulen und es wurden auch Lehrer angestellt, die Rumänen waren und kein Deutsch sprechen konnten.

[69] Kroner, Michael (2004): *Die Deutschen Rumäniens im 20. Jahrhundert, Österreichische Landsmannschaft*, S. 89.
[70] Eigene Darstellung

Abb.7: Berufliche Gliederung der Deutschen 1956[71]

Abb. 8: Berufliche Gliederung der Deutschen 1966[72]

Eine andere große Veränderung ist das totale Verschwinden der Freien Berufe, wegen der Kollektivierung. Die Anzahl der Privatbauern ist auch fast völlig verschwunden, besser gesagt, die Privatbauern wurden fast alle zu Kollektivbauern. In dieser Zeitspanne ist die Anzahl der Arbeiter und der Rumäniendeutschen aus dem Bereich „Intelligenz" fast unbeeinträchtigt geblieben.

2.3.1 Das Ausreisen und die Auswanderung

Das Rumänische Dekret Nr. 223 über das Hauseigentum von Ausländern umfasste folgende, für die Ausreisenden, wichtige Aspekte[73]:

[71] Eigene Darstellung
[72] Eigene Darstellung
[73] Wagner, Ernst (1981): *Quellen zur Geschichte der Siebenbürger Sachsen 1191-1975*, 2. durchgesehene und erweiterte Auflage, Böhlau Verlag, Köln, Wien, S. 396.

„Art. 2: Personen, die einen Antrag auf endgültiges Verlassen des Landes gestellt haben, sind verpflichtet bis zum Tage ihrer Ausreise, ihr Eigentum an Gebäuden in der Sozialistischen Republik Rumänien zu veräußern. Veräußert wird an den Staat, der die Güter zu übernehmen und die Entschädigung festzusetzen hat [...]. Gebäude, die Eigentum von Personen sind, die auf ungesetzliche Weise das Land verlassen haben, oder von einem Aufenthalt im Ausland in der für die Rückkehr festgesetzten Frist nicht zurückgekehrt sind, gehen entschädigungslos in den Besitz des Staates über."

Über die Schikanen und Ungerechtigkeiten, denen diese Menschen ausgesetzt wurden, kann man zahlreiche Aussagen[74] von Betroffenen lesen. Viele Siebenbürger Sachsen haben sich in ihre Identifikation mit Deutschland hineingesteigert und haben angefangen mit der Vorstellung zu leben, dass wenn sie nach Deutschland auswandern, sie und ihre Identität nicht verloren gehen würden[75]. Während der Zeit des Kommunismus haben zahlreiche Prozesse stattgefunden, am Ende deren, Personen, die wegen Fluchtversuchen ins westliche Ausland inhaftiert wurden[76]. Viele Rumäniendeutsche haben die Strategie des Auslandsbesuchs angewendet. Unter dem Vorwand, einen Familienangehörigen im Ausland zu besuchen, haben viele Rumäniendeutsche Rumänien verlassen und sind nie mehr zurückgekehrt und haben erst danach einen Antrag zur Auswanderung gestellt. Diesen gegenüber war der Staat besonders schonungslos und hat ihnen das Haus und alle Güter konfisziert[77].

Im Jahresdurchschnitt sind jeweils ungefähr 1.400 Rumäniendeutsche in die Bundesrepublik Deutschland übergesiedelt[78], diese Zahl war aber nicht gleichmäßig

---

[74] Vgl. Bergel, Hans (1985): *Der Exodus ist nicht zu Ende. Probleme der Spätaussiedler,* S. 130-139, in: Engel, Hans-Ulrich (1985): *40 Jahre nach Flucht und Vertreibung*, Walter Rau Verlag, Düsseldorf.

[75] Philippi, Paul (1994): *Nation und Nationalgefühl der Siebenbürger Sachsen 1791-1991,* S. 85, in: Rothe, Hans (Hrsg.) (1994): *Die Siebenbürger Sachsen in Geschichte und Gegenwart*, Böhlau Verlag, Köln, Weimar, Wien, S. 69-87.

[76] Kroner, Michael (2004): *Die Deutschen Rumäniens im 20. Jahrhundert, Österreichische Landsmannschaft*, S. 88.

[77] Bodeanu, Denisa Florentina (2006): *Die Auswanderung der Deutschen aus Rumänien: Ursachen, Etappen, Folgen,* S. 388-405, in: Gaiu, Corneliu/ Orga, Valentin (Hrsg.) (2006): *Sașii transilvăneni între statornicie și dezrădăcinare/ Die Siebenbürger Sachsen zwischen Heimatreue und Entwurzelung*, Nosa Stiftung, Bistrița, S. 395.

[78] Arnold, Wilhelm (1980): *Die Aussiedler in der Bundesrepublik Deutschland, Abhandlungen zu Flüchtlingsfragen, Braunmüller*, Wien, S. 104ff.

während dieser Jahre verteilt. Insgesamt haben in den Jahren 1950-1979, 91.163 Deutsche, Rumänien verlassen[79].

Man könnte sich fragen, wieso erst in den 50er Jahren, Maßnahmen für die Aufrechterhaltung der deutschen Minderheit in Rumänien, getroffen wurden. Eine mögliche Erklärung wäre die Tatsache, dass 1955 der Kriegszustand gegenüber Deutschland geendet hat und die Tatsache, dass Rumänien, im Unterschied zur Tschechoslowakei, Ungarn oder Polen, die deutsche Minderheit nicht vertrieben hat[80], was ein Beweis von Realpolitik gewesen ist. Somit wollte Rumänien sein internationales Image pflegen und höchstwahrscheinlich, hätte die Vertreibung dieser Bevölkerungsgruppe, mehr Schaden angerichtet.

Eine Maßnahme zur Unterstützung der Rumäniendeutschen war die Initiative der Familienzusammenführung, 1951, die durch das rote Kreuz erfolgt ist. Besonders Frauen und Kinder durften zu ihren Ehemänner/ Väter, die im Westen geblieben sind. „Es wurden insgesamt 1031 Genehmigungen erteilt, die jedoch schon 1952 drastisch eingeschränkt wurden. Bis 1957 konnten nur 2071 Rumäniendeutsche das Land verlassen. 1958 und 1960 kam etwas Bewegung in die Familienzusammenführung, insbesondere aber nach 1967, nachdem die Bundesrepublik Deutschland diplomatische Beziehungen zu Rumänien aufgenommen hatte, einen gewissen Druck auf Bukarest ausübte und dem Land wirtschaftliche Vergünstigungen gewährte.[81]"

2.3.2 Der deutschsprachige Schulunterricht und die sozialistische Verfassung 1965

Im Jahr 1956 hat der ZK der RKP ein „Referat betreffend der Situation der deutschen Bevölkerung in der RVR“ vorgelegt, mit den folgenden Angaben: „im Land gebe es 320 Schulen mit deutschem muttersprachlichem Unterricht, in Temeswar/Timişoara bestehe eine deutsche Abteilung des Staatstheaters – jene in Hermannstadt/Sibiu wurde 1956 ins Leben gerufen -, in Hunderten Kulturhäusern werde eine Kulturtätigkeit in deutscher Sprache entfaltet und zwischen 1949 und 1955 seien 1174 Bücher in deutscher Sprache veröffentlicht worden. Später, mit dem Einsetzen des

[79] Ludwig, Egon (Hrsg.) (1978): *Als Deutsche unter Deutschen leben – Eingliederung der Aussiedler*, Schriftenreihe der Bundeszentrale für politische Bildung 137, Bonn, S. 18ff.

[80] Poledna, Rudolf (2001): *Sint ut sunt, aut non sunt? Transformări sociale la saşii ardeleni după 1945*, Presa Universitară Clujeană, Cluj-Napoca, S. 120.

[81] Kroner, Michael (2004): *Die Deutschen Rumäniens im 20. Jahrhundert, Österreichische Landsmannschaft*, S. 88.

politischen „Tauwetters“, nach 1953 wurden außer den „Werken“ von Autoren, die dem neuen Regime Rumäniens und dem „Großen Bruder“ Sowjetunion huldigten, zunehmend auch Gedichte, Erzählungen und Romane jüngerer Schriftsteller veröffentlicht, die lesenswert waren, bzw. von Autoren, die in der Zwischenkriegszeit publiziert hatten.“[82]

Am 21. August 1965 wurde die neue Verfassung der sozialistischen Republik Rumänien verabschiedet. Einige Veränderungen im Hinblick auf die Minderheiten des Landes sind, unter anderem, die Aufhebung der autonomen Ungarischen Region des Szeklergebietes und neu ist auch die Verwendung des Begriffs *mitwohnende Nationalitäten,* anstelle von *Minderheiten.* Artikel 22 scheint den mitwohnenden Nationalitäten mehrfache Freiheiten zu gewähren[83]:

„Art. 22: Den ethnischen Minderheiten der sozialistischen Republik Rumänien werden zugesichert: freier Gebrauch der Muttersprache, Bücher, Zeitungen, Zeitschriften, Theater und Unterricht auf allen Stufen in der eigenen Sprache. In den auch von andersnationaler als rumänischer Bevölkerung bewohnten Kreisen bedienen sich sämtliche staatliche Vertreter und Institutionen in Wort und Schrift auch der Sprache der betreffenden Nationalität und ernennen Beamte aus deren Reihen oder aus den Reihen anderer Staatsbürger, die Sprache und Lebensweise der Ortsansässigen kennen...“[84]

Die letzte sozialistische Verfassung verwendet den Begriff *mitwohnende Nationalitäten,* was ein pejorativer Begriff ist. Formell verleiht diese Verfassung gleiche Rechte für alle Bürger, wobei für nationalistische Propaganda und Fremdenfeindlichkeit gesetzliche Strafen vorgesehen wurden. Die Minderheiten konnten ihre Muttersprache in Büchern, Zeitungen, Zeitschriften, Theater, Schulunterricht und vor Gericht verwenden. Praktisch haben die Verfassungsbestimmungen, jedoch, und besonders die Bildungsreform vom Jahr 1978 zahlreiche Grenzen gesetzt. Das Recht der Verwendung der Muttersprache wurde nur gewährt, damit die Kommunistische Partei ungestört die Erfüllung ihrer politischen Ziele verfolgen konnte[85].

---

[82] Baier, Hannelore (2011): *Die deutsche Minderheit in Rumänien 1953-1956*, S. 107-117, in: Gräf, Rudolf/ Volkmer, Gerald (Hrsg.) (2011): *Zwischen Tauwettersozialismus und Neostalinismus. Deutsche und andere Minderheiten in Ostmittel- und Südosteuropa 1953-1964*, IKGS Verlag, München, S.111.

[83] Wagner, Ernst (1981): *Quellen zur Geschichte der Siebenbürger Sachsen 1191-1975*, 2. durchgesehene und erweiterte Auflage, Böhlau Verlag, Köln, Wien, S. 111.

[84] Originalfassung, siehe Anhag 3

[85] Göllner, Ralf Thomas (2006): *Minderheitenrecht und Minderheitenpolitik, S. 789, in: Thede Kahl/ Metzeltin, Michael/ Ungureanu, Mihai-Răzvan (Hg.) (2006):* Rumänien: Raum und Bevölkerung,

Somit wurde Deutsch als Unterrichtssprache in allen Stufen eingesetzt, vom Kindergarten bis hin zu Lyzeen und Fachschulen. In den Orten wo es nicht genug deutschsprachige Kinder gab, um eine deutsche Schule zu bilden, fügte man deutsche Abteilungen in den rumänischen Schulen ein. Der Staat hat sogar die Ausbildung von Fachlehrkräften in den Muttersprachen aller Nationalitäten finanziert und Lehrbücher gespendet. „Allein 1970 hat der Schulbuchverlag in Bukarest (der in Temeswar eine Unterredaktion eigens für die Fassungen in deutscher Sprache unterhält) in dieser Sprache 98 Lehrbücher in 218.000 Exemplaren gedruckt, 1976 weitere 76 in 277.500 Exemplaren."[86] In den 70ern hat das Ministerium für Erziehung und Unterricht, die deutschen Schulen tatkräftig unterstützt, durch das Einführen neuer deutschsprachiger Profile, neuer Abteilungen in Lyzeen, das Organisieren von jährlichen Sommerseminare für Deutschlehrer und die Unterstützung der deutschen Lehrstühle bei der Forschungstätigkeit für den deutschsprachigen Unterricht[87].

An dieser Stelle wollten wir die Position des *Neuen Wegs* bezüglich dieser neuen Verfassung und deren Bestimmungen bezüglich der deutschen Minderheit analysieren. Leider gab es seitens der Zeitung keine Position, es wurde einfach die Rede des Präsidenten Ceauşescu auf drei Seiten gedruckt ohne jeglichen Kommentar.

2.4 Die Wiederaufnahme der diplomatischen Beziehungen zwischen Rumänien und der Bundesrepublik Deutschland und deren Folgen

1967 setzt Rumänien seine Strategie der internationalen Imagepflege fort. Rumänien stellt seine diplomatischen Beziehungen zu Deutschland wieder her. Während eines Treffens mit den Intellektuellen der Rumäniendeutschen, hat Ceauşescu, inzwischen Generalsekretär der RKP, zugegeben, dass bezüglich dieser sozialen Gruppe Fehler gemacht wurden. Als Folge seiner Initiative, wurde am 15. November 1968 der *Rat der Werktätigen deutscher Nationalität* ins Leben gerufen[88]. Die Mitglieder dieses

---

Geschichte und Geschichtsbilder, Kultur, Gesellschaft und Politik heute, Wirtschaft, Recht und Verfassung, historische Regionen, *LIT Verlag, Wien, Berlin, Münster, S. 189-804.*

[86] Barcan, Monica/ Millitz, Adalbert (1978): *Die deutsche Nationalität in Rumänien,* Kriterion, Bucureşti, S. 83.

[87] Vgl. Ebd., S. 88f.

[88] Ebd., S. 53.

Rates stammten sowohl aus Bukarest, als auch aus den Kreisen in denen die Mehrheit der Deutschen lebte. Diese waren dafür zuständig, die spezifischen Probleme der Rumäniendeutschen zu erörtern und nach Lösungsvorschläge zu suchen. Eine direkte Folge dieser diplomatischen Beziehungen, wird in der folgenden Graphik veranschaulicht:

Abb. 9: Statistik: Anzahl der Rumäniendeutschen, die im Jahr das Land verlassen haben[89]

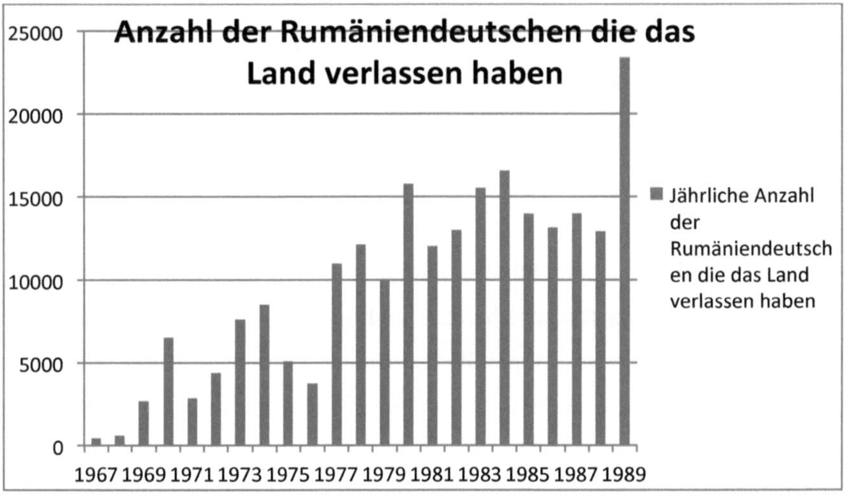

Die oben angeführten Daten verbildlichen die Statistik bezüglich der Deutschen, die nach der Wiederaufnahme der Beziehungen zwischen Rumänien und Deutschland, das Land verlassen haben. Es gibt eine fast konstante steigende Tendenz bis zum Höhepunkt im Umbruchsjahr 1989.

Der *Neue Weg*, der das Sprachrohr der Rumäniendeutschen hätte sein sollen, hat über die bedeutsame Wiederaufnahme der diplomatischen Beziehungen zwischen der BRD und Rumänien nichts berichtet.

2.4.1 Der Rat der Werktätigen deutscher Nationalität

Die Tätigkeitssatzungen des *Rates der Werktätigen deutscher Nationalität* stehen im Präambel[90]: „Der Rat leistet seinen Beitrag zur immer aktiveren Teilnahme der

---

[89] Eingene Darstellung gemäß der Daten, die aus der Gedenkstätte für die Opfer der Kommunismus, *Memorialul Durerii,* aus Sighetul-Marmatiei stammen.

Werktätigen deutscher Nationalität, gemeinsam mit dem ganzen Volke bei der Ausarbeitung der Innen- und Außenpolitik unserer Partei und unseres Staates mitzuwirken, zur Erreichung des großen Zieles, in der Sozialistischen Republik Rumänien die vielseitig entwickelte sozialistische Gesellschaft zu errichten.

Als integrierender Bestandteil der *Front der Sozialistischen Einheit* nahm der Rat an deren gesamten Tätigkeiten teil und wirkte für die unablässige Festigung der brüderlichen Verbundenheit der rumänischen und der Werktätigen der mitwohnenden Nationalitäten, für die Intensivierung ihres dem vielseitigen Gedeihen unseres gemeinsamen sozialistischen Vaterlandes gewidmeten vereinten Schaffens, für die weitere Festigung der moralisch-politischen Einheit unseres ganzen Volkes." Es scheint als ob die Rumäniendeutschen endlich an Mitspracherecht gewonnen haben. Die Mitglieder[91] dieses Rates waren rumänische Staatsbürger deutscher Nationalität mit Leitungsfunktionen in zentralen und lokalen Partei- und Staatsorganen, aber auch in Leitungsorgane anderer zentraler Körperschaften[92] und Institutionen. Vollständige Reden des Präsidenten der Sozialistischen Republik Rumänien, Nicolae Ceauşescu und der Mitglieder der Räte der Werktätigen deutscher und ungarischer Nationalität während der Plenartagung vom 26.-27. Februar 1978 sind in einer Ausgabe, unter dem suggestiven Namen *Die Wahrheit über die Nationalitäten Rumäniens*[93] zu finden.

2.4.2 Regelungen zwischen Rumänien und Deutschland bezüglich der Auswanderung der Rumäniendeutschen

Die Wiederaufnahme der diplomatischen Beziehungen zwischen Rumänien und der Bundesrepublik entfachte in vielen Rumäniendeutschen die Hoffnung, in der Bundesregierung einen Fürsprecher für deren Auswanderung gefunden zu haben. Dies konkretisierte sich im Januar 1978 in Form einer Regelung zwischen dem damaligen deutschen Bundeskanzler, Helmut Schmidt und Nicolae Ceauşescu, gemäß deren Rumänien jährlich einer gewissen Anzahl von Deutschen die Ausreise gewähren sollte,

---

[90] Ebd.
[91] Vgl. Ebd., S. 54ff.
[92] Vgl. Ebd., S. 57.
[93] Vgl. *Die Wahrheit über die Nationalitäten Rumäniens. Die Plenartagungen der Räte der Werktätigen ungarischer und deutscher Nationalität in der Sozialistischen Republik Rumänien*, 26. – 27. Februar 1987, Editura Politică, Bucureşti.

gegen die Zahlung eines Pauschalbetrags[94]. Als Folge dieser Absprache kassierte Ceauşescu in den siebziger ein *Kopfgeld*[95] von 8000 bis 10000 D-Mark von der Bundesregierung. Um genauer zu sein, schwankten diese Summen, je nach *dem Wert* der betreffenden Person. Denn diese Menschen wurden in Kategorien eingeteilt, so zum Beispiel gehörten zur:

- A Kategorie - Personen, die nicht studiert hatten – Kopfgeld 1.800 DM
- B1 Kategorie – Studenten – 5.500 DM
- B2 Kategorie – Studenten in den letzten zwei Studienjahren – 7.000 DM
- C Kategorie – Personen mit Studiumabschluss – 11.000 DM

Diese Zahlen wurden von Erwin Wickert angegeben, der ehemalige Botschafter der BRD in Bukarest, in den Jahren 1971-1976.[96]

Der Tourismus hat sich in dieser Zeitspanne sensationell entwickelt. 1964 besuchten Rumänien ca. 180.000 Ausländer, deren größter Anteil auf die 30.000 Besucher aus der Bundesrepublik Deutschland entfiel[97].

In den 60er, 70er und 80er Jahre hat das kulturelle, religiöse und schulische Leben einen Aufschwung erlebt, natürlich in den Grenzen der schwachen „Auflockerung“, die im Land herrschte. Der schulische Unterricht in der jeweiligen Muttersprache der Minderheiten, war eines der wichtigsten Aspekte der Politik des sozialistischen Staates Rumänien[98].

Besonders in den 70er Jahren waren die wirtschaftlichen Verhältnisse Rumäniens wegen der Zwangsindustrialisierungspolitik sehr schlecht. Diese beeinträchtigten das ganze Volk, besonders aber die deutsche Minderheit, die den großen Unterschied merkte, was den Lebensstandard betrifft, zwischen ihrer und der Lage, deren die nach dem Krieg

---

[94] Gabanyi, Anneli, Ute (1994): *Die Deutschen in Rumänien: Exodus oder Neuanfang?,* S. 89-104, in: Rothe, Hans (Hrsg.) (1994): *Die Siebenbürger Sachsen in Geschichte und Gegenwart*, Böhlau Verlag, Köln, Weimar, Wien, S. 93.

[95] Schuster, Egon (1992): *Vom Huldigungstelegramm zur Information. Die deutschsprachige Minderheitenzeitung ‚Neuer Weg' vor und nach dem Umsturz in Rumänien*, Universitätsverlag, Dr. N. Brockmeyer, Bochum, S. 19.

[96] Die Daten stammen aus der Gedenkstätte für die Opfer der Kommunismus, *Memorialul Durerii,* aus Sighetul-Marmatiei.

[97] Onişoru, Gheorghe (1997): *Vom kalten Krieg zur friedlichen Koexistenz: Die Entwicklung des Westeuropa-Bildes in Rumänien* (1944-1989), S. 269, in: *Heppner, Harald (Hrsg.) (1997): Die Rumänen und Europa vom Mittelalter bis zur Gegenwart*, Böhlau Verlag, Köln, Weimar, Wien, S. 253-272.

[98] Bányai, László (1972): *Destin commun, traditions fraternelles*, Bibliotheca Historica Roumaniae, Bucureşti, S. 205.

ausgewandert sind. Die letzteren, die manchmal nach Rumänien zu Besuch kamen und natürlich viel mehr besaßen, als die in Rumänien lebenden Deutschen, erweckten und erweiterten den Wunsch auszuwandern.

2.5 Die kommunistische Partei und die Minderheiten

Um die Beziehung zwischen der Partei und den Minderheiten des Landes erläutern zu können, müssen zuerst die Eigenheiten dieser Partei im Vergleich zu denen anderer kommunistischen Parteien aus Europa dargestellt werden.

2.5.1 Grundzüge der rumänischen kommunistischen Partei im Vergleich zu anderen kommunistischen Parteien

Die politische Lage aus Rumänien, hat sich im Vergleich zu der aus anderen kommunistischen Staaten verschieden entwickelt. Während der kommunistischen Zeit hat sich in Rumänien, anders als in anderen kommunistischen Ländern, der Totalitarismus entwickelt. Der französische Politologe Raymond Aron definiert den Totalitarismus folgendermaßen[99]:

1) das Monopol einer einzigen Partei;

2) das Bestehen einer offiziellen Staatsideologie;

3) der Staatsmonopol über die ganze Macht und über alle Überzeugungen;

4) die wirtschaftlichen und professionellen Tätigkeiten sind dem Staat unterworfen;

5) alles wird anhand ideologischer und politischer Kriterien bewertet;

Diese Eigenschaften stellen eine genaue Beschreibung des rumänischen kommunistischen Regimes dar, da es in dieser Zeit in Rumänien eine einzige Partei gab, die ihre Ideologie in der ganzen Gesellschaft, als die einzig wahre und richtige, durchgesetzt hat. Der Pluralismus, und somit jedwelche politische oder gesellschaftliche Opposition wurde verdrängt, nicht akzeptiert. Ohne eine echte Reaktion seitens der Gesellschaft, wurde das politische Regime insensibel, was die echten Probleme der Gesellschaft angeht, und hat somit nicht gemäß der objektiven Wirklichkeit funktionieren können. Die Partei hat den ganzen Staat verschlungen, folglich entstand die Staatspartei, die ihre eigenen Interessen verfolgt hat und die die demokratischen Rechte und die

[99] Aron, Raymond (2001): *Democrație și totalitarism*, București, Humanitas, pag. 84.

Bedürfnisse der Gesellschaft nur dann berücksichtigt hat, wenn diese nicht den eigenen Interessen entgegengesetzt waren. Das demokratische Prinzip der Machtteilung im Staat wurde missachtet, somit waren die Legislative, Exekutive und die Judikative der einzigen Partei, der kommunistischen Partei unterworfen.

Nicht in allen sozialistischen Staaten hat sich der Totalitarismus entwickelt, man kann in Staaten wie die Deutsche Demokratische Republik, Polen, Tschechoslowakei oder Ungarn in dieser Zeitspanne lediglich von Diktatur sprechen. Die historischen Bedingungen, die demokratischen Traditionen, gewisse Volksideologien haben in diesen Ländern dazu beigetragen, dass sich die vorhandene Diktatur nicht in Totalitarismus umgewandelt hat.

In Polen hat es ständig mehrere Parteien gegeben, neben der Kommunistischen Partei gab es sowohl die Partei der katholischen Intellektuellen, als auch die Partei der Grundbesitzbauern, mit der Anmerkung, dass in diesem Land die Landwirtschaft nie gänzlich nach sowjetischem Muster verstaatlicht wurde.

Während in Polen die Römisch-Katholische Kirche eine starke Oppositionsmacht gegenüber der Kommunistischen Partei gewesen ist, hat sich in der DDR die Evangelische Kirche dafür eingesetzt.

In der Tschechoslowakei hat es starke Oppositionsmächte gegeben, wie die Charta 77, die subversive Literatur Samisdat und zahlreiche von der Bevölkerung gut angesehene Dissidenten, wie zum Beispiel Vaclav Havel.

In Ungarn hat es die antisowjetische Revolution 1956 gegeben, danach hat Janos Kadar die Kommunistische Partei in einem demokratischen Stil geführt.

Anders als im Falle des Totalitarismus, gibt es in Staaten in denen die Diktatur herrscht, Oppositionsmächte. Die wichtigsten Bewegungen gegen den sowjetischen Sozialismus sind: die ungarische Revolution (1956), der Prager Frühling (1968) und die Gewerkschaftsbewegung aus Polen (in den 90er Jahre).

2.5.2 Die Strategie der rumänischen kommunistischen Partei bezüglich der deutschen Minderheiten

Die Rumäniendeutschen waren für die kommunistische Regierung das Vorzeigeelement, wenn es um die Einhaltung der Menschenrechte ging. Daher hatte auch die RKP rumäniendeutsche Mitglieder.

Es gab in Rumänien eine regelrechte Werbekampagne für die Aufnahme der Rumäniendeutschen in die Kommunistische Partei und keiner konnte dessen Aufnahme ablehnen, weil dies zu Strafen geführt hätte. Die Parteimitgliedschaft war Pflicht für bestimmte Berufe oder leitende Funktionen in Schulen, Behörden oder Unternehmen[100]. Proportional zu ihrer Zahl, wurden auch Rumäniendeutsche an der Führung der Partei, in Gewerkschaften oder in Jugendverbände aufgenommen. Es gab aber keine echte Vertretung der Deutschen, da nur sehr wenige bestimmte Personen das Sagen hatten und dazu gehörten kaum Deutsche[101]. Es wurden auch Vertreter der im Land lebenden Minderheiten, wie Juden, Ungarn, Bulgaren, Russen usw., in die Partei aufgenommen, aber der Beitrag dieser war bald nicht mehr wichtig, nachdem die Partei angefangen hat, Jugendliche zu rekrutieren. Mit den Deutschen war es aber eine ganz andere Situation. Wenn nach dem zweiten Weltkrieg, sie schwer der Partei beitreten konnten, wurde in den 60ern ihre Anwesenheit in der Partei sogar erwünscht.[102] Die offizielle Position der Partei besonders gegenüber der deutschen Minderheit war eher in den 70ern eine sehr positive, beruhend auf der gemeinsamen 800 jährigen Geschichte in demselben Land.[103]

1967 hatte die RKP insgesamt 1.676.000 Mitglieder, darunter 21.500 Deutsche; dies ist ein Anteil von nur 5,5% der ganzen Minderheit, jedoch im Vergleich mit dem Prozentsatz der Deutschen in der Gesamtbevölkerung, also 2%, groß, gegenüber 8,7% Parteimitglieder in der Gesamtbevölkerung[104]. 1968 hatte die RKP insgesamt 1.761.000 Mitglieder, darunter 22.000 Deutsche, also 1,24%. Bis 1974 ist die Zahl ein wenig gestiegen. Die RKP hatte in dem Jahr 2.462.380 Mitglieder, darunter 49.000 Deutsche, also 2%.[105]

---

[100] Kroner, Michael (2004): *Die Deutschen Rumäniens im 20. Jahrhundert, Österreichische Landsmannschaft*, S. 78.

[101] Ebd, S. 80.

[102] Turliuc, Cătălin (2004): *Minderheiten und Ethnopolitik in Rumänien (1945-1965)*, S. 113, in: Solomon, Flavius/ Rubel, Alexander/ Zub, Alexandru (Hrsg.) (2004): *Südosteuropa im 20. Jahrhundert. Ethnostrukturen, Identitäten, Konflikte*, Editura Universităţii, Iaşi und Hartung-Gorre Verlag Konstanz, S. 109-117.

[103] Vgl. Für die offizielle Position der RKP: *Documente ale Partidului Comunist Român. Naţiunea Socialistă*, 1972, Editura politică, Bucureşti.

[104] Castellan, Georges (1971): *The Germans of Romania*, in: *Journal of Contemporary History*, Vol. 6, No. 1/1971, S. 52-75.

[105] Oschlies, Wolf (1988): *Rumäniendeutsches Schicksal 1918-1988, Wo Deutsch zur Sprache der Grabsteine wird*, Böhlau Verlag, Köln, Wien, S. 50.

Abb.10: Die Entwicklung der Anzahl der Parteimitglieder[106]

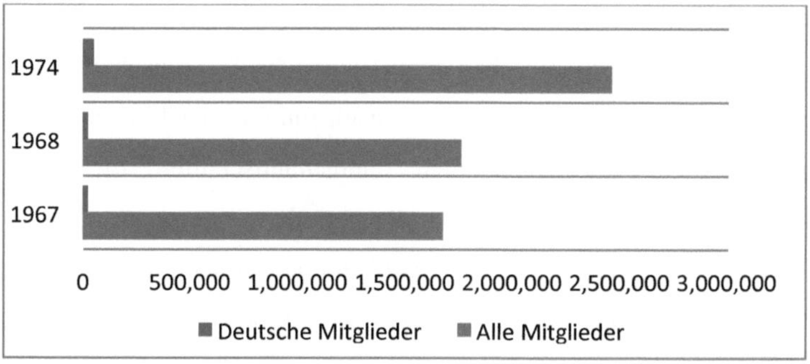

Mit den Jahren ist sowohl die gesamte Anzahl der Parteimitglieder, aber auch die Anzahl der Mitglieder deutscher Nationalität, proportional zur Gesamtanzahl gewachsen. Die Rumäniendeutschen waren für die kommunistische Partei von sehr großer Wichtigkeit und Bedeutung. Die Partei hatte mindestens vier wichtige Gründe, um diese Minderheit in die Partei aufzunehmen, und zwar nicht aus dem Wunsch dieser Minderheit Rechte und Repräsentativität zu ermöglichen, sondern aus einer gut überlegten Parteistrategie.

Der erste Grund war einfach die Tatsache, dass die Partei am Anfang war, jung war und sich behaupten wollte und deswegen Mitglieder zur Unterstützung und zur Förderung brauchte. Kurz, es geht um das interne Image. Der zweite Grund basiert natürlich auf dem externen Image. Um ein gutes externes, internationales Image zu haben, hat die Partei, Mitglieder aus den Reihen der nationalen Minderheiten aufgenommen. Wenige davon hatten etwas zu sagen, es gab keine echte Representativität. Die Partei verfolgte einfach, sich auf internationaler Ebene ein gutes Image zu schaffen, das Image einer offenen und transparenten Partei. Ende der 50er Jahre setzte Gheorghe Gheorghiu Dej einen nationalistischen Kurs ein, der auf die dakoromanische Kontinuitätstheorie aufbaute und diesen zur Dogma erhob, die für alle Bewohner des Landes gelten sollte. Und schließlich, ein letzter Grund: die Bewunderung der Sachsen und Schwaben für die BRD war allgemeinbekannt, auf der anderen Seite, hatten diese viele Beziehungen zu Ostdeutschland und hassten die kommunistische

[106] Eigene Darstellung

Partei. Weil ihr alle diese Aspekte bekannt waren, wollte die Partei einige Repräsentanten dieser Minderheiten aufnehmen, um sie sich näher zu bringen.

Auf der anderen Seite gab es, neben dem Briefwechsel[107] zwischen deutschen und rumänischen Intellektuellen, die sich um die deutsch-rumänische Beziehung bemühten, auch ethnische Verbände, die sogenannten Landsmannschaften, die sich für die Emigration aller deutschen Minderheiten aus allen Ländern einsetzten, damit diese ihre Identität nicht verlieren. Diese politischen Organisationen, mit ethnischen Grundzügen, haben massiv und konstant die Idee der Emigration vertreten, als einzige Rettungsmöglichkeit für die Deutschen aus den Ostblockstaaten. Von Anfang an waren diese Organisationen, konservativ, rechts oder sogar extrem rechts orientiert und waren ein Schwerpunkt der Außenpolitik Deutschlands[108].

2.6 Die politische Landschaft in Rumänien in den 70er Jahren

Man könnte die 70er und 80er Jahre als den dritten Abschnitt der Minderheitenpolitik Rumäniens ansehen. Diese zeichnete sich als eine intolerante und repressive Politik aus, deren markantestes Merkmal die Zwangsassimilation war. Diese Zeitspanne charakterisiert sich durch Einschränkungen der kulturellen Entfaltungsmöglichkeiten der Minderheiten, und deren strenge Überwachung und Verfolgung[109].

Der Staatschef übernahm immer mehr Befugnisse und führte eine „Personalpolitik im Kaderwesen, Modifikationen im Sicherheitswesen, eine Ämterkumulation und Kaderrotation, die den Aufbau einer innenparteilichen Opposition verhinderte.[...] Dies war der Beginn einer immer restriktiver werdenden minderheitenfeindlichen Kurses, als auch einer ausgeprägt rumänisch-nationalen Politik, aber auch einer forcierten Industrialisierungs-, Bevölkerungs- sowie einer sozioökonomischen Vereinheitlichungspolitik.“[110]

---

[107] Vgl. Mândruţ, Stelian/ Gräf, Rudolf (Hrsg.) (2010): *Între ştiinţă şi politică. Fritz Valjavec şi corespondenţii săi români (1935-1944)/ Zwischen Wissenschaft und Politik. Fritz Valjavec's Briefwechsel mit rumänischen Gelehrten (1935-1944)*, Academia Română, Centrul de Studii Transilvane, Cluj-Napoca.

[108] Poledna, Rudolf (2001): *Sint ut sunt, aut non sunt? Transformări sociale la saşii ardeleni după 1945*, Presa Universitară Clujeană, Cluj-Napoca, S. 122.

[109] Vgl. Totok, William (1988): *Die Zwänge der Erinnerung. Aufzeichnungen aus Rumänien*, Hamburg.

[110] Roth, Harald (Hrsg.) (2009): *Studienhandbuch Östliches Europa*, Band 1: *Geschichte Ostmittel- und Südosteuropas*, 2. Überarbeitete und aktualierte Auflage, Böhlau Verlag, Köln, Weimar, Wien, S. 345.

Ab dem Jahr 1971 hat sich die Lage der deutschen Minderheit stark verschlechtert, da Ceauşescu den Assimilierungsprozess der in Rumänien lebenden Bevölkerung begonnen hat. 1974 verkündete er, dass es in „absehbarer Zukunft in Rumänien keine Nationalitäten mehr geben“ werde, sondern „nur noch eine sozialistische Nation.“[111]

In den 70ern gab es in Rumänien vier Anstalten, die trotz ihrer guten Absichten, aneinander vorbeigeredet haben[112]

1. die rumänische nationalkommunistische Führung unter Ceauşescu
2. Bundesdeutsche Politiker, die seit 1967 offiziell diplomatische Beziehungen mit Rumänien aufgenommen haben. Rumänien war somit der erste Ostblockstaat, der solche Beziehungen aufgenommen hat.
3. die westeuropäischen Medien, die Ceauşescu bewundert und seine Minderheitenpolitik gelobt haben, und schließlich
4. die Deutschen in Rumänien, die immer noch von den schweren Schicksalsschlägen der Vergangenheit geprägt waren und Angst vor der Zukunft hatten und somit sich nicht ganzheitlich auf Ceauşescus Politik verlassen konnten.

Mehr noch, 1974 erschien das Gesetz Nr. 67, mit anderen Worten das Wahlgesetz[113]. Demnach konnten alle Bürger, unabhängig von ihrer Rasse, Nationalität, Geschlecht oder Religion, die Abgeordneten der Großen Nationalversammlung wählen.

„Obwohl die Verfassung, den mitwohnenden Nationalitäten die völlige Gleichheit mit dem rumänischen Volk und den freien Gebrauch der Muttersprache in Schule, Kirche, im öffentlichen Leben, vor Gericht, in der Presse und in Veröffentlichungen, sowie Glaubensfreiheit garantierte, beachteten die Behörden diese Rechtslage nur in dem Maße, als sie der jeweiligen politischen Konjunktur entsprach. [...] In Rumänien paarten sich außerdem unglücklicherweise Kommunismus und Nationalismus zu einer

[111] Böhrn, Joachim/ Dickgießer Sylvia (1989): *Deutschsprachige Minderheiten. Ein Überblick über den Stand der Forschung für 27 Länder.* Institut für deutsche Sprache, Mannheim, S. 177.
[112] Oschlies, Wolf (1988): *Rumäniendeutsches Schicksal 1918-1988, Wo Deutsch zur Sprache der Grabsteine wird,* Böhlau Verlag, Köln, Wien, S. 131.
[113] Vgl. Barcan, Monica/ Millitz, Adalbert (1978): Die deutsche *Nationalität in Rumänien,* Kriterion, Bucureşti, S. 130.

sonderbaren national-kommunistischen Ideologie, deren Endziel die Rumänisierung der nationalen Minderheiten war."[114]

Eine Schlussfolgerung aus den Daten über die wir verfügen, könnte sein, dass sich die Rumäniendeutschen in den Jahren 1945-1975 für die Auswanderung vorbereitet haben, und Tag für Tag auf den richtigen Moment gewartet haben, um wegzugehen[115].

Der Aussiedlungsstrom der Rumäniendeutschen in die Bundesrepublik wurde mit der Zeit immer dynamischer, was in allen Lebensbereichen zu spüren war. Ende der 80er Jahre gab es nicht mehr genug deutschsprachige Lehrer und Schüler, und implizit wurden die Unterrichtsmöglichkeiten reduziert. „Ende der achtziger Jahre hatte die Abwanderung unter den deutschen Lehrern, Pfarrern und Künstlern ein solches Ausmaß erreicht, dass das Angebot an deutschsprachigem Unterricht und deutscher Kultur nicht mehr in dem notwendigen Umfang und in der bisher erreichten Qualität gewährleistet werden konnte.“[116] Auch die wichtigste deutschsprachige Zeitung, der *Neue Weg*, litt in dieser Zeit unter dem Mangel an Journalisten[117].

2.7 Der Schmelztiegel-Effekt

Der Schmelztiegel-Effekt ist nichts anderes als die Homogenisierung der sozialistischen Nation oder, mit anderen Worten, die Rumänisierung, dessen Grundsatz *ohne Unterschied der Nationalität* der *Schlüssel zur Lösung der Nationalitätenfrage* war. Die Gleichberechtigung, von der im Minderheitenstatut und in der sozialistischen Verfassung die Rede war, *ohne Unterschied der Rasse, Nationalität, Sprache und Religion*, war doppeldeutig. Es ging nicht nur um den Verzicht auf Diskriminierung, sondern vielmehr um die Assimilierung aller Minderheiten im sozialistischen System. Da wenige die Assimilation für sich und für ihre Nachkommen als wünschenswert ansahen,

---

[114] Wagner, Ernst (1981): *Quellen zur Geschichte der Siebenbürger Sachsen 1191-1975*, 2., durchgesehene und erweiterte Auflage, Böhlau Verlag, Köln, Wien, S. 376ff.
[115] Poledna, Rudolf (2001): *Sint ut sunt, aut non sunt? Transformări sociale la sașii ardeleni după 1945*, Presa Universitară Clujeană, Cluj-Napoca, S. 130.
[116] Gabanyi, Anneli, Ute (1994): *Die Deutschen in Rumänien: Exodus oder Neuanfang?*, S. 89-104, in: Rothe, Hans (Hrsg.) (1994): *Die Siebenbürger Sachsen in Geschichte und Gegenwart*, Böhlau Verlag, Köln, Weimar, Wien, S. 94.
[117] Müller, Annett (2002): *Vom Neuen Weg zur Allgeimenen Deutschen Zeitung für Rmäninen,* hora Verla Hermannstadt und Arbeitskreis für Siebenbürgische Landeskunde e. V. Heidelberg, S. 120.

haben sie die Auswanderung bevorzugt. Wenn 1939 ungefähr 782.421 Deutsche in Rumänien lebten, war deren Anzahl 1987 nur noch 200.000, davon ungefähr 90.000 im Banat und 110.000 in Siebenbürgen.[118]

Der Wunsch der Assimilierung war offensichtlich auch in der Art in der sich der Präsident in seinen Reden ausgedrückt hat. Anstatt seiner üblichen Anrede "Alle Bürger unseres Landes, Rumänen, Ungarn und Deutsche", hat er, seit den 80er Jahren, einen einzigen Begriff benutzt, und zwar "die Nation". Während er über die Deutschen unseres Landes sprach, verwendete er immer öfter die Begriffe "Rumänen deutscher Nationalität" und die Vertretungsorganisation dieser Minderheit "Rat der Werktätigen deutscher Nationalität", musste ihren Namen wechseln, in "Rat der rumänischen Werktätigen deutscher Nationalität", damit alles dem Ziel der Homogenität entsprach, und, mehr noch, rumänisch war.

„Im Grunde ist die [...] freiwillige Ausreisebewegung der Deutschen aus Rumänien nichts anderes als die logische Vollendung der Vertreibungsmaßnahmen von 1945-1948, die den Rumäniendeutschen mit der Enteignung ihrer wirtschaftlichen und kulturellen Existenzbasis die Voraussetzungen für ihren Fortbestand als deutsche Gemeinschaft entzogen hat."[119] Grundlegend ist aber die Tatsache, dass aller Anfang von diesem Leid im zweiten Weltkrieg liegt, infolge dessen alle Rumäniendeutschen als kollektiv schuldig angesehen wurden.

„Das Ende des Ceaușescu-Regimes – womit der vierte Entwicklungsabschnitt in der Situation der Minderheiten in Rumänien nach dem zweiten Weltkrieg beginnt – hat das gewaltige Experiment der rückwirkenden Korrektur und Verfälschung der Geschichte zwar unterbrochen. Damit sind aber noch keineswegs alle Kontinuitätslinien und Folgen einer ebenso maßlosen wie zynischen nationalistischen Politik aufgehoben."[120]

---

[118] Hartl, Hans (1987): *Die Deutschen in Rumänien nach 1945*, S. 81-101, in: *Die Deutschen in Rumänien heute. Das Schicksal der Siebenbürger Sachsen als schwindende nationale Minderheit*, 2. Auflage, 1987, Herausgegeben vom Kulturreferat der Landsmannschaft der Siebenbürger Sachsen in Deutschaland, S. 97-98.

[119] Hartl, Hans (1987): *Die Deutschen in Rumänien nach 1945*, S. 81-101, in: *Die Deutschen in Rumänien heute. Das Schicksal der Siebenbürger Sachsen als schwindende nationale Minderheit*, 2. Auflage, 1987, Herausgegeben vom Kulturreferat der Landsmannschaft der Siebenbürger Sachsen in Deutschaland, 99.

[120] Sterbling, Anton (1995): *Die Entwicklung der ethnischen Konflikte und Beziehungen in Rumänien im 20. Jahrhundert*, S. 297-311, in : Grimm. Gerhard/ Zach, Krista (1995): *Die Deutschen in Ostmittel- und Südosteuropa. Geschichte, Wirtschaft, Recht, Sprache*, Band 1, Verlag Südostdeutsches Kulturwerk, München, S. 311.

Es sind nach dem Umbruch über die Geschichte der Rumäniendeutschen sehr wenig fachspezifische historische Untersuchungen in Rumänien erschienen, viel mehr im Ausland. Es wurden einige Quellensammlungen oder Werke veröffentlicht, die die deutsche Minderheit nebenbei erwähnen, also nicht als zentrales Thema. Ausnahme ist eine Donauschwäbische Bibliographie[121] für die Zeitspanne 1935-1955. Die Werke die vor 1989 über das Thema der deutschen Minderheiten im kommunistischen Rumänien erschienen sind, sind ideologisch beladen und deren Glaubwürdigkeit ist fragwürdig. Im Allgemeinen war das Minderheitenthema eine randständige Beschäftigung[122]. Zumindest in der Anfangszeit der analysierten Zeitspanne hat es zwischen dem akademischen Milieu Deutschlands und Mittel- und Südosteuropa intensive kulturelle Kontakte und Briefkontakte[123] gegeben, mit deren Hilfe man diese heikle Lage der deutschen Minderheiten und die Konfliktsituationen beseitigen und beschwichtigen wollte.

Nachfolgend eine Statistik bezüglich der in Rumänien lebenden deutschen Minderheiten nach dem 2. Weltkrieg bis unserer Tage:

1944 – 600.000 Deutsche[124]

1948 – 343.913 Deutsche[125]

1956 – 384.708 Deutsche[126]

1966 – 382.595 Deutsche[127]

1977 – 360.000 Deutsche[128]

---

[121] Scherer, Anton (1966): *Donauschwäbische Bibliographie 1935-1955*, Verlag des Südostdeutschen Kulturwerks, München.

[122] Onişoru, Gheorghe (2005): *Das Drama der rußlanddeportierten Deutschen aus Rumänien in der Erinnerungsliteratur*, S. 231 in: Zach Krista/ Zach Cornelius (Hrsg.) (2005): *Deutsche und Rumänien in der Erinnerungsliteratur*, IKGS Verlag, München, S. 219 - 242.

[123] Vgl. Mândruţ, Stelian/ Gräf, Rudolf (Hrsg.) (2010): *Între ştiinţă şi politică. Fritz Valjavec şi corespondenţii săi români (1935-1944)/ Zwischen Wissenschaft und Politik. Fritz Valjavec's Briefwechsel mit rumänischen Gelehrten (1935-1944)*, Academia Română, Centrul de Studii Transilvane, Cluj-Napoca.

[124] König, Walter (1995): *Die Deutschen in Rumänien seit 1918*, S. 265 in: Grimm. Gerhard/ Zach, Krista (1995): *Die Deutschen in Ostmittel- und Südosteuropa. Geschichte, Wirtschaft, Recht, Sprache*, Band 1, Verlag Südostdeutsches Kulturwerk, München, S. 251-277;

[125] Turliuc, Cătălin (2005): *Memoiren Deutscher aus der Volksrepublik Rumänien in den Quellen der Open Society Archives, Budapest*, S. 234, in Zach Krista (2005): *Deutsche und Rumänen in der Erinnerungsliteratur. Memorialistik aus dem 19. Und 20. Jahrhundert als Geschichtsquelle*, IKGS Verlag, München, S. 219-242, zit. nach: *La Republique Populaire Roumaine*, Paris, 1955;

[126] Gilberg, Trond (1974): *Ethnic minorities in Romania under socialism,* in: East European Quarterly, Nr. 4/1974, S. 435-458.

[127] Wagner, Ernst (1981): *Quellen zur Geschichte der Siebenbürger Sachsen 1191-1975*, 2. durchgesehene und erweiterte Auflage, Böhlau Verlag, Köln, Wien, S. 425, zit. nach Recensământul populaţiei şi locuinţelor din 15 martie 1966, Vol. I, Partea 1, Bucuresti, 1969, S.153;

1992 – 119.436 Deutsche[129]

2011 – 36.900 Deutsche[130]

Abb. 11: Die Anzahl der in Rumänien lebenden deutschen Minderheiten[131]

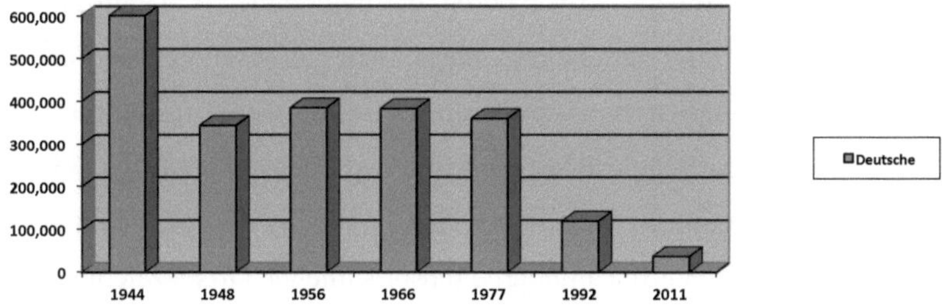

Wenn wir uns die Zahlen aus dem Diagramm ansehen, können wir bemerken, dass nach dem Krieg und der Deportation in die Sowjetunion, die Anzahl geschrumpft ist, danach folgt eine fast veränderungslose 20-jährige Phase, gefolgt von der Phase, die gekennzeichnet war von dem Abkommen zwischen Ceauşescu und dem deutschen Kanzler, in der die Zahlen wieder kleiner geworden sind. Nach dem Umbruch ist die Anzahl der in Rumänien lebenden deutschen Minderheit drastisch geschrumpft, fast drei Viertel haben das Land verlassen. Von den 1939, fast 800.000 in Rumänien lebenden Deutschen sind nach Ereignissen, wie Umsiedlungen (der Bessarabien-, Bukowina- und Dobrudschadeutschen), Kriegsverluste, Deportation, Familienzusammenführung, Exodus, nur noch 36.000 Deutsche (im Jahr 2011) im Land geblieben.

Diese Zahlen sind bedrückend, aber verständlich, wenn wir die Geschichte kennen. Diese Minderheiten hatten unterschiedliche Probleme von denen der Mehrheit, hatten spezifische Interessen und Sorgen, die von der Regierung entsprechend angesprochen hätten sein sollen. Wenn dies der Fall gewesen wäre, hätten sie höchst wahrscheinlich nicht das Land verlassen, das sie mit Sicherheit geliebt haben.

---

[128] König, Walter (1995): *Die Deutschen in Rumänien seit 1918*, S. 264 in: Grimm. Gerhard/ Zach, Krista (1995): *Die Deutschen in Ostmittel- und Südosteuropa. Geschichte, Wirtschaft, Recht, Sprache*, Band 1, Verlag Südostdeutsches Kulturwerk, München, S. 251-277;

[129] http://www.ispmn.gov.ro/node/minoritatea-german-1992 (10.06.2012)

[130]http://www.recensamantromania.ro/wp-content/uploads/2012/02/Comunicat_DATE_PROVIZORII_RPL_2011_.pdf (09.06.12)

[131] Eigene Darstellung

Wir können nur vermuten, weswegen die meisten den Drang verspürten, das Land zu verlassen, sobald sie die Möglichkeit hatten. Einer der Gründe wäre die Tatsache, dass die verfassungsrechtliche Zusicherung von Grundrechten, lediglich programmatischer Natur gewesen ist. Besonders in der Phase des Schmelztiegel-Effekts war ein aggressiver rumänischer Nationalismus zu verspüren, der unter anderen, darauf zielte eine homogene Nation zu schaffen, die nationalen Unterschiede zu beseitigen und die Minderheiten an die rumänische Mehrheit zu assimilieren. Betroffen waren fast alle Lebensbereiche. Wir sprechen vom drastischen Rückgang minderheitensprachlicher Schulausbildung und Medienpräsenz, besonders in den 80er Jahren, von der Einschränkung des Gebrauchs der Muttersprache, vom Verbot minderheitensprachlicher Ortsbezeichnungen, oder von der Zusammenlegung von rumänischen mit Minderheitenschulen. Eines der Ziele der Partei war, durch Mangel an deutschsprachigen Schulen, Lehrer und Medien, die allmähliche Entfremdung von der eigenen Muttersprache und vom ethnischen Identitätsbewusstsein zu erreichen.

Die Gleichberechtigung aller rumänischer Staatsbürger „ohne Unterschied der Rasse, Nationalität, Sprache und Religion" war nur anscheinend ein positiver Grundsatz, eigentlich war dies einfach nur eine Strategie, um die Assimilation durchzuführen, um die nationalen Minderheiten mit der Sozialistischen Nation zu homogenisieren. Die Minderheiten hatten auch Vertreter auf örtlicher, regionaler und Landesebene, diese waren jedoch eher Objekt, als Subjekt der Politik, denn sie wurden von der Partei opportunistisch eingesetzt. Sie durften weder Entscheidungen treffen, noch Weisungen geben, höchstens Empfehlungen machen. Ceaşescu verfolgte, dass die spezifischen Merkmale der mitwohnenden Nationalitäten, im Zuge der gesellschaftlichen und nationalen Homogenisierung der sozialistischen Nation, mehr und mehr verschwinden, wo nationale Homogenisierung als Synonym für Rumänisierung zu verstehen ist.

Eines der größten Probleme war die Trennung der Familien. Alle Männer, die zu Waffen-SS gehört haben, haben ihre rumänische Staatsbürgerschaft verloren. Eine weitere Trennung erfolgte durch die Zwangsevakuierung aller Deutschen Nordsiebenbürgens. Eine dritte Trennung erfolgte nach der Zwangsdeportierung in die Sowjetunion, infolge deren viele nach Westen gefahren wurden, obwohl sich ihre Familienangehörigen immer noch in Rumänien befanden. Dieses Problem wurde einigermaßen nach der Wiederaufnahme der diplomatischen Beziehungen zwischen Rumänien und Deutschland, 1969, gelöst. Die Lösung kam recht spät, nach langen Jahren hoffnungslosem Warten.

Von einer Diskriminierung im kulturellen Bereich kann in dieser Zeitspanne allerdings nicht gesprochen werden. Aber auch nicht von einer kulturellen Autonomie. Die Rumäniendeutschen konnten weiterhin ihre spezifischen Feiern organisieren, hatten Theateraufführungen und Buchvorlesungen, natürlich gemäß der Anweisungen der kommunistischen Partei. Was die deutschsprachigen Publikationen dieses Landes angeht, muss darauf hingewiesen werden, dass alle geschriebenen deutschen Publikationen, die nach 1945 erschienen sind, nicht, wie sie behauptet haben, Sprachrohre der deutschen Minderheit gewesen sind, sondern umgekehrt, auf die deutsche Minderheit gerichtete Sprachrohre des Regimes.

In den folgenden Seiten werden wir versuchen zu analysieren inwiefern diese Situation, diese besonderen Aspekte, sich in den deutschsprachigen Medien, besonders in der deutschsprachigen Minderheitenzeitung *Neuer Weg*, wiederfinden.

3. Die Medien im Kommunistischen Rumänien

Im 21. Jahrhundert beklagen sich die Menschen über Überbevölkerung, Technologiewandel, Geschwindigkeitsrausch sämtlicher Veränderungen und Vieles mehr. Wenn wir uns, allerdings, die Geschichte ansehen, gelangen wir zur Erkenntnis, dass keine der vorhergehenden Zivilisationen so viel Toleranz geäußert hatte und vor allem, es zu keinem dermaßen raffinierten Gleichgewicht zwischen Verpflichtungen und Verantwortungen gekommen ist. Die heutige Zivilisation ist eine der *Menschenrechte*, der *individuellen Freiheit*. Die Freiheit ist selbstverständlich für die heutige Menschheit und ihre Existenz wird erst dann wahrgenommen, wenn ab und zu Probleme in dieser Hinsicht auftauchen. Wir lernen die gegenwärtige Pressefreiheit erst dann schätzen, wenn wir an die Vergangenheit denken. Hat heute die Presse die Rolle einer öffentlichen Dienstleistung, so war sie vor Jahren Propagandamittel. Wir werden den Wert der Pressefreiheit erst dann schätzen, wenn wir analysieren, was geschieht wenn sie vollkommen fehlt, genauso wie es in Rumänien während den 50 Kommunismusjahren geschah.[132] Die Mediengeschichte und besonders die Entwicklung des Mediums Zeitung[133] haben eigentlich einen völlig anderen Ablauf, als das was während des Kommunismus in Rumänien geschehen ist.

Claude-Jean Bertrand unterscheidet in einem seiner Werke[134], vier mögliche politische Regimes: das autoritäre -, das kommunistische -, das liberale -, und das Regime der sozialen Verantwortung. Die ersten zwei Modelle sehen den Menschen nicht als mündige Person und die nächsten zwei Regimes betrachten das Individuum als vernünftiges Wesen, das die Gesellschaft in der es lebt, leiten kann.

Für das kommunistische Regime hat der Begriff *Pressefreiheit*, keine Bedeutung. In seinem Buch, das die *Einführung in den Massenmedien* thematisiert, hat Mihai Coman ein Portrait des kommunistischen Regimes erstellt. Sein erstes Beispiel in diesem Sinne war: „Im Jahre 1920, als Wladimir Iljitsch Lenin einen Antrag für die Aufnahme in die

---

[132] Abrudan, Mirela (2008): *Die Bedeutung der Pressefreiheit* (2008), S. 34-42, in: Balaban, Delia Cristina, Rus, Flaviu Călin (Hrsg.) (2008): *Medien, PR und Werbung in Rumänien*, Hochschulverlag Mittweida, S. 34.

[133] Vgl. Schanne, Michael (2001): *Mediengeschichte*, S. 47-68 in: Jarren, Otfried/ Bonfadelli, Heinz (Hrsg.) (2001): *Einführung in die Publizistikwissenschaft*, Verlag Paul Haupt, Bern, Stuttgart, Wien, S. 57.

[134] Bertrand, Claude-Jean (2000): *Deontologia mijloacelor de comunicare*, Institutul European, Iași, S. 28-31

bolschewistische Partei stellen musste, hat er in der Berufsrubrik, *Journalist* eingetragen. Ironischerweise, derjenige der schon seit 1917, die Grundlagen der neuen Formen der Pressezensur legte, schrieb sich genau den Beruf zu, den er später in eine Karikatur umwandelte"[135].

Folglich kann die Presse aus der Perspektive des Kommunismus nur Eines sein: eine Machtwaffe, gerichtet auf folgende Ziele: Erziehung der Massen zwecks Erfüllung politischer und wirtschaftlicher Ziele, Bekämpfung der Feinde, das Lob der Regimeleistungen. „Lenins Formel entsprechend, wird die Presse zu einem Propagandamittel, welches das Denken und das Benehmen der Individuen kontrollieren soll, wie eine Kampfarena gegen die ideologischen Feinde, wie eine Stelle der mythologischen Darstellung der Überlegenheit aller kommunistischen Regimes."[136]

Die Zensur und die Presseagentur Agerpres

Die Zensur ist nicht eine typisch kommunistische Vorgehensweise gewesen, sondern ist gleichzeitig mit der Geburt der Presse entstanden. Im 18. Jahrhundert war die französische Monarchie sehr aufmerksam mit den Veröffentlichungen der Presse gewesen, weil das ganze Europa das Modell des französischen Pressesystems übernommen hat. Gegen Mitte dieses Jahrhunderts gab es ein sehr gut organisiertes Zensursystem für die ganze Presse aus Paris. Die Zensur war auch in Rumänien vorhanden, besonders in der Nationalen Presseagentur, ob nun ihr Name Agence Roumaine de Presse, Rador oder Agerpres gewesen ist.[137]

Die offizielle Presseagentur des Staates war in der kommunistischen Zeitspanne *Agerpres*, die Ehemalige Presseagentur *Rador. Agerpres* wurde durch einen Beschluss der Großen Nationalversammlung, am 20. Mai 1949, ins Leben gerufen. Diese Agentur hatte die Rolle, die öffentliche Meinung aus dem Inland und aus dem Ausland über die interne und internationale Politik der kommunistischen Regierung zu informieren. Gleichzeitig hatte *Agerpres* die zentrale Rolle bei der Zensur der Informationen, die aus

---

[135] Coman, Mihai (1999): *Introducere in sistemul mass-media*, Polirom, Iaşi, S. 92.

[136] Abrudan, Mirela (2008): *Die Bedeutung der Pressefreiheit* (2008), S. 34-42, in: Balaban, Delia Cristina, Rus, Flaviu Călin (Hrsg.) (2008): *Medien, PR und Werbung in Rumänien*, Hochschulverlag Mittweida, S. 35.

[137] Vrânceanu, Florica (2000): *Un secol de agenţii de presă româneşti (1889-1989)*, Editura Paralela 45, Piteşti-Braşov-Bucureşti-Cluj Napoca, S. 127.

anderen Quellen stammten. Sie hatte das Monopol über diese Informationen, selektierte und veröffentlichte sie nach ideologischen und politischen Kriterien.[138]

Die Agentur verfügte über große Redaktionen: die Redaktion für Auslandsnachrichten, die Redaktion für Inlandsnachrichten und Berichterstattung, die Redaktion für Auslandssendungen, die Redaktion für die Auslandspublikationen.

Für die Zensur war die *Generaldirektion für Presse und Druckarbeit* zuständig gewesen (*Direcţia Generală a Presei şi Tipăriturilor*). Sie war der Regierung unterworfen und sollte zuerst nur die politischen Nachrichten überwachen, aber angefangen mit dem Jahr 1958, hatte sie sogar das Bestimmrecht, wer in der Presseagentur angestellt werden durfte und wer nicht. Diese Direktion kontrollierte nicht nur die Presse des Landes, sondern alles was im Inland geschrieben wurde und was aus dem Inland eingebracht wurde, in den Bereichen Presse, Bücher, Tv- und Radiosendungen, Museen, Expositionen, Filme usw.[139]. In den fünfziger Jahren wurden alle Auslandsnachrichten von der Agentur TASS oder aus der sowjetischen Presse übernommen und von sehr guten Übersetzern übersetzt, danach wurde die Nachricht noch durch andere 6 Filter weitergegeben, bis sie schließlich veröffentlicht wurde.[140]

Durch das Dekret Nr. 53 des Staatsrates vom 30. Mai 1975, wurde die Generaldirektion durch ein *Zentralkomitee für Presse und Druckarbeit* ersetzt (*Comitetul pentru Presă şi Tipărituri*), das sowohl der Regierung, als auch der Partei untergeordnet war. Nur zwei Jahre später wurde die Zensur durch das Dekret 427 vom Mai 1977 abgeschafft und Agerpres unterlag nun der Selbstzensur. Besonders bei den Auslandsnachrichten war die beliebteste Zensurmethode, die Veröffentlichung von Informationen durch Weglassungen, aber auch die drastische Verarbeitung von Bildern. In den 80ern wurde die Selbstzensur zur Gewohnheit, jeder Redakteur wusste die Nachrichten fehlerfrei zu formulieren[141].

---

[138] Nichiţelea, Pamfil (2002): *Agenţii de presă*, Arvin Press, Bucureşti, S. 51.

[139] Vgl. für vollständige zensierte Materialien: Mocanu, Marin Radu (2001): *Cenzura Comunistă (Documente)*, Editura Albatros, Bucureşti.

[140] Vrânceanu, Florica (2000): *Un secol de agenţii de presă româneşti (1889-1989)*, Editura Paralela 45, Piteşti-Braşov-Bucureşti-Cluj Napoca, S. 133.

[141] Ebd., S. 135.

Nach dem Umbruch, bekam die Agentur den Namen *Rompres*, der nicht völlig unbekannt gewesen ist, da *Rompres* der Name einer klandestinen Presseagentur der kommunistischen Partei aus dem Jahr 1928 gewesen ist.[142]

3.1 Die Situation der Presse[143]

In Rumänien war die einzige politische Partei allgegenwärtig, hat alles unter Kontrolle gehalten. Sie schränkte die zugewiesene Papiermenge und somit die Auflagennummer und die Größe der Auflagen der Zeitungen und Zeitschriften des Landes ein. Die Radiofrequenzen und die Sendestunden im Fernseher waren limitiert und gleichzeitig die Tätigkeitssphäre der Journalisten und Redakteure. Nicht nur das Format, sondern auch die Inhalte entgingen nicht dem strengen Auge der Partei und deren Zensoren, die alle nicht entsprechenden oder unerwünschten Materialien oder Elemente beseitigten.

Alles schränkte sich auf *was das Volk wissen soll* und *was das Volk nicht wissen soll* ein. So wurde die *Generaldirektion für Presse und Druckarbeit* gegründet, die später in das *Zentralkomitee für Presse und Print* umbenannt wurde. Dieses hatte folgende Aufgaben: die Verhinderung der Veröffentlichung und Aussendung von Materialien, die gesetzmäßig nicht zu veröffentlichen waren; das gesetzmäßige Eintragen aller Genehmigungen für das Herausgeben von Zeitungen, Zeitschriften oder anderer regelmäßigen Veröffentlichungen; die gesetzmäßige Organisierung der Qualitätsbescheinigung eines Journalisten und Übersichthaltung des sogenannten Journalistenbuches[144]. Zensurgegenstand[145] waren:

- Tendenziöse Nachrichten, Artikel oder Fotos, Äußerungen der *Staatsfeinde* gegen das Regime;

[142] Ebd., S. 121.
[143] Kapitel 4.1 wurde von der Autorin veröffentlicht: Mucundorfeanu, Meda (2011): *Einblick in die Medienlandschaft des Kommunistischen Rumänien* în: „Revista Transilvană de Ştiinţe ale Comunicării", Nr. 2(16) 2012, Editura Accent, Cluj-Napoca;
[144] Ficeac, Bogdan (1999): *Cenzura comunista si formarea „omului nou"*, Bucureşti, Nemira, p.35.
[145] Ebd., S. 48-49.

- Nachrichten, die *zur Unterdrückung des Klassenkampfes oder zur Verbreitung des Rassismus,* führen könnten;

- Inhalte, die die Öffentlichkeit über die Tätigkeit des Standesfeindes im In- oder Ausland informieren;

- Nachrichten, die die wissenschaftlichen-, künstlerischen Offenbarungen bekannt machen könnten, die die Verneinung des Klassenkampfes oder die Schwächung der *Heimatliebe* verfolgen;

- Nachrichten, die den imperialistischen Agenten statistische Informationen aus dem Wirtschafts-, Verwaltungs-, Sicherheitsbereich oder dem Bereich der Zielstellung, sowie technische Details aus den Unternehmen, Krankenhäusern liefern könnten;

- Alle Telegramme oder Nachrichten, die nicht von Agerpres (die einzige zugelassene Presseagentur in Rumänien während des Kommunismus) oder von den nationalen Radiosendern stammen, werden in der lokalen Presse zensiert;

- Die Zensoren werden ein besonderes Augenmerk allen Fotos und Klischees der politischen Führer aus dem In-, und Ausland schenken;

Alles, was über verschiedene Ereignisse geschrieben wurde, war vom *Zentrum* koordiniert. Von dort schickte man auch verschiedene Depeschen wie z.B.: „Wir bringen Ihnen bei, dass in den Materialien, die die Weinbergernte in der Presse, im Radio, usw. schildern, keine Angabe von den an dieser Kampagne beteiligten Militärmitglieder enthalten dürfen“[146]. Diese Zensurmechanismen[147] beweisen, dass der öffentliche Raum kein gemeinsamer Raum von Bürgern mit Mitbestimmungsrecht war, sondern ein von der Kommunistischen Partei erfundener Raum.

Somit wurde die Wirklichkeit sorgfältig gefiltert, gestaffelt und wiederhergestellt. Es gab eigentlich eine beständige *Propaganda*. Die oben genannte Zensur wurde durch die Kontrolle der sich in Vorbereitungsphase befindenden Inhalte und Programme, der

[146] Ebd., S. 100 (eigene Übersetzung).
[147] Vgl. Petcu, Marian (1999): *Puterea şi cultura – o istorie a cenzurii*, Polirom, Bucureşti, S. 13.

Texte und Sendungen, ausgeübt. Die Kritik gegenüber der kommunistischen Doktrin, der Einrichtungen des Systems und seiner wichtigen Führer war untersagt. Die feinsinnige Kontrolle entfaltete sich durch die Standardisierung der journalistischen Themen. Die Pressesprache hat sich in *Phrasendrescherei* umgewandelt. Der Pressevortrag, tief in stereotypischen Formeln verankert, fordert sowohl die Journalisten, als auch das Publikum zu einem Doppelspiel auf. Die Massenmedienkommunikation wird so zu einer „Scharade" in der wichtig ist, nicht was gesagt wird, sondern was man denkt, dass hinter den Wörtern stecken kann.[148] Es gibt ein allgemeingültiges Verständnis, dass die Massenmedien ihre Macht von oben nach unten[149] einsetzen.

Die strategische Entscheidung vom 23. August 1944 hat große Veränderungen hervorgerufen, sowohl für die rumänische Geschichte, als auch was den Verlauf des zweiten Weltkriegs angeht. Das was die Kommunisten als Befreiung aus den faschistischen Fesseln genannt hatten, war nichts anderes gewesen als die Ersetzung einer Belagerung, der deutschen, mit einer anderen, der sowjetischen. Fünf Jahrzehnte, von diesem Tag an, hat sich der Kommunismus in Rumänien entfaltet und die Presse hat als Zeuge alle Ideologieentfaltungen dieser Ära erlebt und dargestellt.

In dieser Zeitspanne mussten sich die Kultur, im Allgemeinen, und besonders die Presse, dem neuen Herrscher unterwerfen, wo das stalinistische Prinzip gültig war: *Wer nicht für uns ist, ist gegen uns!* All diese Änderungen wurden schon ab dem 23. August 1944 offensichtlich. Das Erscheinen der Zeitungen und der kulturellen Zeitschriften, die das Antonescu Regime unterstützt hatten, wurde in kürzester Zeit abgebrochen: *Rampa, Saeculum, Familia, Evenimentul zilei, Porunca vremii, Ordinea, Viaţa* (das Regimeblatt), *Vremea, Convorbiri literare, Acţiunea, Curentul, Ecoul, Gândirea, Informaţia.*[150]

Die Medienlandschaft sah in dieser Ära ziemlich düster aus. Gemäß der am 12. September 1944, in Moskau unterschriebenen Friedenskonvention, zwischen der rumänischen Regierung und den Regierungen der Vereinten Nationen, sollten folgende Publikationen dem Umlauf entzogen werden: alle periodischen und nichperiodischen Publikationen, die in der Zeitspanne 1. Januar 1917 bis zum 23. August 1944 erschienen

[148] Abrudan, Mirela (2008): *Die Bedeutung der Pressefreiheit,* S. 34-42, in: Balaban, Delia Cristina, Rus, Flaviu Călin (Hrsg.) (2008): *Medien, PR und Werbung in Rumänien,* Hochschulverlag Mittweida, S. 37.
[149] McQuail, Denis (1999): *Comunicarea,* rumänische Übersetzung von Rusu, Daniela, Editura Institutul European, Iaşi, S. 209.
[150] Rad, Ilie (2008): *Incursiuni în istoria presei româneşti,* Accent, Cluj-Napoca, S. 147.

sind und die faschistische, hitleristische, chauwinistische, rassistische Ideen oder Ideen die der Beziehung zwischen Rumänien und den Vereinigten Nationen schaden könnten. Ins Visier wurden auch die Kalender, Atlasse, Reiseführer und die Karten Rumäniens genommen, die die Gebiete Rumäniens enthielten, die während des Kriegs verloren wurden. Es gab auch eine Liste mit verbotenen Büchern, auf der 616 Bücher standen[151]. Im Jahr 1945 wurden auch 111 Journalisten eingesperrt, einige lebenslänglich, andere von 6 Monaten bis zu 5 Jahren, je nach Schuldlage, es ging um diejenigen Journalisten, die „feindliche Ziele gegenüber Rumänien hatten, die antidemokratische Ideen geäußert hatten, die sich für den Faschismus eingesetzt hatten, die zum Raub und Mord ermutigt hatten und die den Krieg gegen die Vereinigten Nationen unterstützt hatten."[152] Praktisch, alles was noch nicht, oder nicht mehr von der Zensur kontrolliert werden kann. Da man frei geschriebene, geäußerte und schon veröffentliche Materialien nur sehr schwer unterdrücken konnte, hat man den anderen Weg eingeschlagen, und zwar, die Unterdrückung deren Autoren.

Bis 1948 wurde die Veröffentlichung von 8438 Werken verboten, darunter die Werke folgender wichtigen Autoren[153]:

Anton Pann: 3 verbotene Werke;

Vasile Alecsandri: 19 verbotene Werke;

Mihail Kogălniceanu: 19 verbotene Werke;

Alexandru Odobescu: 5 verbotene Werke;

Mihai Eminescu: 37 verbotene Werke;

I.L. Caragiale: 12 verbotene Werke;

George Coşbuc: 10 verbotene Werke;

Ion Creangă: 5 verbotene Werke;

Ioan Slavici: 8 verbotene Werke;

Titu Maiorescu: 7 verbotene Werke;

Nicolae Iorga: 214 verbotene Werke;

Octavian Goga: 28 verbotene Werke;

---

[151] Rad, Ilie (2008): *Incursiuni în istoria presei româneşti,* Accent, Cluj-Napoca, S. 148f.

[152] Petcu, Marian (2002): *Istoria presei române*, antologie, Tritonic, Bucureşti, S. 284f.

[153] Die Daten stammen aus der Gedenkstätte für die Opfer der Kommunismus, *Memorialul Durerii,* aus Sighetul-Marmatiei.

Eugen Lovinescu: 23 verbotene Werke;

Lucian Blaga: 14 verbotene Werke;

Seit 1949, dem ersten Jahr für welches offizielle Angaben vorliegen, stieg die Zahl der Zeitungen bis 1957 stark an, sank dann 1958 etwas ab, um 1959 erneut zu steigen. Im Jahr 1949 wurden insgesamt 83 Zeitungen herausgegeben, davon 22 Tageszeitungen; 1957 erschienen insgesamt 127 Zeitungen, davon 31 täglich. Die 1958 eingestellten 27 Blätter waren Werkszeitungen, die zweimal im Monat erschienen. „Nach offiziellen Angaben betrug die Jahresauflage der gesamten Presse (Zeitschriften nicht inbegriffen) im Jahre 1959: 836.822.000, die Jahresauflage der gesamten Tagespresse 745.271.000 Exemplare. (1950: 481.989.000 Exemplare, 1958: 696.423.000 Exemplare.) Daraus lässt sich die tägliche Gesamtauflage der Tagespresse auf etwa 2.400.000 Exemplare schätzen. Bei verschiedenen Anlässen wurden jedoch andere, wesentlich höhere Angaben gemacht. So gab der Parteisekretär Gheorghiu-Dej 1951 die tägliche Gesamtauflage der rumänischen Presse mit 5.200.000 Exemplaren an, und im April 1960 wurde mitgeteilt, dass die Auflage der Tagespresse 6.000.000 erreicht habe.“[154]

Am 5. März 1953 ist J. W. Stalin gestorben und folglich ist in der Sowjetunion und in einigen sozialistischen Staaten, in Rumänien ebenfalls, eine gewisse Lockerung eingetreten.[155] In Rumänien hat sich die Zensur ganz am Anfang, als Ceauşescu im Jahr 1965 Generalsekretär des *Zentralkomitees der Rumänischen Partei* wurde, gewissermaßen gelockert, besonders im kulturellen Bereich. Im Jahr 1968 wurden die Räte der Werktätigen ungarischer, deutscher und serbischer Nationalität gegründet, die *Volksräte für die mitwohnenden Nationalitäten*, die die jeweiligen Minderheiten vertreten sollten. Der Höhepunkt dieses „liberalen Umgangs” war als Ceauşescu den Einmarsch der Warschauer-Pakt-Staaten im August 1968 in die Tschechoslowakei kritisiert hat. Damals konnte der *NW* die Reden des tschechischen Regierungspolitikers Alexander Dubcek ungekürzt veröffentlichen.

Die *liberalisierte* Zeitspanne endete im Jahr 1969, es begann die Isolation der rumänischen Bevölkerung und die Minderheiten wurden nur ein Anhängsel von Ceauşescus Personenkult.

[154] *Presse und Rundfunk in Rumänien* in: *Wissenschaftlicher Dienst Süosteuropa*, 11/ 1962, Heft. 3, S35-39, S. 35.

[155] Rad, Ilie (2008): *Incursiuni în istoria presei româneşti,* Accent, Cluj-Napoca, S. 160.

Besonders in den Jahren 1964-1974 nach dem allmähligen Eindringen des Neostalinismus, wurde unter immer schwereren Bedingungen geschrieben und die Anzahl der Publikationen ist geschrumpft. Die Zensur hat sich verschärft und sehr viele Journalisten wurden sorgfältig überwacht. Unter dem Vorwand einer Papierkrise, wurde die Seitenanzahl und das Format einiger Zeitungen drastisch reduziert[156]. Trotzdem hat besonders diese Zeitspanne, 1965-1971, den Höhepunkt der „Liberalisierung" während des Kommunismus in Rumänien dargestellt. Es wurden die Beziehungen zu dem Westen wieder hergestellt, die rumänischen Intellektuellen konnten wieder reisen, es wurden viele internationale literarische Werke übersetzt und große rumänische Schriftsteller, wie Maiorescu oder Blaga, wurden wieder in Betracht genommen, aber nur in Form von kritischen Auseinandersetzungen mit ihren Werken[157].

Als sich Ceauşescu im Jahr 1974 zum Präsidenten ernennen ließ, wurde auch das restriktive Pressegesetz verabschiedet. Der NW druckte die wichtigsten politischen Reden des Landes in deutscher Sprache, und war somit nur formell eine Zeitung der Minderheit, da sie in deutscher Sprache veröffentlichte, der Inhalt bestand jedoch aus den Anweisungen des Staates[158].

3.1.1 Das Pressegesetz von 1974

Am 28. März 1974 ist ein Pressegesetz[159] erlassen worden, über die Aufgaben der Printmedien, die auch in der Verfassung verankert waren, und die bis Ende des Jahres 1989 gültig geblieben sind: „In voller Übereinstimmung mit der auf die Gewährleistung einer realen Gleichheit aller Bürger des Landes gerichteten Politik der Partei und des Staates werden für die werktätigen der mitwohnenden Nationalitäten, Möglichkeiten zur Information und Meinungsäußerung in der Muttersprache auch durch die Presseorgane geschaffen[160]"

[156] Păsăilă, Vasile (2004): *Presa în istoria modernă a românilor*, Editura Fundaţiei PRO, Bucureşti, S. 249

[157] Rad, Ilie (2008): *Incursiuni în istoria presei româneşti,* Accent, Cluj-Napoca, S. 164.

[158] Müller, Annett (2002): *Vom Neuen Weg zur Allgeimenen Deutschen Zeitung für Rumänien,* hora Verlag Hermannstadt und Arbeitskreis für Siebenbürgische Landeskunde e. V. Heidelberg, S. 79.

[159] Originalfassung: siehe Anhang 4.

[160] Buletinul Oficial (Amtliches Gesetzblatt) (1974) in: Maurach, Reinhart et al. (Hrsg.) (1974): *Jahrbuch für Ostrecht,* Band XV, 1. und 2. Halbjahresschrift, Basel, Tübingen: Horst Erdmann Verlag, S. 451-471.

Artikel 3 und 11 aus dem Pressegesetz scheinen ziemlich freizügig zu sein. Es geht um Begriffe wie *Rede-* und *Meinungsfreiheit*, es wird auch eine *Informationsfunktion* der Presse angedeutet.

Artikel 3 lautet: „Die Pressefreiheit ist ein in der Verfassung verankertes Grundrecht. Allen Bürgern ist das Recht garantiert und die Möglichkeit gesichert, durch die Presse, ihre Meinungen zu den Problemen allgemeinen Interesses und öffentlichen Charakters zu äußern und über die innenpolitischen und internationalen Ereignisse informiert zu werden.“[161]

Artikel 11 lautet: „Die Presse ist ein Mittel zur umfassenden Information der Öffentlichkeit über das internationale Leben, sowie zur Bildung der öffentlichen Meinung. Als deren Vertreterin ist die Presse eine Tribüne der Diskussion und des Meinungsaustauschs, ein Mittel, durch das die Bürger des Landes ihre Rede- und Meinungsfreiheit wahrnehmen.”[162]

Es werden sehr ungenaue Formulierungen verwendet, die sehr weitgehend, aber natürlich auch sehr einschränkend wirken können, wie zum Beispiel: *allgemeines Interesse* und *Bildung der öffentlichen Meinung.*

Artikel 2 und 4 verdeutlichen die Verkoppelung von Presse und Partei, es soll eine völlige Übereinstimmung zwischen den Presseorganen und der Politik der Partei geben[163].

In Artikel 7 steht nicht explizit das Wort *Propaganda*, da es schon nach dem 1. Weltkrieg eine negative Konnotation erhalten hat[164], es wird jedoch über die Presse im Kontext ihrer erzieherischen Rolle gesprochen:

Artikel 7: „Die Presse spielt in der SR Rumänien eine aktive Rolle bei der Unterrichtung der Massen über die Innen- und Außenpolitik der Partei und setzt sich für die Verwirklichung des Programms zum Aufbau der vielseitig entwickelten sozialistischen sowie der kommunistischen Gesellschaft ein.“[165]

---

[161] Das neue rumänische Pressegesetz in: *Wissenschaftlicher Dienst Südosteuropa*, Hrs. V. Südostinstitut München, 23/1974, Heft 8, S. 156-159, S. 156

[162] Ebd., S. 156.

[163] Das neue rumänische Pressegesetz in: *Wissenschaftlicher Dienst Südosteuropa*, Hrs. V. Südostinstitut München, 23/1974, Heft 8, S. 156-159, S. 157.

[164] Noelle-Neumann, Elisabeth/ Schulz, Winfried (1971): *Publizistik*, Frankfurt/ M., S. 306.

[165] Das neue rumänische Pressegesetz in: *Wissenschaftlicher Dienst Südosteuropa*, Hrs. V. Südostinstitut München, 23/1974, Heft 8, S. 156-159, S. 157.

In Artikel 13 geht es um die Informationsfunktion der Presse, die jedoch nur über die positiven Aspekte zu berichten hat. Auch die Rolle, der von der Presse öffentlich gestellten Informationen ist klar definiert, und zwar sollen diese zur sozialen Entwicklung der Gesellschaft beitragen: „Die Presse hat die Aufgabe über alle positiven Erfahrungen und fortschrittlichen Erkenntnisse, die im In- und Ausland auf allen Gebieten gewonnen werden, zu berichten. Sie muss den Gedankenaustausch, das schöpferische Denken und die kreative Tätigkeit im Sinne der politisch und gesellschaftlich wirksamsten Verwertung der geistigen und materiellen Ressourcen des Landes fördern."[166]

Art. 39 verdeutlicht die Tatsache, dass die Journalisten die Funktion der Propagandisten der Partei ausüben werden. Die Eigenschaften der erwünschten Journalisten sehen folgendermaßen aus: „[...] die für die Durchführung der Politik der Rumänischen Kommunistischen Partei beim Aufbau der vielseitig entwickelten Gesellschaft eintreten, sich in ihrer Tätigkeit und in ihrem Privatleben von den Normen der sozialistischen Ethik und Rechtlichkeit leiten lassen, Diplomabsolventen einer Hochschulinstitution oder Fachhochschule sind, nachweisbare Fähigkeiten für den Journalismusberuf besitzen und mindestens eine Fremdsprache beherrschen."[167]

In Artikel 40 wurden auch die Pflichten der Journalisten genannt:

"a) mit allen seinen Fähigkeiten zur Erfüllung der sozialpolitischen Funktion entsprechend den Bestimmungen des Pressegesetzes und der Parteidokumente beizutragen;

b) der Sache des Sozialismus und Kommunismus ergeben zu dienen [...];

c) [...] für die Förderung des revolutionären Geistes, gegen Immobilismus, Routine, Konservatismus [...] zu kämpfen [...];

e) im Leben konsequent die Normen der sozialistischen Ethik und Rechtlichkeit zu befolgen."[168]

Im Artikel 48 wurde festgehalten wer für die Erfüllung dieser Pflichten geeignet war und zwar Absolventen der Fakultät für Journalistik, oder Absolventen anderer Fachrichtungen, die im Bereich der Journalistik begabt waren[169].

---

166 Ebd., S. 157.
167 Ebd., S. 158.
168 Das neue rumänische Pressegesetz in: *Wissenschaftlicher Dienst Südosteuropa*, Hrs. V. Südostinstitut München, 23/1974, Heft 8, S. 156-159, S. 158.

Als Ergänzung zu den Artikeln, die die *Pressefreiheit* gewähren, ist es an dieser Stelle notwendig zu erwähnen, dass der *Neue Weg* über dieses neue Gesetz gar nichts berichtet hat oder berichten durfte, kein Wort wurde darüber geschrieben.

3.1.2 Die Presse nach 1977

Die Partei und Rumänien sollten von der Presse als eine Einheit dargestellt werden, dessen Verkörperung, der Präsident Nicolae Ceauşescu war. Die ersten Seiten der Zeitungen waren gefüllt mit Berichten über seine Aktivitäten und mit seinen Reden. Die marxistisch-leninistische Presseauffassung wurde streng befolgt und es wurde auch der Personenkult gepflegt. Seit 1977 gab es den *Rat für Sozialistische Kultur und Erziehung* der für die Einhaltung der Linientreue zuständig war und im selben Jahr wurde offiziell die Zensur aufgehoben. Doch der Rat war strenger als die aufgelöste Kommission, die nur ersetzt wurde. Der Rat schickte regelmäßig an allen Redaktionen und Verlage, ganze Listen mit Themen über die nicht berichtet werden durfte. So entwickelten sich die Selbstzensur und die kollektive Zensur. Dieses Organ entschied auch über das Zugeteilte Papier und über die Personalbesetzungen der Zeitungen[170].

In Ceauşescus Staat existierte das Recht der freien Meinungsäußerung nicht, sondern es wurde tagtäglich die Logik gegen die Logik verwendet. Nach Orwellscher Erkenntnis wurden Informationen unterlassen, da dies die wirksamste Form der Lüge war. Der Staatschef Rumäniens überwachte die ganze Öffentlichkeit, indem er die Massenmedien des Landes im Griff hielt[171].

3.1.3 Die rumänische Presse während des satanischen Jahrzehnts

Professor Mircea Zaciu verwendet den Ausdruck "das satanische Jahrzehnt" um die Zeitspanne 1980-1989, in der Ceauşescu´s Personenkult monströse Dimensionen erreicht hat, zu definieren. Der Übergang vom *liberalen* Kommunismus zum Personenkult ist stufenweise erfolgt. Dieser Prozess fing viel früher an, 1971, nach Ceauşescus Besuch in China und Korea, von wo er mit revolutionären Änderungsplänen

---

[169] Ebd., S. 158.

[170] Schuster, Egon (1992): *Vom Huldigungstelegramm zur Information. Die deutschsprachige Minderheitenzeitung ‚Neuer Weg' vor und nach dem Umsturz in Rumänien,* Universitätsverlag, Dr. N. Brockmeyer, Bochum, S. 45.

[171] Müller, Annett (2002): *Vom Neuen Weg zur Allgemeinen Deutschen Zeitung für Rumänien,* hora Verlag Hermannstadt und Arbeitskreis für Siebenbürgische Landeskunde e. V. Heidelberg, S. 70f.

heimkehrte, und zwar die Einführung eines asiatischen Modells in Rumänien: die Rolle der einzigen Partei sollte vom einzigen Führer übernommen werden. In den 80er Jahren hat Ceauşescus Diktatur monströse Dimensionen erreicht[172].

Während der Kommunistischen Zeit verwendete man sehr oft die äsopische Kommunikation, das heißt die Verwendung von Anspielungen anhand von Tieren oder jedwelchen Objekten, um bestimmte Wahrheiten auszusprechen. Demnach hat die Dichterin Ana Blandiana mehrere Gedichte mit solchen Anspielungen veröffentlicht, weswegen sie oft harte Folgen davon tragen musste.

Unter äsopische Kommunikation können zwei Kommunikationsarten verstanden werden, und zwar: einerseits die Art in der eine Regierung Informationen an einen engen Kreis von Eingeweihten sendet, und andererseits, die Kommunikationstechnik einiger Journalisten, die versuchen gewisse offizielle Spracheingrenzungen oder Verbote zu umgehen. Die Dekodierung der äsopischen Kommunikation aus Zeitungen erfordert das Kennen besonderer Lesetechniken und komplexen Kodes, die einen gewissen Kulturstand benötigen[173].

In den letzten Jahren des Ceauşescu Regimes, als sich ein eindeutiger Nationalkommunismus und ein seltsamer Personenkult durchsetzen, ging man auch zu einer Standardisierung der Ausdrucksweise über. Typische Formeln wurden offiziell und verpflichtend: „sehr geehrter und geliebter Genosse Nicolae Ceauşescu“ oder „der Genosse Nicolae Ceauşescu, Präsident der Sozialistischen Republik Rumänien, Generalsekretär der Kommunistischen Partei Rumäniens, zeigte in seiner theoretisch und praktisch wertvollen Rede, dass...“ oder „die Genossin Doktor Akademikerin Ingenieur Elena Ceauşescu, Wissenschaftlerin von hoher universaler Anerkennung, in ihrem meisterhaftem Beitrag...“[174].

In der Zeitschrift *Amfiteatru*, Jahr XVIII, nr. 12 (228), Dezember 1982, S. 10, wurden unter dem Titel *Antologica* eine Reihe der Gedichte von Ana Blandiana veröffentlicht. Diese Gedichte wurden sofort als *samizdat* eingestuft (ein russisches Wort, im Westen bekannt, das in unseren Wörterbüchern während der Zeit des Kommunismus

[172] Rad, Ilie (2008): *Incursiuni în istoria presei româneşti,* Accent, Cluj-Napoca, S. 175

[173] Kunzick, Michael, Zipfel, Astrid (1998): Introducere în ştiinţa publicisticii şi a comunicării, Übersetzung von R. Gräf und W. Kremm, Editura Presa Universitară Clujeană, Reşiţa, S. 18.

[174] Schwartz, Gheorghe (2001): *Die Politik und die Presse*, Iaşi, Institutul European, S. 29.

nicht registriert war, das eine Anzahl von in der UDSSR und den östlichen Ländern verwendeten Mitteln, die zur schwarzen Veröffentlichung der zensierten Werkstücken beitragen, bezeichnet.) Das erste Gedicht *Cruciada copiilor (*de. *der Kinderkreuzzug),* ist eine klare Anspielung bezüglich des Verbots der Abtreibung während des kommunistischen Regimes: „Ein ganzes Volk/ noch nicht geboren/ aber verurteilt zur Geburt,/ Fötus neben Fötus,/ ein ganzes Volk/ das nicht sieht, nicht hört, nicht versteht,/ das aber in verkrampften Frauenkörpern aufrückt,/ durch das Blut von Müttern/ die nicht gefragt wurden.“[175]

Das zweite Gedicht, *Totul (*de. *Alles),* ist eine suggestive Widerspiegelung der „Ceauşescu Ära“, die durch Metaphern auf das alltägliche Leben der Bürger Anspielungen macht: “Blätter, Wörter, Tränen/ Dosen, Katzen,/ Straßenbahnen manchmal, Menschen die anstehen um Mehl zu kaufen,/ Kakerlaken, leere Flaschen, Vorträge,/ verlängerte Bilder im Fernseher,/ Kartoffelkäfer, Benzin,/ Fähnchen, der Europäische Pokal/ Exportausschuß-Äpfel/ Zeitungen, Brötchen/ vermischtes Öl, Nelken,/ Veranstaltungen beim Flughafen, Schoko, Riegeln,/ Bukarest Salami,/ fettarmer Joghurt,/ Zigeunerinnen mit Kent, Crevedia Eier,/ Gerüchte,/ die Samstagssendung, Kaffeeersatz,/ der Friedenskampf der Völker, Gesangschore/ Hektarproduktion,/ Gerovital, die Jungs an der Calea Victoriei Straße,/ die rumänische Hymne, die sogenannten „Adidasi“ Sportschuhe,/ bulgarische geschmorte Früchte, Witze, Meeresfisch,/ Alles.“[176]

Das dritte Gedicht *Delimitari (de. Abgrenzungen)* könnte eine Parabel über das kommunistische Gefängnis sein: „Wir, die Pflanzen,/ sind nicht vor Krankheiten geschützt,/ auch vom Verrücktwerden nicht,/ (Habt ihr noch nie eine Pflanze gesehen/ die verrückt geworden,/ und in die Erde zurückgeschlüpft ist?), auch vor Hunger nicht,/ auch vorm Schauer nicht,/ auch vor dem Gefängnis nicht/ (Habt ihr noch nie einen gelblichen Stiel/ an den Gittern hängend, gesehen?); Das einzige wovor wir geschützt sind/(oder vielleicht sind wir davon abgegrenzt)/ ist das Wegrennen“[177].

Schließlich, das transparenteste Gedicht scheint das vierte zu sein, *Eu cred (*de. *Ich glaube)*: “Ich glaube, dass wir ein pflanzenähnliches Volk sind,/ woher sonst, soll

[175] Unsere Übersetzung
[176] Unsere Übersetzung
[177] Unsere Übersetzung

diese Ruhe kommen/ in der wir warten, dass die Blätter fallen?/ Woher sonst haben wir diesen Mut,/ uns auf der Rutschbahn des Schlafes fallenzulassen,/ bis wir fast dem Tod ins Auge schauen/ Mit Sicherheit/ werden wir im Stande sein nochmal geboren zu werden/ nochmal?/ Ich glaube, dass wir ein pflanzenähnliches Volk sind/ Wer hat schon ein Baum gesehen/ der empört ist?"[178].

"Vielleicht war es das Schicksal, das es so wollte, dass genau sieben Jahre nach der Veröffentlichung dieses Gedichtes, im Dezember, das rumänische Volk gezeigt hat, dass es tatsächlich kein pflanzenähnliches Volk ist! Wegen dieser Gedichte, wurde Anna Blandianas wöchentliche Kolumne in der Zeitung *România literară* suspendiert. Es wurde ihr auch verboten drei Monate lang zu veröffentlichen. Ein Rundschreiben wurde an alle Redaktionen geschickt, in dem darauf hingewiesen wurde, dass der Name Ana Blandiana nicht einmal mehr in den Kritiken verwendet werden darf. Die Suspendierung des Unterzeichnungsrechts war eine harte Maßnahme, diese galt damals nur für Personen die das Land definitiv verlassen hatten. Die Regierung hat diese nach einiger Zeit wegen der internationalen Proteste aufgehoben, da Ceauşescu damals noch an sein internationales Image hielt."[179]

Ein Hauptmerkmal der damaligen Presse, ist der, dass die Phrasendrescherei, das leere Gerede das während dieser Jahre ihren Höhepunkt erreicht hat. Das Ausmaß dieses Phänomens, ist besonders in der rumänischen Presse offensichtlich. Die Phrasendrescherei wurde nicht nur in den Medien verwendet, sondern auch in den Telegrammen, die Ceauşescu zu unterschiedlichen Anlässen, zum Beispiel zu seinem Geburtstag geschickt wurden. Jedes Jahr wurden sie reicher an Anpreisungen.[180] In seinem Buch[181] (zu Deutsch: *„Küss die Hand die du nicht beißen kannst")*, erzählt Edward Behr, dass nach dem tragischen Erdbeben das Bukarest in Angst und Schrecken 1977 gesetzt hat, das Ceauşescu Paar auf Staatsvisite in China war. Statt gleich die entsprechenden Maßnahmen zu treffen, hat das Rettungsteam kostbare Stunden verloren, weil sie sich fragten was und wie genau sie das Telegramm, das Ceauşescu über das

---

[178] Unsere Übersetzung

[179] Rad, Ilie (2008): *Geschichte der rumänischen Presse. Aspekte der rumänischen Presse in der letzten Dekade der kommunistischen Diktatur, S. 25-33,* in: Balaban, Delia Cristina, Rus, Flaviu Călin (Hrsg.) (2008): *Medien, PR und Werbung in Rumänien*, Hochschulverlag Mittweida, S. 28.

[180] Rad, Ilie (2008): *Incursiuni în istoria presei româneşti,* Accent, Cluj-Napoca, S. 188.

[181] Behr, Edward (1999): *Sărută mâna pe care nu o poţi muşca. Românii şi Ceauşeştii: investigaţia unui blestem al istoriei*, Editura Humanitas, Bucureşti, 1999, S.281.

Erdbeben informieren soll, erstellt werden soll. Es ist kostbare Zeit verlorengegangen, bis jedes Wort, jede Metapher gewählt wurde, um den Führer zu beruhigen, dass die Situation nicht so schlimm sei, und, dass die Regierung alles unter Kontrolle hätte.

Nach Dezember 1989, erlebte die so schwer eroberte Redefreiheit, eine Explosion, die es bisher noch nie gab. Die Meinungsfreiheit, die mit Sicherheit der größte Gewinn der Ereignisse vom Dezember `89 - so meinten 61% der Befragten einer Umfrage, die von der Redaktion *22/Die Gruppe für Sozialdialog*, im Februar 1990[182] durchgeführt wurde – führte zu schwer erdenkbaren Folgen.

„Vor kurzem hatten die Rumänen täglich Zugang zu zwei Sendestunden im einzigen rumänischen Fernsehsender; sie lebten aus der Nostalgie der relativ interessanten Sendungen aus dem Zeitraum der ideologischen partiellen Offenheit nach 1965 und dem Empfangen von mehr oder weniger verstandener Fernsehsendungen aus den Nachbarländern. Plötzlich erwachten die Rumänen mit einer ununterbrochenen Sendung, die mehr als aktuell war und die die Revolution selbst veranschaulichte. Der Schock war extrem und es führte zu einem Massenmedienappetit. Noch lange nach dem Morgen des 22. Dezember 1989, wollten die Rumänen, ihre Fernsehgeräte nicht mehr ausschalten. Gierig warteten sie auf immer neuere Einzelheiten über Themen die am Vortag noch tabu waren."[183]

Der damalige Außenminister, Andrei Pleşu sagte über das frühere Ceauşescu-Regime: „Die Diktatur war so schlimm, dass wir nicht einmal das Bedürfnis hatten, über die Zukunft zu reflektieren. Und als die Zukunft da war – wenigstens als Versprechen – war es wie auf einem Bahnhof: Man wartet auf den Zug und wenn er da ist, weiß man nicht, ob man einsteigen will, oder nicht[184]."

3.1.4 Die wichtigsten Zeitungen aus Rumänien während der Zeit des Kommunismus

Die wichtigsten 5 überregionalen Zeitungen aus Rumänien während der Zeit der Kommunismus waren[185]:

---

182 Petcu, Marian (2000): *Tipologia presei româneşti,* Iaşi, Institutul European, S. 49.

183 Abrudan, Mirela (2008): *Die Bedeutung der Pressefreiheit*, S. 34-42, in: Balaban, Delia Cristina, Rus, Flaviu Călin (Hrsg.) (2008): *Medien, PR und Werbung in Rumänien*, Hochschulverlag Mittweida, S. 38.

184 Müller, Annett (2002): *Vom Neuen Weg zur Allgeimenen Deutschen Zeitung für Rumänien,* hora Verlag Hermannstadt und Arbeitskreis für Siebenbürgische Landeskunde e. V. Heidelberg, S. 118.

185 Coulin, Alfred (1977): *Massenmedien (Presse-Funk-Film)* in Grothusen, Klaus-Detlev (Hrsg.) (1977): *Südosteuropa-Handbuch*, Band II., Vandenhoeck & Rupprecht, Göttingen, S. 564.

- die deutschsprachige Tageszeitung *Neuer Weg*, erschien als Presseorgan des *Deutschen Antifaschistischen Komitees* – Auflage: 60.000 – 70.000;
- die Tageszeitung *Scînteia*, später *Adevărul*, erschien als Organ des Zentralkomitees der *Rumänischen Kommunistischen Partei* – Auflage: 1,2 Millionen;
- die Tageszeitung *România Liberă*, erschien als Organ des *Nationalrates der Sozialistischen Einheitsfront* – Auflage: 290.000;
- die Tageszeitung *Scînteia Tineretului*, später *Tineretul liber*, erschien als Organ des *Kommunistischen Jugendverbandes* – Auflage: 210.000;
- die Tageszeitung für die ungarische Minderheit, *Elöre*, später *Romaniai Magyar Szo,* erschien als Organ des *Nationalrates der Sozialistischen Einheitsfront* – Auflage: 120.000;

Der Bereich der überregionalen Tageszeitungen blieb während der kommunistischen Herrschaft nahezu unverändert. Es gab auch eine Reihe von lokalen Tages-, Wochen- und Halbwochenblättern, deren Zahl sich über die Jahre kaum änderte. 1959 erschienen in Rumänien 31 Tageszeitungen, 1977 waren es ebenso viele. Dazwischen gab es, wegen der politischen Lage, starke Schwankungen. Die höchste Zahl wurde 1972/73 mit 58 Zeitungen erreicht. Der niedrigste Stand wurde im nächsten Jahr, im Jahr 1974, verzeichnet. Im Jahr des neuen Pressegesetzes, das die Zeitungslandschaft veränderte, erschienen nur noch 20 Tageszeitungen. Mit der Zeit ist die Auflage der Tageszeitungen stets gestiegen. Im Jahr 1959 brachten es die 31 Tageszeitungen auf 2,4 Milliarden. Dieselbe Anzahl von Zeitungen brachten es im Jahr 1977 zu 3,56 Millionen Exemplare. Darunter hatte *Scînteia* die höchste Auflage, 1,2 Millionen Exemplare im Jahr.[186]

3.2 Die Radio- und Fernsehprogramme im Kommunistischen Rumänien

3.2.1 Die Radioprogramme

Die Kommunisten betrieben den Ausbau des Rundfunknetzes mit großer Energie. 1948 waren bereits sechs Sender im Betrieb und die Zahl stieg mit der Zeit. Die Zahl der

[186] *Presse und Rundfunk in Rumänien* in: *Wissenschaftlicher Dienst Süosteuropa*, 11/ 1962, Heft 3, S35-39.

Rundfunkabonnenten stieg auch rapide an. 1948 waren es 258.000 Abonnenten und 20 Jahre später lag die Zahl bei mehr als einer Million abonnierter Zuhörer.[187]

Über den Rundfunk wurden täglich zwei Programme ausgestrahlt. An Werktagen dauerten das erste Programm von 5 bis 23:55 Uhr und das zweite Programm von 14:00 bis 24:00 Uhr. Sonntags begann die Übertragung später, um 6:00 bzw. um 7:00 Uhr. Ein Drittel waren Sprechsendungen und in der restlichen Sendezeit wurden musikalische Programme ausgestrahlt. Die Propaganda kam aber in beiden Sendeformaten vor, insofern wurde sehr viel Volksmusik übertragen, und manche der Melodien hatten neue Texte mit polit-ideologischem Inhalt. Zum Beispiel wurde der rumänische Nationaltanz, *Hora*, zu einem *Friedenstanz*, von dem alle Gutsherren und Bankiers ausgeschlossen waren. „Auch die Unterhaltungsmusik (etwa 4 bis 5 Stunden täglich hat polit-ideologischen Beigeschmack: nicht nur, dass alles, was aus dem Westen kommt, verpönt wird; man besingt auch im Tanzrhythmus die Heldentaten des Traktorfahrers und des Bestdrehers, den Hass der Kolonialvölker gegen die weißen Imperialisten, sowie die Freude, unter der Fürsorge der Partei leben zu dürfen usw.)“ [188]

Es gab auch jede Woche ein *Massenlied* im Radio zu hören, es ging dabei um Vertonungen von politischen Gedichten. Es wurden auch sogenannte Wunschkonzerte übertragen, also Symphonien und symphonische Dichtungen über den Kampf der Partei, der Arbeiterklasse oder gegen die Imperialisten.

Für die Nachrichten gab es jeden Tag für beide Sender zusammen 2 Stunden und 40 Minuten. Die Nachrichten brachten jedoch wenige Neuigkeiten. In den Nachrichten aus dem Westen ging es immer um Unruhen oder Oppositionen gegen die Regierungen, während es sich bei den Nachrichten aus dem Inland immer um Produktionserfolge handelte. Der propagandistische Moment ist im Radio noch mehr in Erscheinung getreten als in der Presse. Keine der Sendungen war länger als 40 Minuten, die Hörer hörten in einer einzigen Sendung Volksmusik, Massenlieder, Tanzmusik und politische Kommentare.

Es gab auch Sendungen für das Ausland: „deutsch zwei Stunden; englisch für Europa eineinhalb Stunden; für den Nahen Osten eine Stunde; für Nordamerika zwei

---

[187] *Ebd.*, S. 37.
[188] *Ebd.*

Stunden; französisch für Europa eineinhalb Stunden, für den Nahen Osten 30 Minuten; griechisch zwei Stunden; persisch eine Stunde; italienisch zweieinhalb Stunden; jiddisch für Nordamerika 30 Minuten; spanisch für Spanien eine Stunde, für Lateinamerika zwei Stunden; türkisch eine Stunde."[189]

Die politischen Imperative, die die Richtlinien des Radios und Fernsehers gaben, waren in den Gesetzen und Parteiblättern angegeben. Das *Pressegesetz* von 1974 sah vor, dass „die Aktivität der Presse, von der RKP geleitet wird – das war die politische Macht unter der die ganze Gesellschaft der Sozialistischen Republik Rumänien funktionierte".[190] 1977 wurden die Dekrete Nr. 473 und 474 in Bezug auf die Presseinstitutionen, erlassen. Zum Beispiel, angesichts des Ersten Dekrets hatten das Radio und das Fernsehen folgende Rolle: „sie sollten völlig und ganz die Innen- und Außenpolitik des Staates und der Partei unterstützen, sich an dem Programm der Kommunistischen Partei beteiligen, und damit zur Realisierung einer sozialistischen, multilateralen Gesellschaft und einem kommunistischen Staat mithelfen. Sie sollten die Entscheidungen der Partei und die Gesetzeserlassungen verkünden, und die Arbeiterklasse somit an einer sozialistischen Erziehung teilhaben lassen, deren politisch-ideologischen und kulturellen Horizont zu erweitern, mit dem Ziel einen neuen Menschen zu schaffen, einen Menschen der zum Aufbau des Sozialismus und Kommunismus in Rumänien beiträgt.[191]

1985 wurden die regionalen Radiostudios, unter dem Vorwand Energie sparen zu müssen, geschlossen. In Wirklichkeit war das nur eine Ablenkung, um die ungarischen- und deutschsprachigen Sendungen, während des rasanten Wachstums des rumänischen Nationalismus, vom Markt zu bringen. Das war Ceauşescus letzte Karte[192].

Es gab auch westliche Radiosender, die Programme in rumänischer Sprache ausstrahlten und die somit die nötigen Informationen zur Verfügung stellten, Informationen die von der Partei absichtlich geheim gehalten wurden, um die Bevölkerung von der internationalen Welt, und sogar von den inländischen Begebenheiten abzuschotten. Die langweilige und stereotype Propaganda wurde von der

---

[189] *Presse und Rundfunk in Rumänien* in: *Wissenschaftlicher Dienst Süosteuropa*, 11/ 1962, Heft. 3, S35-39, S. 38.

[190] Pasailă, Vasile (2004): *Presa în istoria modernă a românilor*, Editura Fundaţiei PRO,S. 258.

[191] Ionescu, Carmen (2003): *Agenţiile de presă din România, de la 1889 până astăzi*, Editura Tritonic, Bucureşti, 2003, S. 257.

[192] Rad, Ilie (2008): *Incursiuni în istoria presei româneşti,* Accent, Cluj-Napoca, S. 175

Bevölkerung verabscheut und direkt als Lüge wahrgenommen. Auf der anderen Seite, erfreuten sich die rumänischsprachigen westlichen Radiosender und deren Informationen, des größten Vertrauens, unabhängig davon ob im Bereich Politik, Literatur, Sport oder Unterhaltung. Diese mündliche Kultur hat zwei Generationen von Rumänen gestaltet, die, mit deren Hilfe, die Jahre des kalten Krieges und des Kommunismus überlebt haben.

Die Redakteure der Radioprogramme *Europa Liberă*, *BBC*, *Vocea Americii* oder *Vocea Germaniei*, wurden, ohne ihre Gesichter bekanntzumachen, Mitglieder in Millionen von Familien. Diese Stimmen der Demokratie wurden ins Geheim gehört und deren Botschaft wurde danach von Mund zu Mund weitergegeben. Somit hat sich die Solidarität und Komplizität, im Sinne der westlichen Demokratie, zwischen den Menschen entwickelt. In den Augen der Partei stellte das Hören solcher Programme, eine Gesetzeswidrigkeit dar, besonders Intellektuelle, die sich direkt oder indirekt der kulturellen Politik der Partei entgegenstellten, wurden als Agenten der *Europa Liberă* angesehen.

Nur zu zwei Anlässen wurde *Europa Liberă* auf der Straße mit offenen Fenstern gehört: Während des Einmarsches in der Tschechoslowakei im Jahr 1968 und ein paar Tage nach dem Erdbeben vom 4. März 1977.[193]

3.2.2 Das Fernsehen

Die erste Fernsehstation wurde in Bukarest, mit sowjetischer Ausrüstung errichtet und die Inbetriebnahme erfolgte im Jahr 1957, neun Jahre später als sie ursprünglich geplant war. Erst 1959 wurde eine zweite Fernsehstation in Bacău errichtet, die dasselbe Programm über die Moldau ausgestrahlt hat. 1962 war die Zahl der Fernsehzuschauer sehr gering, da die Fernsehapparate sowjetischer Herkunft sehr teuer waren und sie sich kaum jemand leisten konnte. Es gab deshalb zu dem Zeitpunkt auch keine offiziellen Statistiken über die Fernsehkonsumenten[194].

Die Audiovisuelle Anstalt wurde von einer Institution geführt, genannt *Consiliul Național al Radioteleviziunii Române*, deren Präsident vom Staatsrat ernannt wurde. Zwischen 1965 und 1968 war der Schriftsteller Octavian Paler Generaldirektor des

---

[193] Die Daten stammen aus der Gedenkstätte für die Opfer der Kommunismus, *Memorialul Durerii,* aus Sighetul-Marmatiei.

[194] *Presse und Rundfunk in Rumänien* in: *Wissenschaftlicher Dienst Süosteuropa*, 11/ 1962, Heft. 3, S35-39, S. 37.

nationalen Senders, und später wurde er Stellvertretender Generaldirektor beim Rundfunk und war für die musikalischen und literarischen Sendungen zuständig (1968-1970). Derselbe Octavian Paler wurde Chefredakteur der Zeitung *România liberă* (1970-1983), doch er verlor seine Stelle aus politischen Gründen, trotz zahlreicher Kompromisse die er mit der damaligen politischen Macht eingegangen ist. Während des „satanischen Jahrzehntes" war Petre Constantin Präsident der Audiovisuellen Presse (1981-1990)[195].

1962 sah die Situation der Fernsehsendezeit folgendermaßen aus: es gab täglich dreieinhalb Stunden Sendezeit, von 19:00 bis 22:30 Uhr. Am Sonntagmorgen gab es immer eine Kinder- und eine Dorfsendung. Mittwochs gab es ein Programm für die Arbeiterklubs. Es gab hauptsächlich sowjetische Filme, die einzigen rumänischen Produktionen waren Theaterstücke[196].

1985 wurde die Sendezeit des nationalen Fernsehsenders zu zwei Stunden am Tag, zwischen 20,00 und 22,00 Uhr, unter dem Vorwand, dass die Menschen am nächsten Tag ihrer Arbeit ausgeruht nachgehen müssen, reduziert[197].

---

[195] Rad, Ilie (2008): *Incursiuni în istoria presei românești,* Accent, Cluj-Napoca, S. 178.

[196] *Presse und Rundfunk in Rumänien* in: *Wissenschaftlicher Dienst Süosteuropa*, 11/ 1962, Heft. 3, S35-39, S. 38.

[197] Rad, Ilie (2008): *Incursiuni în istoria presei românești,* Accent, Cluj-Napoca, S. 175

3.3 Überblick über die Situation der deutschsprachigen Medienangebote im kommunistischen Rumänien

Eine der wichtigsten kulturellen Errungenschaften der Siebenbürger Sachsen und Banater Schwaben ist zweifelsohne die vielfältige publizistische Tätigkeit. Allein in Siebenbürgen sind in der Zeit von 1944 bis 1977 ungefähr 220 Zeitungen erschienen[198].

Die erste deutsche Zeitung war gleichzeitig die erste Zeitung auf dem Gebiet des heutigen Rumäniens überhaupt und erschien im Banat, am 28. April 1771 unter dem Namen *Temeswarer Nachrichten.* Es war eine vierseitige Zeitung und bestand aus Auszügen aus Wiener Zeitungen und aus lokalen Berichten über Wochenmärkte, Verordnungen der Landesadministration und Lebensmittelpreise[199].

Nach dem 1. Weltkrieg erlebte die deutschsprachige Presse eine Entwicklungszeit. „Zwischen den beiden sind insgesamt 77 Zeitungen und 30 Zeitschriften in deutscher Sprache erschienen. Diese Publikationen wurden nach dem Frontwechsel Rumäniens im Jahr 1944 komplett eingestellt“[200]. Somit ist eine Ära zu Ende gegangen und eine neue hat ihren Lauf genommen.

Die deutsche Minderheit war seit dem Jahr 1945 verschiedenen Repressionen ausgesetzt. 1948 als am 13. April die neue Verfassung von der Nationalversammlung verabschiedet wurde, sollten allen Bürger eine völlige Gleichberechtigung garantiert werden. Aber nur ein Jahr später haben die kommunistische Partei und die Staatsführung beschlossen auch den Rumäniendeutschen staatsbürgerliche Rechte zu gewähren. Im März 1949 wurde das *Deutsche Antifaschistische Komitee gegründet,* um die Rumäniendeutschen ideologisch zu gewinnen[201]. Nachdem die kollektive Schuld von den Schultern der Rumäniendeutschen aufgehoben wurde, hat sich das Angebot an deutschsprachiger Presse in Rumänien erweitert. Am 13. März ist der *Neue Weg* zum

---

[198] Kroner, Michael (1977): *„Kronstädter Zeitung“ und „Siebenbürgisch-Deutsches Tageblatt“. Die bedeutendsten publizistischen Organe der Siebenbürger Sachsen bis 1944* in: Eisenburger, Eduard/ Kroner, Michael (Hrsg) (1977): *Die Zeit in der Zeitung. Beiträge zur rumäniendeutschen politischen Publizistik,* Dacia, Cluj-Napoca, S. 72.

[199] Berwanger, Nikolaus (1977): *Temeswarer Nachrichten. Erste Zeitung des Banats – erste Zeitung auf dem Gebiet des heutigen Rumäniens* in: Eisenburger, Eduard/ Kroner, Michael (Hrsg) (1977): *Die Zeit in der Zeitung. Beiträge zur rumäniendeutschen politischen Publizistik,* Dacia, Cluj-Napoca, S. 17.

[200] Olhausen, Manuela (2005): *Politische Kommunikation im Wandel. Die deutschsprachige Presse des (ehemaligen) Ostblocks zwischen 1980 und 2000,* Verlag Dr. Kovac, Hamburg, S. 182.

[201] Totok, William (1988): *Die Zwänge der Erinnerung. Aufzeichnungen aus Rumänien,* Junius, Hamburg, S. 44f.

ersten Mal erschienen. Die Entwicklung dieser Tageszeitung ist daher eng mit der Geschichte der deutschen Minderheit verbunden.

Der Leitartikel der ersten Ausgabe enthielt auch das Ziel der Zeitung, und zwar das Sprachrohr des Komitees zu sein[202]. Also hatte der *Neue Weg* von Anfang an einen ideologischen Charakter.

3.3.1 Die deutschsprachigen Medien aus Rumänien während der Zeit des Kommunismus

3.3.1.1 Die deutschsprachigen Publikationen

Die erste deutsche Zeitung im kommunistischen Rumänien war, wie erwähnt, der *Neue Weg*. Acht Jahre lang hat die Monopolisierung durch den *Neuen Weg* gedauert, bis 1957 zwei Regionalblätter hinzukamen: *die Wahrheit* in Temeswar (Banat) und *die Volkszeitung* in Kronstadt (Siebenbürgen). Diese stellten zunächst keine große Konkurrenz dar, erst als 1968 das regionale Wochenblatt *Hermannstädter Zeitung* (Siebenbürgen) hinzukam und die anderen sich inhaltlich veränderten und attraktivere Namen bekamen, hat sich das gewandelt. Die *Volkszeitung* hieß nun *Karpatenrundschau* und *die Wahrheit* wurde in *Neue Banater Zeitung* umbenannt.[203]

Die *Neue Banater Zeitung* startete als Wochenzeitung am 1. Februar 1957 mit dem Namen *die Wahrheit*. Ab Dezember 1958 erschien die Zeitung dreimal pro Woche. Seit dem 21. Februar 1968 hieß sie *Neue Banater Zeitung* und wurde zur Tageszeitung für Temeswar. Sie erreichte bis 1977 eine Auflage von 16.000 Exemplaren am Tag[204].

Die *Hermannstädter Zeitung* startete zunächst als Wochenzeitung am 30. Mai 1957. Nachdem im Oktober 1971 alle Ortsnamen in rumänischer Sprache erscheinen mussten, änderte die Zeitung ihren Namen in *Die Woche*. Bis 1977 erreichte die Wochenzeitung eine Auflage von 9.500 Exemplaren pro Woche[205].

Die *Karpatenrundschau* erschien zunächst seit 1968 als überregionale Wochenzeitung unter dem Titel *Volkszeitung*. Sie war durch die Schaffung neuer

---

[202] Neuer Weg (1949): *Unser Weg* in: *Neuer Weg*. Bukarest, 13. März 1949, S.1.

[203] Frick, Hans (1995): *Deutschsprachige Medien in Rumäien, in: Olt, Reinhard (Hrsg.): Der Riese erwacht. Osteuropa nach 1989. Facetten aus Gesellschaft, Politik und Medien*, IMK, Frankfurt am Main, S. 285-290.

[204] Schuster, Egon (1992): *Vom Huldigungstelegramm zur Information. Die deutschsprachige Minderheitenzeitung ‚Neuer Weg' vor und nach dem Umsturz in Rumänien*, Universitätsverlag, Dr. N. Brockmeyer, Bochum., S. 33.

[205] Ebd., S. 33.

Verwaltungskreise entstanden. Bis 1977 erreichte sie eine Auflage von 5.000 Exemplaren pro Woche[206].

Es sind für die deutsche Minderheit auch deutschsprachige Zeitschriften publiziert worden. Seit 1949 erschien eine Literaturzeitschrift unter dem Namen *Banater Schrifttum*, die 1956 ihren Namen in *Neue Literatur* änderte. Drei Jahre später erschien eine Vierteljahrespublikation unter dem Namen *Forschungen zur Volks- und Landeskunde* und ab dem Jahr 1973 erschien eine Monatszeitschrift der Evangelischen Landeskirche in Rumänien unter dem Namen *Kirchliche Blätter*[207].

Nach dem 2. Weltkrieg sind zahlreiche deutschsprachige Schülerzeitschriften erschienen. In der Zeitspanne 1946-1948 sind die sogenannten Coetusblätter an den deutschen Gymnasien aus Hermannstadt und Kronstadt veröffentlicht worden. *Coetus* bedeutet in der lateinischen Sprache *Vereinigung* und bezeichnet die Einrichtungen der Schülerselbstverwaltungen an den siebenbürgisch-deutschen Gymnasien, die seit der Reformation ins Leben gerufen wurden. Diese Verbände waren nach deutschem Muster gegründet und waren über Jahrhunderte ein Markenzeichen des siebenbürgisch-sächsischen Schulwesens[208].

Ende der 1960er Jahre fielen einige Tabus weg, vor allem war größere Formenvielfalt möglich. Von diesem Tauwetter haben auch die Minderheiten, darunter die deutsche Minderheit profitiert. Der für die Indentitätspflege einer Minderheit so entscheidende Muttersprachliche Unterricht wurde ausgestaltet, bestehende Verlage gründeten deutsche Abteilungen, die beiden deutschen Theateraufführungsstätten, aus Temeswar und aus Hermannstadt entfalteten ihre Tätigkeit, die betonter auf die Belange ihrer Zielgruppe ausgerichtet wurde. Die Literaturkreise in diesen Regionen, aber auch in der Hauptstadt wurden aktiver. In den deutschen Presseanstalten wurden besser ausgebildete Mitarbeiter angestellt, es gab deutsche Rundfunksendungen und eine deutsche Fernsehsendung. Obwohl die Rumäniendeutsche Literatur aus den Gebieten

---

[206] Ebd.

[207] Coulin, Alfred (1983): *Presse und Publizistik* in Schuster, Oskar (Hrsg.) (1983): *Epoche der Entscheidungen. Die Siebenbürger Sachsen im 20. Jahrhundert*, Köln, Wien, Böhlau, S. 329.

[208] Sienerth, Stefan (2007): *Literarische Versuche in einer Umbruchzeit. Schülerzeitschriften deutschsprachiger Gymnasien in Rumänien nach dem zweiten Weltkrieg* (1946-1948), S. 277-313 in: Miladinovic, Zalaznik, Mira/ Motzan, Peter/ Sienerth, Stefan (Hrsh.) (2007*): Benachrichtigen und vermitteln. Deutschspachige Presse und Literatur in Ostmittel- und Südosteuropa im 19. und 20. Jahrhundert*, IKGS Verlag, München, S. 277.

Siebenbürgen und Banat stammte, hatte sich in den Jahrzehnten nach 1944 allmählich Bukarest zu einem wichtigen *Sammelbecken für den deutschen Literaturbetrieb* Rumäniens herausgebildet[209].

[209] Schneider, Eduard (2007): *Literatur und Literaturreflexion in der rumäniendeutschen Presse der Nachkriegszeit*, S. 315- 345 in: Miladinovic, Zalaznik, Mira/ Motzan, Peter/ Sienerth, Stefan (Hrsh.) (2007): *Benachrichtigen und vermitteln. Deutschspachige Presse und Literatur in Ostmittel- und Südosteuropa im 19. und 20. Jahrhundert*, IKGS Verlag, München, S. 316.

3.3.1.1.1 Die Publikationen aus Sibiu

Allein in Hermannstadt sind im Laufe der Zeit mehr als 200 Publikationen erschienen: „Im Laufe von fast zwei Jahrhunderten [...] sind in der Stadt an den Ufern des Zibin nicht weniger als 200 Zeitungen und Zeitschriften oder verschiedene wahrhaft kurzlebige Beilagen, die gleich nach der ersten Nummer verschwanden, aber auch solche mit einer beeindruckenden Langlebigkeit von zig Jahren, erschienen."[210]

Die *Kirchlichen Blätter* waren die wirklich letzte deutschsprachige Publikation der vorkommunistischen Ära in Siebenbürgen. Diese Zeitung erschien bis 1948[211].

Es gibt ein Werk[212], das alle Zeitungen, die in Sibiu/ Hermannstadt, in der Zeitspanne 1778-1970 erschienen sind, aufgefasst hat. Aus den 200 Eintragungen, stammen sehr wenige aus der Zeitspanne, die für die vorliegende Arbeit relevant ist, nach dem zweiten Weltkrieg, und zwar:

- *Buletin Economic*: offizielles Presseorgan der Handels- und Industriekammer der Stadt Sibiu. Sibiu, 1927-1947, monatlich (30x16). Erscheinungszeitspannen: 1928-1932, 1934-1937, 1939-1940. Es wurde sowohl in rumänischer, als auch in deutscher Sprache herausgebracht;[213]
- *Forschungen zur Volks- und Landeskunde*: Sibiu, 1959-1970, unregelmäßiges Erscheinen (23,5x15,5), Chefredakteur Carol Göllner, Erscheinungszeitspannen: 1959-1961, 1964-1970;[214]
- *Hermannstädter Zeitung*: Organ des Kreiskomitees der RKP und des Provisorischen Kreisvolksrates Hermannstadt. Sibiu, 1968-1970, wöchentlich (47,5x34). Erscheinungszeitspannen: 1968-1970;[215]
- *Kirchliche Blätter aus der ev. Landeskirsche A.B. in den Siebenb. Landesteilen Ungarns*. Evang. Wochenschrift für die Glaubensgenossen aller Stände. Sibiu, wöchentlich (27,5x20). Erscheinungszeitspannen: 1897-1908, 1909-1948[216].

---

[210] Dunăreanu, Elena/ Avram, Mircea (1971): *Presa sibiană în limba germană (1778-1970),* Sibiu, S.6.
[211] Schuster, Egon (1992): *Vom Huldigungstelegramm zur Information. Die deutschsprachige Minderheitenzeitung ‚Neuer Weg' vor und nach dem Umsturz in Rumänien,* Universitätsverlag, Dr. N. Brockmeyer, Bochum., S. 30.
[212] Dunăreanu, Elena/ Avram, Mircea (1971): *Presa sibiană în limba germană (1778-1970),* Sibiu.
[213] Ebd., S. 20.
[214] Ebd., S. 25.
[215] Ebd., S. 29.
[216] Ebd., S. 33f.

3.3.1.1.2 Die Publikationen aus dem Banat

Die einflussreichste Zeitung des Banats war nach der 48er Revolution die *Temeswarer Zeitung*, die 1851 gegründet wurde und als eine Art Amtsblatt erschien, aber auch als „ein Organ zur Beeinflussung und Führung der auseinandertreibenden Völker der Monarchei"[217]. Diese Zeitung orientierte ihre Struktur und ihren Inhalt nach dem der *Wiener Zeitung*, aber anders als die Siebenbürgischen Zeitungen der damaligen Zeit, bemühte sich diese „nicht speziell um die nationalen Belange der Banater deutschen Bevölkerung."[218]

Die *Temeswarer Zeitung* war viereinhalb Jahre, bis Anfang des Jahres 1949, die einzige deutschsprachige Zeitung Rumäniens. Sie erschien zum letzten Mal am 24. April 1949 und nahm somit in der letzten Nummer, Abschied von den Lesern: „Die Temeswarer Zeitung ist als lokales, Banater, von den übrigen von Deutschen bewohnten Landesteilen abgesondertes Organ einer erweiterten landesumfassenden Presseaufgabe nicht mehr gewachsen. Diese Aufgabe wurde der zentralen Tageszeitung *Neuer Weg* zugeteilt, die in deutscher Sprache für die sozialistischen Lebensideale des gesamten werktätigen Volkes und somit auch der deutschen Werktätigen kämpft."[219]

Der Autor Alexander Krischan hat in seinem Werk[220] alle Zeitungen, Zeitschriften und Kalender erfasst, die in der Zeitspanne 1771-1971 im Banat deutschsprachig erschienen sind. Es geht insgesamt um 303 Zeitungen, 120 Zeitschriften und 68 Kalender. In der Zeitspanne nach dem 2. Weltkrieg sind folgende deutschsprachige Publikationen erschienen:

---

[217] Geier, Luzian: *Die „Temeswarer Zeitung". Das wichtigste bürgerliche Presseorgan im Banat bis 1944* in: Eisenburger, Eduard/ Kroner, Michael (Hrsg) (1977): *Die Zeit in der Zeitung. Beiträge zur rumäniendeutschen politischen Publizistik*, Dacia, Cluj-Napoca, S. 96.

[218] Ebd., S. 95.

[219] Ebd., S. 111.

[220] Krischan, Alexander (1987): *Die deutsche periodische Literatur des Banats. Zeitungen, Zeitschriften, Kallender (1771-1971),* Verlag des Südostdeutschen Kulturwerkes München.

A. Zeitungen:

- *Freiheit*, sozialdemokratische Tageszeitung, Temeswar, Erscheinungszeitspanne: 1945-1948[221];

- *Temeswarer Zeitung*, Erscheinungszeitspanne: 1852-1949[222];

- *Torontaler Nachrichten*, Temeswar, unabhängig demokratisches Volksblatt für Politik und Volkswirtschaft, Wochenblatt für nationale und wirtschaftliche Interessen der Deutschen des Banates, Erscheinungszeitspanne: 1906-1953[223];

- *Die Wahrheit*, Temeswar, Presseorgan des Banater Regionskomitees der RAP und des Regionsvolksrates, dreimal wöchentlich, Erscheinungszeitspanne: 1957- 1968[224];

B. Zeitschriften:

- *Banater Schrifttum*, Temeswar, Almanach des Schriftstellerverbandes der RVR, Erscheinungszeitspanne: 1949-1955[225];

- *Bienenzüchter*, Temeswar, Erscheinungszeitspanne: 1921-1948[226];

- *Kirchenblatt*, Temeswar, Erscheinungszeitspanne: 1942-1945[227];

- *Monatshefte der Temeswarer Zeitung*, Temeswar, Erscheinungszeitspanne: 1945[228];

- *Neue Literatur*, Temeswar, Erscheinungszeitspanne: 1965, und ab 1957 in Bukarest weiter erschienen[229];

- *Sonntagsglocke*, Temeswar, zweimal monatlich, Erscheinungszeitspanne: 1942-1945[230];

C. Kalender:

- *Arbeiter-Kalender*, Temeswar, Erscheinungszeitspanne: 1920-1948[231];

- *Deutscher Volkskalender für die Länder der ungarischen Krone*, Erscheinungszeitspanne: 1904-1946[232];

---

[221] Ebd., S. 23.
[222] Ebd., S. 41.
[223] Ebd., S. 42;
[224] Ebd., S. 45;
[225] Ebd., S. 48;
[226] Ebd., S. 49;
[227] Ebd., S. 52;
[228] Ebd., S. 53;
[229] Ebd., S. 53;
[230] Ebd., S. 55;
[231] Ebd., S. 60;

- *Volkskalender für das Gemeinjahr*, hrsg. Von der Temeswarer Zeitung, Temeswar, Erscheinungszeitspanne: 1945-1948[233];

Fazit ist, dass fast alle deutschsprachigen Publikationen des Banats kurz nach dem zweiten Weltkrieg ihre Tätigkeit eingestellt haben.

3.3.1.2 Das deutschsprachige Radio

Was das Radio betrifft, gab es schon seit 1948 nationale und seit 1956 regionale Sendungen für die deutsche Minderheit. Das nationale Programm war eine Mischung aus Nachrichten, Politik, Sport und Unterhaltung, sowie Musik. Die lokalen Sendungen waren stärker musik-, kultur- und landwirschaftsorientiert.

Die wöchentliche Sendezeit, in den Sprachen der nationalen Minderheiten, stand im Verhältnis zur Bedeutung der jeweiligen Minderheit. „Nach offiziellen Angaben (allerdings aus dem Jahr 1955) betrug die Sendezeit in magyarischer Sprache wöchentlich rund 15 Stunden, die in deutscher Sprache fünf, die in serbischer zwei Stunden.“[234]

3.3.1.3 Das deutschsprachige Fernsehprogramm

1969 wurde eine wöchentliche deutschsprachige eineinhalbstündige Fersehsendung ausgestrahlt. Hier bestand das Programm aus Kultur/Volkstümlichen Reportagen über Land und Leute und aus einem Kinderprogramm, aber auch aus Politik und Wirtschaft.

Mitte der achtziger Jahre schlug sich Ceauşescus rigide Minderheiten-Politik auch gravierend bei den elektronischen Medien nieder: 1984 wurde zunächst das regionale Radioprogramm von Radio Temeswar eingestellt, ein Jahr später traf es das komplette deutschsprachige Fernsehangebot.”[235]

Gab es bis Anfang der 80er Jahre im Rumänischen Fernsehen noch einen Unterhaltungsteil, wurde das Programm nach und nach danach ausgerichtet, dass vor

---

[232] Ebd., S. 61;

[233] Ebd., S. 66.

[234] *Presse und Rundfunk in Rumänien* in: *Wissenschaftlicher Dienst Süosteuropa*, 11/ 1962, Heft. 3, S35-39, S. 38.

[235] Olhausen, Manuela (2005): *Politische Kommunikation im Wandel. Die deutschsprachige Presse des (ehemaligen) Ostblocks zwischen 1980 und 2000*, Verlag Dr. Kovac, Hamburg, S. 183f.

Allem Ceauşescu zu sehen war.[236] Fast jeden Tag sah man ihn in den Nachrichten im Fernseher oder im Radio und auf den Seiten der Zeitungen. In Rumänien gab es vor 1989 keine Oppositionspresse, die Partei kontrollierte alle Publikationen des Landes, das war nicht der Fall in Polen oder in der Teschechoslowakei[237].

Die deutschsprachigen Medien mussten dieselben Bedingungen und Vorgaben einhalten, wie die rumänischen. „Sie waren der Zentralisierungspolitik unterworfen und der Staat, bzw. der jeweilige Herausgeber, war für die komplette Erstellung der Zeitungen verantwortlich. Die deutschsprachigen Minderheitenzeitungen hatten ausschließlich die Aufgabe, die Inhalte zu liefern, um Finanzierung, Druck und Vertrieb mussten sie sich nicht kümmern.[238]" Sie mussten auch *Völkerverständigungspropaganda*[239] betreiben, das heißt sie sollten die deutsche Minderheit im sozialistischen System einbinden. Im *Neuen Weg* sollten vor allem die Inhalte der Zentralzeitungen übernommen werden und in die deutsche Sprache übersetzt werden. Deswegen blieb nicht viel Platz für Artikel über die eigentlichen Belange der deutschen Minderheit.

3.4. Die Zeitung Neuer Weg

Der *Neue Weg* ist die erste deutschsprachige Zeitung, die während der Zeit des Kommunismus gegründet wurde. Die erste Ausgabe ist am 13. März 1949 erschienen, und zwar als Presseorgan des *Deutschen Antifaschistischen Komitees*. Die Redaktion hatte ihren Sitz in der Hauptstadt Bukarest, was eine Neuheit war, da bis zum damaligen Zeitpunkt, die wichtigsten deutschsprachigen politischen Publikationen entweder in Hermanstadt, Temeswar oder Kronstadt herausgebracht wurden.

---

[236] Müller, Annett (2002): *Vom Neuen Weg zur Allgeimenen Deutschen Zeitung für Rumänien,* hora Verlag Hermannstadt und Arbeitskreis für Siebenbürgische Landeskunde e. V. Heidelberg, S. 39.

[237] Ionescu, Dan (1992): *Romania in Research report Radio Free Europe*, Radio Liberty, INC. Hugary, Volume 12. October 1992, Nr. 39, S. 53-57.

[238] Olhausen, Manuela (2005): *Politische Kommunikation im Wandel. Die deutschsprachige Presse des (ehemaligen) Ostblocks zwischen 1980 und 2000*, Verlag Dr. Kovac, Hamburg, S. 220

[239] Dohna, Marina Gräfin (1995): *Unterstützung für deutschsprachige Sendungen in Rundfunk und Fernsehen der GUS*, in: Olt, Reinhard (Hrsg.): *Der Riese erwacht. Osteuropa nach 1989. Facetten aus Gesellschaft, Politik und Medien,* IMK, Frankfurt am Main, S. 349.

Auf der ersten Seite der ersten Ausgabe[240] des *Neuen Wegs*, wurden die Aufgaben der Zeitung angegeben: Die Zeitung fungiert als Sprachrohr des deutschen antifaschistischen Komitees und dessen Aktionen. Danach wurde ausführlich die Rolle der kommunistischen Partei und die des Komitees angegeben: „Das demokratische Regime der Rumänischen Volksrepublik hat eine umfassende und großzügige Lösung des Nationalitätenproblems in Angriff genommen und die Bedingungen für die wirtschaftliche, soziale, politische und nationale Entwicklung und Wohlfahrt aller auf dem Boden dieser Volksrepublik zusammenlebenden Nationen geschaffen. Es hat auf Anregung der Kommunistischen Partei Rumäniens hin, alle unterschiedliche Behandlung der Nationen und Rassen beseitigt, allen auf dem Boden der rumänischen Volksrepublik zusammenlebenden Nationalitäten völlige Rechtgleichheit gewährt und materielle Bedingungen für den Genuss dieser Rechte gesichert." Und das in einer Periode in der die Rumäniendeutschen kein Wahlrecht hatten und vor einigen Jahren enteignet wurden. „Die Verwirklichung dieser Reformen umfasst die staatliche Erhaltung der Schulen in welchen in den Muttersprachen der verschiedenen Nationalitäten gelehrt wird, vom Vorschulunterricht angefangen, bis zum höheren Unterricht: Zeitungen und Literatur in den Sprachen der Nationalitäten; Gebrauch der Muttersprache in Verwaltung und Gerichtswesen; Vertretung der Nationalitäten durch Abgeordnete in der großen Nationalversammlung;"[241] Die Verwirklichung dieser Reformen ist allerdings nur sporadisch und teilweise während der kommunistischen Jahren durchgeführt worden. „Die deutschen Arbeitermassen in unserem Land sollen der Rumänischen Volksrepublik in Treue ergeben seien, und tatkräftige Helfer beim Werke des sozialistischen Aufbaus werden[242]" und zur Bekämpfung des Faschismus beitragen, dies ist der neue Weg, der durch diese Zeitung eingeschritten werden soll.

Der *Neue Weg* fungierte als Presseorgan des *Deutschen Antifaschistischen Komitees*, bis zum Tod Stalins, 1953, was das Ende der dogmatischen Periode[243], bedeutete. Ab dem Zeitpunkt war der *NW* Presseorgan der *Volksräte der Rumänischen Volksrepublik*.

---

[240] Neuer Weg (1949): *Unser Weg*, Ausgabe vom 19. März 1949, S. 1.
[241] Ebd.
[242] Ebd.
[243] Ilyes, Elemer (1981): *Nationale Minderheiten in Rumänien. Siebenbürgen im Wandel*, Braumüller, Wien, S. 262.

Das DAK hatte zwei Hauptaufgaben, und zwar: die Entnazifizierung und die Umgestaltung der sozialen Strukturen in den Gemeinschaften, was das Komitee nicht durchgeführt hatte. Vor allem die Mitglieder des DAK setzten sich für die deutsche Bevölkerung ein. Der Vorwand für die Auflösung dieses Komitees war, dass es seine Aufgaben erfüllt hätte. Eigentlich war es eine von Moskau diktierte Maßnahme, die als Selbstauflösung dargestellt werden musste.[244]

In der Zeitspanne 18. Februar 1968 - 30. November 1973 präsentierte sich der *NW* als *Politische Tageszeitung in der Sozialistischen Republik Rumänien.* In der Zeitspanne 1. Dezember 1973 - 22. Dezember 1989 präsentierte sich der *NW* als *Tageszeitung des Landrates der Front der Sozialistischen Einheit.*[245] Der Unterschied bestand darin, dass nach dem Jahr 1967, Ceauşescu Generalsekretär der Kommunistischen Partei der Sozialistischen Republik Rumänien geworden ist, und dies auch die Medien, beziehungsweise die Leser stark zu spüren bekamen. Der Personenkult wurde betrieben, fast die ganzen Auflagen der Zeitungen des Landes waren mit dessen Reden, Staatsbesuchen oder mit anderen Aktivitäten gefüllt.

„Da für die deutsche Minderheit nur wenige Publikationen in eigener Sprache herausgegeben wurden, hat der *Neue Weg* auch andere Aufgaben als allein die politische Berichterstattung: er bringt wöchentlich eine Kulturbeilage und Unterhaltungsmaterial, allerdings mit starker polit-ideologischer Färbung. Wie *Elöre* über die ungarische, so berichtet *Neuer Weg* über deutsche Bestarbeiter. Eine eigene Problematik des Deutschtum in Rumänien kommt in diesem Blatt nicht zum Ausdruck: es ist lediglich Sprachrohr des Regimes.“[246]

In dieser Zeitspanne hat sich der *NW* unter der Leitung folgender Chefredakteure entwickelt:

1949-1954 und 1976-1989 Ernst Breitenstein;

1954-1976 Anton Breitenhofer;

---

[244] Baier, Hannelore (2011): *Die deutsche Minderheit in Rumänien 1953-1956*, S. 107-117, in: Gräf, Rudolf/ Volkmer, Gerald (Hrsg.) (2011): *Zwischen Tauwettersozialismus und Neostalinismus. Deutsche und andere Minderheiten in Ostmittel- und Südosteuropa 1953-1964*, IKGS Verlag, München, S.108.

[245] Schuster, Egon (1992): *Vom Huldigungstelegramm zur Information. Die deutschsprachige Minderheitenzeitung ‚Neuer Weg' vor und nach dem Umsturz in Rumänien,* Universitätsverlag, Dr. N. Brockmeyer, Bochum., S. 56.

[246] *Presse und Rundfunk in Rumänien* in: *Wissenschaftlicher Dienst Süosteuropa*, 11/ 1962, Heft. 3, S35-39, S. 36.

1989-1990 Hugo Hausl;

1990-1992 Emmerich Reichrath[247].

Die Auflage des *NW* schwankte zwischen 60.000 und 70.000 Exemplare. Der Höhepunkt war im Jahr 1964 als der NW 80.000 Exemplare erreichte. Dies zeigt, dass die Mehrheit der rumäniendeutschen Familien, diese Zeitung gelesen hat. Die massive Auswanderung der deutschen Minderheit hat natürlich auch die Zeitung getroffen, die Auflage hat sich dementsprechend stark reduziert. Anfang des Jahres 1990 betrug sie 30.000 und Ende desselben Jahres nur noch 15.000 Exemplare. Während der kommunistischen Zeit erschien der NW sechs Mal die Woche, also jeden Tag außer montags. Ab 1990 erschien die Zeitung nur noch fünf Mal pro Woche, jeden Tag außer montags und sonntags. Die Zeitung wurde nachmittags gedruckt und für den nächsten Tag vordatiert[248].

Eigentlich betrug die Zeitung vier Seiten, aber an bestimmten Tagen wurden auch Beilagen, wie folgt gedruckt: Die Raketenpost für Schüler und Pioniere und die Kulturbeilage. Also jeden Donnerstag und Samstag als die Beilagen erschienen, betrug der NW sechs Seiten[249].

3.4.1 Das Profil der Zeitung

Vor dem Umbruch war das Profil der Zeitung zweiseitig. Einerseits das Einhalten des kommunistischen Presseverständnisses, das Befolgen der Direktiven der Kommunistischen Partei und andererseits hatte der *NW* eine integrative Rolle innerhalb der rumäniendeutschen Gemeinschaft.

Hugo Hausl, einer der Chefredakteure des *NW* aus der kommunistischen Ära, hat in einem Interview folgendes über seine und die Arbeit seiner Kollegen ausgesagt: „Im Spannungsverhältnis zwischen sozialem Auftrag (Parteibefehl; Anm. D. Verf.) und dem Leserwunsch, die Stelle zu finden, die vertretbar ist, die wir nach oben und vor uns selbst rechtfertigen können."[250] Der *NW* bestand aus einem vorgegebenen, aufgeblühten Pflichtteil und aus einem kleineren, leicht abwägenden Kürteil. „Was das offizielle

---

[247] Schuster, Egon (1992): *Vom Huldigungstelegramm zur Information. Die deutschsprachige Minderheitenzeitung ‚Neuer Weg' vor und nach dem Umsturz in Rumänien,* Universitätsverlag, Dr. N. Brockmeyer, Bochum, S. 57

[248] Ebd.

[249] Ebd.

[250] Ebd., S. 58

Material anlangt, da haben wir halt übernommen. [...] Wir haben zu jedem wichtigen Anlass, zu einer wichtigen Rede, unsere Leitartikel geschrieben; wir haben uns nicht namentlich dazu bekannt, aber wir haben sie geschrieben. Und damit war für uns der eine Teil der Zeitung fertig. [...] In den übriggebliebenen Freiräumen versuchten wir das Leben der Sachsen und Schwaben (und ihre Geschichte) richtig in unserem Sinne darzustellen. [...] So sind eine ganze Reihe von Beiträgen veröffentlicht worden, die weit weg waren von dem, was man von uns verlangt hat.“[251] Es wäre mit Sicherheit ganz interessant, am Originalmaterial zu sehen, inwiefern dieses *weit weg* auch tatsächlich ausgeübt werden konnte.

Der *NW* war nicht gedacht als Sprachrohr der Rumäniendeutschen, sondern als Leiter zum sozialistischen Weg: „Es galt, nicht nur den Buchstaben nach, sondern vor allem dem Wesen nach, einen NEUEN WEG zu erschließen, den Schutt wegzuräumen, den Kriegs- und Nachkriegsereignisse in den Seelen der deutschen Bevölkerung von Stadt und Land zurückgelassen hatten, eine Wandlung des Bewusstseins der Einzelnen und der Massen herbeizuführen.”[252]

3.4.2 Die Themen

In den Seiten der Zeitung fanden sich natürlich sehr oft wirtschaftspolitische Themen im politischen Sinne. Sehr oft wurde berichtet über die hervorragende Leistung deutscher Arbeiter. Andere Schwerpunkte waren landwirtschaftliche Themen, da im Banat und in Siebenbürgen, wo die Zeitung am meisten bestellt wurde, die Landwirtschaft sehr gut entwickelt war und die Menschen sich agrartechnisch auskannten. Die Redaktion des *NW* hat auch über juristische Regelungen für spezifische Fragen der rumäniendeutschen Leser berichtet. Sport und besonders Handball waren sehr beliebte Themen. Rumänien wurde auch Rekordweltmeister im Handball, unter Mitwirkung zahlreicher deutscher Spieler. Aber die allerwichtigsten Themen für die

---

[251] Ebd.

[252] Eisenburger, Eduard (1977): *Aktiver Gestalter unseres Hier und Heute. Die rumäniendeutsche Presse in den Jahren des sozialistischen Aufbaus* in: Eisenburger, Eduard/ Kroner, Michael (Hrsg) (1977): *Die Zeit in der Zeitung. Beiträge zur rumäniendeutschen politischen Publizistik*, Dacia, Cluj-Napoca, S. 190.

deutsche Bevölkerung, die in den Blättern dieser Zeitung angesprochen wurden, waren die aus dem kulturellen, sprachlichen und schulischen Bereich.[253]

Wie schon erwähnt, gab es auch Beilagen: Ab dem 2. Juli 1954 erschien die *Kulturbeilage*, ab dem 24. Mai 1968 erschien die *Raketenpost* für Schüler und Pioniere. Samstags erschienen eine Unterhaltungsseite und eine Sonderseite, die aus dem Ausland übernommen wurde, entweder unter dem Namen *Aus aller Welt* oder *Aus der Auslandspresse*. Sonntags erschien eine Sonderseite mit dem Titel *Wissenschaft und Technik*.[254]

Der *Neue Weg* war aber die erste Zeitung, die ab dem Jahr 1959 über *Mündigkeitsfeiern* oder *Jugendweihen*, eine Laisierung der Konfirmation, berichtet hat. Es ging dabei um eine Feierlichkeit bei der achtzehnjährige öffentlich zu großjährigen Staatsbürgern erklärt und über ihre Rechte und Pflichten belehrt wurden. Erst viel später übernahmen auch die rumänischen Zeitungen dieses Thema und berichteten darüber.[255] In vieler Hinsicht war diese Zeitung ein Wegbereiter, aber dazu mehr im praktischen Teil der hiesigen Arbeit.

Das Wichtigste, der politische Teil, wurde allerdings von der Nachrichtenagentur *Agerpres* direkt übernommen, übersetzt und gedruckt. Die Journalisten fungierten eigentlich als Übersetzer. Diese sahen sich sehr oft gezwungen die Schrift zu verkleinern, damit alle Texte ganzheitlich erscheinen konnten, da kürzen nur selten möglich war.[256]

Die Journalisten waren auch nicht immer ausgebildete Journalisten. In den Anfangsjahren der Zeitung war die Mitwirkung so vieler Menschen wie nur möglich erwünscht, außer derjenigen, die während des Krieges berichtet hatten. Später haben Hochschulabgänger der Fachrichtung Germanistik bei der Zeitung mitgewirkt. Nur nach Inkrafttreten des obengenannten Pressegesetzes, in Jahr 1974, durften nur noch Absolventen des Studiengangs Journalistik für die Zeitung schreiben. Wegen diesen

---

[253] Schuster, Egon (1992): *Vom Huldigungstelegramm zur Information. Die deutschsprachige Minderheitenzeitung ‚Neuer Weg' vor und nach dem Umsturz in Rumänien,* Universitätsverlag, Dr. N. Brockmeyer, Bochum., S. 62f.

[254] Ebd., S. 63f.

[255] *„Mündigkeitsfeiern" in Rumänien* in: *Wissenschaftlicher Dienst Süosteuropa*, 10/ 1961, Heft. 6, S. 73-74.

[256] Schuster, Egon (1992): *Vom Huldigungstelegramm zur Information. Die deutschsprachige Minderheitenzeitung ‚Neuer Weg' vor und nach dem Umsturz in Rumänien,* Universitätsverlag, Dr. N. Brockmeyer, Bochum, S. 65.

Tatsachen, trug der NW inoffiziell einige Beinamen, wie: Deutschsprachige *Lehrlingschule für Journalisten*, oder *Mutterschiff* „von dem ein Teil der Mannschaft mit den Booten KR (Karpatenrundschau), NBZ (Neue Banater Zeitung), DW (Die Woche), NL (Neue Literatur) und VuK (Volk und Kultur) ausgefahren ist.“[257]

3.4.3 Die politischen Themen

Manuela Olhausen hat mit Emmerich Reichrath, dem ehemaligen Chefredakteur des NW, ein Interview geführt, aus dem sie folgende Schlüsse über die politischen Inhalte des NW gezogen hat[258]: Der NW bestand aus 2 Teilen, und zwar aus dem Teil A, wo alles komplett vorgegeben war. Es ging dabei um den offiziellen Teil aus der rumänischen Zeitung *Scânteia*, der einfach übersetzt und auf die ersten zwei-drei Seiten gedruckt wurde. Nur bei der Gestaltung der Fotos hatte die Redaktion ihren Freiraum im Teil A. Im Teil B befand sich der variable Teil. Einige Teile wie Politik und Wirtschaft waren auch hier verbindlich.

Im politischen Teil gab es Pflichttexte, die unbedingt gedruckt werden mussten, wie Reden oder Berichte über die Sitzungen des Zentralkomitees. Der Chefredakteur bekam direkt vom Zentralkomitee alle politischen Inhalte. Der Unterschied zu den rumänischen Zeitungen bestand darin, dass der *NW* mehr über die Politik von Deutschland und Österreich berichten konnte. Der Ehemalige Chefredakteur, Reichrath meint, dass mit den Jahren, diese Zeitung wegen diesen vorgegebenen politischen Inhalte immer schlechter geworden sei, zudem sei es noch verboten gewesen über Perestroika und über die Demokratisierungsprozesse in Polen und Ungarn zu berichten.

Es gab auch Tabuthemen wie Ausreise, Kirche, Religion oder Zwangsarbeit, die in der von den Amerikanern übernommenen journalistischen Gattung, *Dem Alter die Ehr*, einbezogen wurden. Dem Chefredakteur und den Redakteuren des Ressorts Außenpolitik, standen neben den inländischen Quellen, auch internationale Quellen zur Verfügung, wie die *FAZ*, die *Frankfurter Rundschau* oder *die Welt*. Sie waren ausschließlich dafür gedacht, die Ereignisse aus dem Ausland zu kommentieren und waren in einem speziellen Archiv aufbewahrt, in der *Giftküche*.

---

[257] Ebd.

[258] Olhausen, Manuela (2005): *Politische Kommunikation im Wandel. Die deutschsprachige Presse des (ehemaligen) Ostblocks zwischen 1980 und 2000*, Verlag Dr. Kovac, Hamburg, S. 211f.

Für den *Neuen Weg*, da es sich um eine deutschsprachige Publikation handelt, gab es Sonderbedingungen, den rumänischen Blättern gegenüber. Die Redaktion konnte internationale Zeitungen aus dem Osten und dem Westen benutzen, darunter auch unabhängige Medien, um somit die Bevölkerung über die Geschehnisse aus der Welt zu informieren. Die Redakteure erinnern sich, dass sie dank der deutschen Sprache, die Zensur der Partei teilweise umgehen konnte. Leider wusste auch die Partei wie sie die Redaktion des NW einsetzen soll und hat ihr die Anweisung gegeben gegen die Auswanderung der Rumäniendeutschen zu schreiben. Dies war ein Schlag einerseits für die Redakteure, die selbst zur deutschen Minderheit gehörten, und andererseits natürlich für die Leser. Und somit ist einer der Gründe entstanden, weswegen ein Teil der Leser, die Zeitung abbestellt hat[259].

[259] Müller, Annett (2002): *Vom Neuen Weg zur Allgeimenen Deutschen Zeitung für Rumänien,* hora Verlag Hermannstadt und Arbeitskreis für Siebenbürgische Landeskunde e. V. Heidelberg, S. 119.

4. Studien über den Neuen Weg

Die vorgestellten Allgemeinbetrachtungen über den *Neuen Weg* werden in den folgenden Seiten vervollständigt oder vertieft. Zunächst werden die wenigen Studien, die sich mit der Analyse dieser Zeitung befasst haben, mit ihren Stärken und Schwächen vorgestellt. Diese Annäherung dient als Ausgangspunkt für eine eigene gründliche Studie, die im zweiten Teil der vorliegenden Arbeit folgt.

Alle diese Analysen dienen des besseren Verstehens des rumänischen Pressesystems während des Kommunismus im Allgemeinen, und spezifisch, der deutschsprachigen Presselandschaft in derselben Zeitspanne, anhand eines repräsentativen Beispiels, und zwar am Beispiel der einzigen deutschsprachigen überregionalen Zeitung, *Neuer Weg*, während der 50 Jahre langen kommunistischen Zeit in Rumänien.

Die Berichterstattung aus dieser Zeitung wird schließlich den eigentlichen Begebenheiten und der politischen und sozialen Lage der Rumäniendeutschen entgegengestellt, um aufschlussreiche Schlüsse ziehen zu können.

Bisher wurden nur 4 Studien über die deutschsprachige Zeitung *Neuer Weg* aus dem rumänischen Raum durchgeführt, jedoch umfassen die untersuchten Zeitspannen nicht annähernd die ganze kommunistische Ära, deshalb ist uns noch keine vollständige Übersicht gewährt. Eine Untersuchung in diesem Sinne ist höchst angebracht.

Nachfolgend werden die schon durchgeführten Studien und deren Ergebnisse dargestellt, um dann zu einer theoretischen Grundlage über eine weitere, umfassendere Studie überzugehen.

Die schon durchgeführten Studien sind wie folgt:

1. Annemarie Weber (2008): *Russlanddeportierte in der rumäniendeutschen Presse des ersten Nachkriegsjahrzehnts*

Untersuchte Zeitspanne: 1949-1957

2. Olhausen, Manuela (2005): *Politische Kommunikation im Wandel. Die deutschsprachige Presse des (ehemaligen) Ostblocks zwischen 1980 und 2000*

Untersuchte Zeitspanne: die Jahre 1980, 1989, 1990 und 2000

3. Schuster, Egon (1992): *Vom Huldigungstelegramm zur Information. Die deutschsprachige Minderheitenzeitung ‚Neuer Weg' vor und nach dem Umsturz in Rumänien*

Untersuchte Zeitspanne: 1. Oktober 1989 bis 20. Mai 1990

4. Müller, Annett (2002): *Vom Neuen Weg zur Allgemeinen Deutschen Zeitung für Rumänien*

Untersuchte Zeitspanne: 29. Januar 1991 – 31. Mai 1997

4.1 Studie 1: Russlanddeportierte in der rumäniendeutschen Presse des ersten Nachkriegsjahrzehnts

Annemarie Weber

Die vorliegende wissenschaftliche Studie[260] stellt die Teilergebnisse des Forschungsprojektes *die Rumäniendeutschen - eine Diskursanalyse. Entstehung Entwicklung und Verwendung eines Begriffs* vor, an dem die Autorin in den Jahren 2007 und 2008 als wissenschaftliche Mitarbeiterin der Universität Duisburg-Essen gearbeitet hat und die vom Beauftragten der Bundesregierung für Kultur und Medien gefördert wurde.

Das Projekt analysiert die Darstellungsweise folgender deutschsprachigen Zeitungen über die Deportation der deutschen Minderheit zur Zwangsarbeit in die Sowjetunion: das Wochenblatt der evangelischen Kirche *Kirchliche Blätter* (die Jahrgänge 1944, 1946-1948), die sozialdemokratische Zeitung *Freiheit* (9 August 1946 – 9 Februar 1948), die *Temeswarer Zeitung* (01. August 1946 – 31 Februar 1948) und den *Neuen Weg*.

Anhand dieser Zeitungen wurde die Art und Weise analysiert in der die Aussagen der Heimkehrer aus den Sowjetlagern, journalistisch dargestellt wurden. Die Schlussfolgerungen der Autorin sind, dass sich die ersten zwei Zeitungen eher freundlich-distant verhalten haben und die letzten zwei, massiv sowjetbezogen waren.

Die vorliegende Studie ist Teil des erwähnten Forschungsprojektes und bezieht sich ausschließlich auf die Darstellungsweise des *Neuen Wegs* bezüglich der *Aufbauarbeit* in den Arbeitslagern der Sowjetunion und der Aussagen der Heimkehrer. Wir erfahren, dass in den Jahren 1949 und 1950 in dieser Zeitung sehr viel über die Russlanddeportierten geschrieben wurde und, dass in den Jahren 1951 und 1952 das Thema mehr und mehr in den Hintergrund trat und, dass seit 1953 dieses Thema ganz fallengelassen wurde.

---

[260] Weber, Annemarie (2008): *Russlanddeportierte in der rumäniendeutschen Presse des ersten Nachkriegsjahrzehnts* in *Zeitschrift für Siebenbürgische Landeskunde* 31, ISSUE1-2/2008, Hrg: Arbeitskreis für Siebenbürgische Landeskunde e. V. Heidelberg, S. 97 – 111.

In den ersten Erscheinungsjahren wurden die Rumäniendeutschen, die sich an diesen Arbeiten beteiligt hatten, als wahre Helden, als Modelle der Volksdemokratien dargestellt. Nachdem der erste Heimkehrtransport in Oradea angekommen war, wurde in der Ausgabe vom 16. Juli, auf der ersten Seite ein offener Brief zweier Rumäniendeutschen die deportiert wurden, als generalisiertes „Dankesschreiben der Siebenbürger deutscher Heimkehrer" dargestellt.

In ihrer Analyse, stellt Annemarie Weber Artikelausschnitte über dieses Thema vor, die sie danach kommentiert. Wir erfahren, dass die Ankömmlinge als glücklich, erholt und gut genährte Menschen dargestellt wurden, die dank der Sowjetunion großartige Erfahrungen gesammelt und Lernprozesse durchgemacht haben.

Alle Erzählungen folgen demselben standardisierten Muster, das rituell wiederholt wurde. Die Geschichten sind allgemein, den Lesern werden nicht konkrete persönliche Erfahrungen vorgestellt, sie erfahren nicht was und wie genau die Rumäniendeutschen dort gearbeitet haben, sondern welch große Erkenntnisse diese Erfahrungen mit sich gebracht haben. Alle Geschichten sind stark standardisiert, sie enthalten keine individualisierenden Details, man erfährt nicht in welchem Lager und in welchem Gebiet die Betroffenen gearbeitet haben. Es gibt nur eine einzige Geschichte, die im *Neuen Weg* erscheint, die persönlich ist und die Angaben von Zeit, Ort und Bedingungen enthält und die natürlich positiv ausgerichtet ist.

Die Lagerarbeit wird als Schule dargestellt, die viel gelehrt hat und die meisten Heimkehrer berichteten von der erstaunlichen Wiedergeburt der UdSSR nach dem Krieg und darüber, dass sie auch dafür kämpfen werden, dass auch Rumänien nach dem gelungenen Vorbild der Sowjetunion umgestaltet wird. Es wird auch über negative Charaktere gesprochen, aber natürlich nicht bei den Sowjets, sondern bei den Siebenbürgern und Banater, hier besonders aus der Arbeiterstadt Reschitza.

Es gibt auch sehr viele Beiträge in denen die Heimkehrer erfreut sprechen über die Bildungsmöglichkeiten, die ihnen im Land des Sozialismus angeboten wurden, durch Zeitungen, Bücher und Theateraufführungen. Zum positiven Bild, gehört, so die Autorin, auch die angebliche Gleichbehandlung der Zwangsarbeiter mit den sowjetischen Kollegen bei der Arbeit, Belohnung und Wertschätzung.

Sehr viele Heimkehrer sagten aus, dass sie die Fertigkeiten und Fähigkeiten die sie dank der Arbeit in der Sowjetunion erworben haben, auch in Rumänien umsetzen möchten. Weber kommentiert dies mit dem Argument, dass deren Arbeitsziele von der jeweiligen wirtschaftlichen Tagesorder abhängig waren, so zum Beispiel wollten die meisten ihre Erfahrungen in der Schwerindustrie oder im Bergbau nutzen und neben der Arbeit, wollten sie ihre Erfahrungen auch anderen weniger bewussten Mitmenschen mitteilen. In diesem Sinne war auch der erste deutsche Staatspreisträger, Franz Holz, im Jahr 1951, ein Rumäniendeutscher Reschitzaer, der Maschinenbauer war und der dank seinen während der Aufbauarbeit erworbenen russischen Sprachkenntnissen, die russischen Fachbücher lesen konnte, und dann sehr professionell arbeiten gelernt hat.

Die Studie erfasst, dass sich diese formalisierte Berichterstattung über die Aufbauarbeit im Jahr 1951 lockert. Der *NW* spricht weiterhin über diese Rumäniendeutsche als Modelle. 1952 wurde über Georg Bankowski berichtet, der die Kollektivwirtschaft in seinem Dorf, nach dem Modell des sowjetischen Kolchos mitbegründet hat. Die Autorin fügt hinzu, dass alle Modelldeutschen, die in den Jahren 1951 und 1952 in den Blättern dieser Zeitungen dominiert haben, stets leitende Gewerkschaftsmitglieder oder Mitglieder des Deutschen Antifaschistischen Komitees waren.

Weber stellt sich am Ende ihrer qualitativen Inhaltsanalyse die Frage, wieviel Wahrheit hinter diesen Portraits steht und ob diejenigen, die sie veröffentlicht haben, auch daran geglaubt haben. Sie sagt auch, dass die Zeitung eine Abbildung der Wirklichkeit sein soll, aber dass es hier offensichtlich nicht darum gehe. Sie sagt, dass die Zeitung ihr eigenes Bild von der Realität hätte und, dass sie als Ziel hätte, die Realität, so wie sie sein sollte, wiederzugeben. Auch wenn unter einem Text nur ein Name gestanden hat, war das eine kollektive Arbeit, an so einem Bericht arbeiteten neben dem Autor, der Ressortleiter, der Chefredakteur, eine Parteibehörde und der Zensor.

Zu den Schlussfolgerungen der Studie gehört noch die Tatsache, dass nicht der Inhalt der Texte relevant war, sondern seine Funktion. In den Texten stand nicht was diese Menschen erlebt haben, sondern wieviel sie gelernt hatten. Weber erwähnt noch die doppelte Orientiertheit, die zwei Zielgruppen, nach denen sich die Zeitung gerichtet hatte und die völlig unterschiedliche Bedürfnisse und Erwartungen gehabt haben: einerseits die Leser und andererseits die Parteimitglieder.

Nach der Berichterstattung im *Neuen Weg*, sind literarische Werke über diese Erlebnisse erschienen. Erwin Wittstock hat ein Romanmanuskript verfasst, welches aber nur nach 1989 von seinen Kindern veröffentlicht werden konnte. 1956 ist tatsächlich ein Roman mit diesem Thema der Deportation erschienen, mit dem Titel *Spur in die Sonne* von Gertrud Sander, die diese Erfahrung als Schreckenserlebnis darstellt. Während Wittstock diese Zwangsarbeit als Pflicht gegenüber seiner Heimat vorgestellt hat, hat Sander sie als Wiedergutmachung für ein kollektiv verübtes Unrecht vorgestellt. Wir erfahren, dass im selben Jahr auch eine Rezension dieses Romans im NW erschienen ist, in der jedoch das Handlungsmoment der Deportation nicht erwähnt wird, stattdessen wird Sanders Mut gelobt über so ein heikles Thema so früh zu sprechen.

Das letzte Mal als dieses Thema im *NW* angesprochen wurde, war im Jahr 1957 als die Arbeit in der Sowjetunion als Arbeitszeit für die Rente anerkannt wurde, danach wurden keine Kommentare von den Lesern mehr veröffentlicht, das Thema wurde völlig abgeschlossen.

Zu den vorgestellten Schlussfolgerungen der Studie gehört die Tatsache, dass die Themenselektion zu einseitig war, zu stark ideologisiert und, dass die Deportationserfahrung zu positiv, oder nur positiv redaktionell bewertet wurde. Doch die Tatsache, dass über diese Erfahrung der Rumäniendeutschen öffentlich gesprochen wurde, war das erste Integrationsangebot. Bis 1949 standen diese unter Generalverdacht der Kollaboration[261] mit den Nationalsozialisten und wurden deswegen all ihrer bürgerlichen Rechte beraubt, doch nach diesem Jahr konnten die Heimkehrer die politische Schuld der Deutschen tilgen, so die Autorin.

Alle Berichte die nach 1989 über die Deportation gesprochen haben, haben über den Lagerterror und das Leid gesprochen, was Weber als Defizit der realistisch

[261] Kollaboration: (frz. zu lat. *collaborare*, zusammenarbeiten), als politischer Begriff erst während des 2. Weltkriegs in den von Dtld. besetzten Ländern für freiwillige, als verräterisch und verbrecherisch empfundene Zusammenarbeit mit dem Feind gebraucht, wobei man darunter nicht nur anationales Verhalten, sondern auch ideologisches Sympathisieren verstand; nach dem alliierten Siege wurden die Kollaborateure schwer bestraft, : Bayer, Erich (1980): *Wörterbuch zur Geschichte. Begriffe und Fachausdrücke*, 4. Überarbeitete Auflage, Kröner, Stuttgart, S.281.

sozialistischen Heimkehrliteratur ansieht. Während der Ceauşescu-Zeit wurde über dieses Thema gar nicht öffentlich berichtet und die Tatsache, dass es danach eine so große Bereitschaft gab, öffentlich über diese Zeit zu sprechen und zu schreiben, zeigt, dass die Deportation ein wesentlicher Bestandteil der Identitätskonstruktion der Rumäniendeutschen ist.

Die vorliegende Studie ist eine umfangreiche qualitative Inhaltsanalyse der Berichterstattung über ein besonderes Thema während der Zeit des Kommunismus in Rumänien. Sie erhebt nicht den Anspruch und weist auch keine repräsentativen Ergebnissen für die Art der Berichterstattung im *Neuen Weg* während der ganzen Kommunistischen Ära, da dieses Thema während der Zeit von Ceauşescu in den Hintergrund geraten ist, und deswegen diese Zeitspanne nicht mehr analysiert wurde. Demnach ergibt sich die Notwendigkeit einer ähnlichen Analyse mehrerer Themen, über die in der ausgelassenen Zeitspanne berichtet wurde, um relevante und repräsentative Schlüsse über die Berichterstattung im NW während der Zeit des Kommunismus ziehen zu können.

4.2 Studie 2: Politische Kommunikation im Wandel. Die deutschsprachige Presse des (ehemaligen) Ostblocks zwischen 1980 und 2000

Manuela Olhausen

Olhausens[262] Buch analysiert die deutschsprachigen Minderheitenzeitungen des ehemaligen Ostblocks (Ungarn, Tschechien, Rumänien und Russland) und achtet dabei auf die Veränderungen der politischen Inhalte in den Jahren 1980, 1989, 1990 und 2000. Zunächst machten diese drei Viertel des Themenumfangs aus, nach dem politischen Systemwechsel weniger.

Im Verlauf der Zeit wurden die Zeitungen professioneller und veränderten die geopolitische Orientierung. Zunächst waren sie gezwungen, die Leser in das sozialistische System einzubinden, was sich nach der Transformationsphase schnell änderte und zu einem demokratisch geprägten, mehr am Leserbedürfnis orientierten Zeitungsstil führte[263].

Manuela Olhausen bietet eine ausgesprochen detaillierte Inhaltsanalyse der Zeitungen:

- *Neue Zeitung* (Ungarn)
- *Prager Volkszeitung* (Tschechoslowakei/ Tschechien)
- *Neuer Weg/ Allgemeine Deutsche Zeitung für Rumänien* (Rumänien)
- *Neues Leben* (Sowjetunion/ Russland)

in den Jahren 1980, 1989, 1990 und 2000.

Dazu hat sie noch Interviews mit den damaligen Chefredakteuren dieser vier Zeitungen wie folgt durchgeführt:

Interview mit Emmerich Reichrath, Chefredakteur der *Allgemeinen Deutschen Zeitung für Rumänien*, am 26.Mai 2001 in Bukarest;

Interview mit Ingrid Pavel, Chefredakteurin der *Prager Volkszeitung*, am 30.Mai 2001 in Prag;

---

262 Olhausen, Manuela (2005): *Politische Kommunikation im Wandel. Die deutschsprachige Presse des (ehemaligen) Ostblocks zwischen 1980 und 2000*, Verlag Dr. Kovac, Hamburg.

263 Hoyer, Vera (2008): *Kunst und Kunstgeschichte in der deutschen Tagespresse 1950-2000*, Düren, S. 25

Interview mit Johann Schuth, Chefredakteur der *Neuen Zeitung*, am 31.Mai 2001 in Budapest;

Interview mit Dr. Oleg Dehl, Chefredakteurin des *Neuen Lebens*, per E-Mail am 16. Juni 2001.

Die Studie ist opulent gestaltet und sehr systematisch gegliedert und verleiht einen Überblick über den Wandel der Presse in Osteuropa nach 1989 und über die Situation der Auslandsdeutschen.

Olhausens Werk wurde 2006 einer Rezension[264] unterzogen und der Rezensent Jürgen Henkel hat die Stärken und die Schwächen der Arbeit sehr gut unterstrichen:

Stärken: Sie arbeitet präzise den Unterschied zwischen Medien in freien demokratischen Gesellschaften und die in kommunistischen Systemen heraus.

Schwächen: Viele einführende Medientheorien sind nicht wirklich notwendig, fast tautologisch, passen nicht zum empirischen Teil, der gut durchgearbeitet ist.

Die Autorin dokumentiert die Entwicklungen, die die unterschiedlichen Zeitungen nach dem Umbruch durchgemacht haben, wie zum Beispiel das Aufgreifen bisheriger Tabuthemen wie Kirche/ Religion oder Trennung von Meinung und Kommentar. Sie erfasst auch die Probleme, die nach 1989 entstanden sind, wie zum Beispiel das mangelnde Personal und natürlich die immer sinkende Anzahl der deutschen Minderheit.

Der Rezensent Jürgen Henkel schätzt diese Arbeit als Standardwerk zur Geschichte der deutschen Presse im Ausland ein und fügt hinzu, dass das wissenschaftliche Anliegen, das diesem Buch zugrunde liegt, sehr verdienstvoll und die Ergebnisse innovativ und weiterführend seien. Deswegen schätzen wir auch diese Studie als einen Anfangspunkt für weitere Studien in diesem Bereich.

Die Hauptforschungsfrage der Studie der Autorin lautet: Wie hat sich die politische Berichterstattung deutschsprachiger Minderheitenzeitungen im (ehemaligen) Ostblock durch den Systemwechsel inhaltlich und formal verändert?

Diese Generalfrage wurde in fünf Teilfragen aufgeteilt, und zwar:

1. Wie haben sich die (politischen) Inhalte in Gewichtung, Form und Inhalt verändert?
2. Wie hat sich die Professionalisierung entwickelt?

---

[264] Henkel, Jürgen (2006): Rezension des Buches *Politische Kommunikation im Wandel. Die deutschsprachige Presse des (ehemaligen) Ostblocks zwischen 1980 und 2000* in *Südosteuropa Mitteilungen*, Issue 05-06/2006, Südosteuropa Gesellschaft e. V.

3. Hat sich in der politischen Berichterstattung die Struktur der politischen Akteure verändert?

4. Hat sich die geopolitische Orientierung verändert?

5. Welchen Stellenwert nehmen minderheitenrelevante Inhalte in der Berichterstattung ein?

Die Stichproben wurden systematisch ausgewählt. Von jeder dieser vier Minderheitenzeitungen wurde alle zwei Wochen eine Zeitungsausgabe analysiert. Pro Untersuchungsjahr sollten also von jeder Zeitung 26 Ausgaben analysiert werden. Dies ist der Autorin auch gelungen, mit wenigen Ausnahmen, die aufgrund vorübergehender Einstellung bzw. Reduzierungen der Erscheinungsweise entstanden sind. Insgesamt wurden 404 Zeitungsausgaben der vier deutschsprachigen Minderheitenzeitungen analysiert.

Olhausens Untersuchung hat zu folgenden Ergebnissen über den *Neuen Weg* während der sozialistischen Zeit geführt: Der *NW* hat die typisch sozialistischen Prinzipien eingehalten. Oberste Priorität in der Berichterstattung hatten die Themen Politik und Planwirtschaft. Die politischen Themen machten mehr als die Hälfte aller in der Zeitung dargestellten Themen aus. Das Thema Wissenschaft hatte auch eine wichtige Rolle gespielt, es wurde hauptsächlich über rumänische wissenschaftliche Erfolge und über internationale wissenschaftliche, medizinische oder technische Neuerungen berichtet. Sehr viel wurde aber auch über Sport berichtet und kaum wurde über Themen wie Kriminalität, Unglück, die der Befriedigung von Neugierde oder Sensationslust dienen, berichtet.

Sehr wenig Platz blieb für die Berichterstattung über Themen, die eigentlich für die Minderheit von Bedeutung gewesen wären, wie Soziales oder Religion. Über Kultur wurde schon mehr berichtet, besonders über Themen wie Trachten, Veranstaltungen, Theateraufführungen der Siebenbürger Sachsen und der Banater Schwaben. Es gab auch das Genre *Dem Alter zur Ehr*, wo über Lebenswege rumäniendeutscher Senioren in deren Mundart geschildert wurde. Es gab auch Berichte über deutsche Schulen und über den Unterricht in deutscher Sprache.

Wir erfahren, dass die Ausrichtung des *NW* informativ war, da fast drei Viertel der journalistischen Darstellungsformen, Nachrichten waren. Es gab sehr wenige Bilder und noch weniger mit minderheitenspezifischen Motiven. Es gab ganze Seiten, die voll mit Text waren, zum Beispiel mit originellen Reden von Politikern.

Nur ein Zehntel des Inhalts bestand aus nicht-journalistischen Darstellungsformen, dazu gehörten Werbeanzeigen für rumänische Produkte, Fortsetzungsromane (Feuilletons), Gedichte oder Rätsel. Olhausen schreibt auch über den Mangel an Professionalität, da obwohl es Ressorts gab, nur ein Drittel der Themen einem Ressort zugeordnet wurden. Die Hauptquelle für die Informationen war die Monopolagentur Agerpres. Was aber lobenswert ist, ist die Tatsache, dass der *NW* das Gebot der Trennung von Nachricht und Meinung konsequent eingehalten hat.

Die Personalisierung, erfahren die Leser des Buches, war auch im Sozialismus schon von Bedeutung, Personen wurden häufiger als Institutionen erwähnt und Ceauşescu wurde natürlich am häufigsten erwähnt, er war die Elite-Person der Zeitung, gefolgt vom Regierungschef und von den Regierungspolitikern. Es gab keine ausgewogene Berichterstattung, die Regierung, und natürlich das Staatsoberhaupt erhielten nur positive Bewertungen von der Zeitung und die seltene Kritik galt anderen inländischen politischen Akteuren.

Was die geopolitische Orientierung angeht, dominierte das Ausland bei den Orten des politischen Geschehens und bei der Herkunft der Akteure, es ging dabei um weit entfernte Länder, meistens aus Afrika, Mittel- und Südamerika. Die Sowjetunion spielte eine untergeordnete Rolle, von der sich die rumänische Führung distanziert hatte. Block-Zugehörigkeit spielte eine ausgesprochen wichtige Rolle bei den von der Zeitung durchgeführten Bewertungen. Westliche Politiker wurden kritisiert, hingegen wurden Ostblock-Politiker gelobt, doch im Vorfeld des Jahres 1989 erhielten die letzteren fast keine Bewertungen mehr.

Olhausens Untersuchung hat zu folgenden Ergebnissen bei dem Vergleich aller vier Zeitungen geführt: Die Themen Politik und Planwirtschaft hatten die oberste Priorität in allen vier Zeitungen. Nach dem Umbruch haben diese an Umfang und Bedeutung verloren und andere Themen sind im Vordergrund getreten, Kultur, Kirche, Religion und Boulevardthemen.

Was die Professionalisierung angeht, hat diese sich in drei Zeitungen, außer der *Prager Volkszeitung*, nach dem Umbruch weiterentwickelt. Alle vier Zeitungen mussten sich während der sozialistischen Zeit an die gleichen Vorgaben halten: die Leser im sozialen System einzubinden, deswegen orientierten sich die Zeitungen an den politischen Vorgaben, und nicht an die Interessen der Leser. Die *Neue Zeitung* aus Ungarn hatte den meisten Freiraum, gefolgt vom *Neuen Weg*, wo die Journalisten in dem Ressort *Lokalität* einen gewissen Spielraum hatten.

Das Zentralkomitee gab allen vier Zeitungen die politischen Inhalte fertig gedruckt, sie mussten nur noch übersetzt werden. Olhausen stellt sich daher die Frage inwiefern Politik den realen Bedürfnissen der Leser entsprechen konnte.

Nach dem Umbruch haben sich alle Zeitungen von den sozialistischen journalistischen Vorgaben gelöst, sind politisch unabhängig geworden, besonders der ehemalige *NW*, die gegenwärtige *Allgemeine Deutsche Zeitung für Rumänien* hat sich zusätzlich zu der deutschen Minderheit eine weitere Zielgruppe gesucht, und zwar die deutschsprachigen Geschäftsleuten.

Olhausens Fazit ist, dass die vier Zeitungen keine politischen Organe mehr seien, sondern Minderheiten-Organe und, dass die *Allgemeine Deutsche Zeitung für Rumänien* noch mehr als das habe, und zwar – eine Tageszeitung nach westlichem Muster, die deutsche Minderheiten aber weiterhin berücksichtige. Olhausen ist der Ansicht, dass diese Zeitung am besten für die Zukunft gerüstete sei, da sie sich bereits neuen Zielgruppen geöffnet habe und auch neue Mitarbeiter angestellt hat, die Zukunft für die anderen drei Minderheitenzeitungen sei eher unsicher.

Wie in keiner Studie über die Minderheitenzeitungen zuvor, zeigt Olhausen den Lesern alle Einschränkungen, die die Journalisten in der sozialistischen Zeit bewältigen mussten. Ihre Analyse zeigt, dass sich die Journalisten bei der Darstellung der Themen im politischen Bereich gar nicht entfalten konnten, da alle politischen Inhalte schon vorgegeben wurden, und sie nur übersetzt werden sollten. Was man aber in einer weiterer Studie analysieren könnte ist, inwiefern diese Inhalte genau übersetzt worden sind und ob man sich mit Wortkonstruktionen und –spielen einen gewissen Freiraum erlaubt hatte, zumindest eine Mehrdeutigkeit im übersetzten Text schimmern zu lassen.

4.3 Studie 3: Vom Huldigungstelegramm zur Information. Die deutschsprachige Minderheitenzeitung Neuer Weg vor und nach dem Umsturz in Rumänien

Egon Schuster

Das Buch geschrieben von Egon Schuster[265] analysiert die in Rumänien erschienene deutsche Zeitung, *Neuer Weg*, vor und nach dem Umbruch (1989). Das Ziel der vorgestellten Studie ist die Auswirkungen des politischen Wandels auf die Berichterstattung der deutschsprachigen Zeitung *Neuer Weg* zu analysieren. Als Begründung für die Auswahl dieser Zeitung gibt der Autor die Tatsache an, dass diese eine der fünf national verbreiteten Zeitungen aus dem kommunistischen Rumänien, neben drei rumänischsprachigen und einer ungarischen Zeitung, war.

Die theoretische Grundlage der Studie ist beständig und nachvollziehbar. Der Autor hat eine allgemeine Geschichte der rumäniendeutschen Minderheiten und ihrer Presse auf den ersten Seiten des Buches vorgestellt. Weiterhin hat er versucht das Presseverständnis im kommunistischen Rumänien zu veranschaulichen um es dann dem neuen Presseverständnis, das nach dem Umsturz seinen Lauf genommen hat, entgegenzustellen. In der empirischen Untersuchung hat der Autor verfolgt, diese theoretischen Annahmen anhand von Beispielen aus der Berichterstattung über die Belange der deutschen Minderheit, zu detaillieren. Als Grundlage für die nachstehende durchgeführte Inhaltsanalyse, dient ein Interview mit dem zur Zeit des Umsturzes amtierenden Chefredakteur des *NW*, Hugo Hausl.

Die Geschichte der deutschen Minderheit, der Siebenbürgen Sachsen und der Banater Schwaben, gilt in der vorliegenden Arbeit nur als allgemeiner Kontext. Der Autor hat in wenigen Seiten deren Geschichte vom ersten Auftreten, seit dem 12. Jahrhundert, bis zum Zeitpunkt der Bucherscheinung, im Jahr 1992, festgehalten. Den Rumäniendeutschen aus der kommunistischen Ära wurde ein separates Unterkapitel gewidmet, in dem aufgezählt wurde welche Rechte ihnen gewährt, vorenthalten oder entzogen wurden.

---

[265] Schuster, Egon (1992): *Vom Huldigungstelegramm zur Information. Die deutschsprachige Minderheitenzeitung ‚Neuer Weg' vor und nach dem Umsturz in Rumänien,* Universitätsverlag, Dr. N. Brockmeyer, Bochum.

Dieselbe Darstellungsweise gilt auch für die Geschichte der deutschsprachigen Zeitungen auf dem Gebiete Rumäniens. Wir erfahren von der ersten deutschsprachigen Zeitung, die *Temeswarer Nachrichten*, die im Banat am 28. April 1771 erschienen ist, und die zugleich auch die allererste Zeitung ist, die überhaupt auf dem Gebiete Rumäniens erschienen ist. Diese Zeitung wurde am 24. April 1949 stillgelegt, und ihren Ehrenplatz wurde von dem *Neuen Weg* übernommen.

Ein Unterkapitel wird der kommunistischen Presse in Rumänien gewidmet, es werden die Grundzüge des marxistisch-leninistischen Presseverständnisses vorgestellt und kommentiert. Der Satz, der Schusters Auffassung von der damaligen Pressesituation am besten zum Ausdruck bringt, hat der Autor aus Buzek Antons Werk[266] über die kommunistische Presse übernommen, und zwar, wir erfahren, dass der Marxismus[267]-Leninismus[268] unter Pressefreiheit „den freien Zugang zu den Publikationsmitteln versteht". Weiterhin wird den Lesern veranschaulicht wie diese Prinzipien, denen die Presse im Land ohnehin seit Jahrzehnten verpflichtet war, gesetzlich im Jahr 1974 festgelegt wurden. Es werden Ausschnitte aus dem Pressegesetz vorgestellt und mit Hilfe der Fachliteratur kommentiert. Nach gründlicherem Lesen merkt man, dass die einzelnen Artikel zweideutig ausgedrückt sind, so dass sie demokratisch klingen, zugleich aber auf Einschränkungen hindeuten.

Ein Kapitel wird natürlich der Zeitung *Neuer Weg* gewidmet. Schon aus den ersten Zeilen erfahren wir, dass es 2 Faktoren gegeben hat, die das inhaltliche Profil

---

[266] Buzek, Anton (1965): *Die kommunistische Presse*, Huber, Frauenfeld, S. 73

[267] Marxismus: die zur Schaffung einer propagandawirksamen revolutionären Ideologie in ein dogmatisches System gebrachten Ansichten von K. Marx (1818-82), daher den wissenschaftlichen Anschauungen des historischen Marx nicht immer gleichzusetzen. Zum M. wird gemeinhin ungeschieden auch der Anteil von F. Engels gerechnet, auch wo er Erweiterung (Ausdehnung der Dialektik auf die Natur) oder Korrektur (an der Überbaulehre des Historischen Materialismus) bedeutet. In der bolschwistischen Ideologie werden außerdem die Lehren Lenins (1870-1924), z. B. die Imperialismustheorie, mit dem M. als M.-Leninismus zusammengefasst, auch die Stalins (1879-1953), die sich als Ausbau des M. geben. Im Bereich des Bolschewismus, dem einzigen, wo er voll wirksam geworden ist, gilt der M. als die Wissenschaft von den Entwicklungsgesetzen der Natur und der Gesellschaft, von der Revolution der bedrückten und ausgebeuteten Massen, vom Sieg des Sozialismus in allen Ländern, vom Ausbau der kommunistischen Gesellschaft: Bayer, Erich (1980): *Wörterbuch zur Geschichte. Begriffe und Fachausdrücke*, 4. Überarbeitete Auflage, Kröner, Stuttgart, S.347.

[268] Leninismus: die Weiterbildung der marxistischen Lehre durch W.I. Uljanow, gen. Lenin (1870 bis 1924); dazu gehörten u.a. 1. Die Einheitlichkeit der Erkenntnistheorie im dialektischen Materialismus; 2. Die Theorie von der Verbindung zwischen Monopolkapital und Imperialismus; 3. Die Forderung einer Kaderpartei (II. Parteitag der ru. SPD 1903): Bayer, Erich (1980): *Wörterbuch zur Geschichte. Begriffe und Fachausdrücke*, 4. Überarbeitete Auflage, Kröner, Stuttgart, S.330.

dieser Zeitung, von ihrer Gründung, am 13. März 1949, bis zum 22. Dezember 1989 maßgeblich geprägt haben, und zwar: das vorgegebene kommunistische Presseverständnis einerseits und eine selbstempfundene integrative Rolle innerhalb der rumäniendeutschen Gemeinschaft, andererseits. Es werden auch die Hauptbereiche der Zeitung aufgelistet, es geht dabei um Themen, wie die Hervorhebung der Leistung der deutschen Arbeiter, die Landwirtschaft, Handball, Kultur, Sprache und Schule. Es wurden auch vier Beilagen erwähnt, eine Kulturbeilage, eine Beilage für Pioniere und Schüler, eine sonntägliche Wissenschaftsbeilage und eine samstägliche Unterhaltungsseite. Aufgrund des mit dem Chefredakteur geführten Gesprächs, spricht der Autor über den NW als eine Zeitung, die mehr als eine einfache politische Zeitung war, was sie eigentlich hätte sein soll. Wir erfahren auch wie die Journalisten ausgewählt wurden, aber leider erfahren wir keine Namen von wichtigen Journalisten, die bemerkenswert waren.

Im praktischen Teil der Arbeit geht es um die Beschreibung und Analyse der Gesamtstruktur der Berichterstattung, beziehungsweise deren Veränderung.

Der Untersuchungszeitraum umfasst nahezu acht Monate, wobei der Drehpunkt der 23. Dezember 1989 ist. Der Autor sagt, dass er der Zeitspanne nach dem Umsturz mehr Aufmerksamkeit geschenkt hat und zwar auch wegen der Tatsache, dass nach dem 23. Dezember 1989 fünf Monate untersucht wurden, und vor diesem Datum, nur drei Monate. Demnach sieht die gesamte Zeitspanne folgendermaßen aus: 1. Oktober 1989 bis 20. Mai 1990.

Die Begründung des Autors für die Auswahl einer so kurzen Untersuchungszeitspanne während der Zeit des Kommunismus ist, dass in der Ceauşescu-Zeit, in der Presse eine so große Monotonie herrschte, dass der festgelegte Zeitraum als ausreichend scheint. Demnach gibt es zwei Phasen, eine vor und eine nach dem Umsturz mit jeweils kleineren Teilphasen. Je nach Untersuchungsziel werden entweder die Ergebnisse der zwei Gesamtphasen oder der verschiedenen Teilphasen gegenübergestellt.

Es wurde auch ein Vergleich mit der rumänischen Zeitung *România Liberă* erstellt. Unter den drei nationalen Zeitungen, die auch nach dem Umsturz weiter erschienen sind, wurde *România Liberă* ausgewählt, da sie die meisten Parallelen zum

NW aufweist, war die Begründung des Autors. Der Vergleich mit der rumänischen Zeitung betrifft aber nur die Zeitspanne nach dem Kommunismus, um genauer zu sein: vom 23. 12 bis 19.05 (es überlappt sich also genau mit der zweiten Untersuchungsphase des *NW*).

Das Analyseschemata sieht folgendermaßen aus:

1. Anteil des redaktionellen Teils am Gesamtumfang der Zeitung
2. formale Parameter des redaktionellen Teils, also: Anzahl der Beiträge pro Ausgabe, Beitraglänge, Autorenkennzeichnung, Größe der Überschrift. Es wurde auch verfolgt einen plastischen Eindruck vom Erscheinungsbild der Seite 1 zu vermitteln.
3. Themenanalyse
4. Respektierung der Norm der Trennung von Nachricht und Meinung – ausgehend von der Hypothese, dass der *NW* aufgrund seiner Deutschsprachigkeit, die Standards der westlichen Berichterstattung in höherem Maße übernommen hat, als andere Zeitungen Rumäniens: es wurden dabei nur Beiträge mit politischem Inhalt berücksichtigt.

Als Kontrollgruppe gilt die rumänische Zeitung *România Liberă.* Ausmaß und Durchgängigkeit der Respektierung des Postulats der Trennung von Nachricht und Meinung, dienen als Gradmesser für die Annäherung an westlichen Standards der Berichterstattung. Vergleich mit der rumänischen Zeitung *România Liberă*, um zu überprüfen ob bei dieser andere Einflussfaktoren bei der Neuorientierung mitgespielt haben, als beim NW, plus ein Vergleich mit der bundesdeutschen Presse

Der Autor hat für jede analysierte Ausgabe einen zweiseitigen Codebogen mit 13 Analyseschritten ausgearbeitet.

Befunde:

Nach dem Sturz des Ceauşescu-Regimes ist der Anteil der redaktionellen Texte am Gesamtumfang der Zeitung gestiegen, unter der Berücksichtigung der Tatsache, dass in der Zeit vor dem Umsturz, die Zeitung öfters sechs Seiten hatte, als in der Zeit nach dem Umsturz. Normalerweise bestand die Zeitung aus vier Seiten.

Auch die Zahl der Beiträge pro Ausgabe ist in der Untersuchungsphase 2, also nach dem Umsturz, gegenüber der Untersuchungsphase 1 deutlich angestiegen. Nach

1989 gab es deutlich mehr redaktionelle Beiträge als vorher. Was die Länge der Beiträge angeht, ist diese geschrumpft. Der Autor argumentiert dies indem er die Notwendigkeit eine aufgeblähte Berichterstattung über Ceauşescu zu erstellen, zu jener Zeit, als Ursache angibt. Da in der 2 Analysephase keine Artikel über Ceauşescu mehr gedruckt wurden, ist mehr Platz für Innenpolitik, rumäniendeutsche Belange und Kirche/ Religion geblieben. Die einzigen Kategorien, die in der 2. Phase nicht mehr so sehr vertreten sind, sind Wirtschaft und Ausland. Was die letzte Kategorie angeht, sind besonders die Beiträge über Drittweltländer weniger geworden, zugunsten der Beiträge über westliche Staaten und ehemalige Ostblockstaaten.

Auch die erste Seite hat sich verändert, die Themen sind vielfältiger und lockerer geworden. Vor dem Umbruch sind auf der ersten Seite keine Autorennamen oder Kürzel erschienen, dies hat sich aber nach '89 geändert. Auch für die Rumäniendeutschen wichtige Themen, die vor '89 auf dieser Seite nicht erwünscht waren, sind danach häufig aufgetreten. Das äußere Erscheinungsbild wurde einfach bunter.

In den Leitartikeln sind in der 2. Phase häufig Themen über Innenpolitik, rumäniendeutsche Belange und Wirtschaft erschienen und alle dieser Leitartikel haben Stellung zu ihren behandelten Themen genommen, hatten also einen appellativen Charakter. Der Autor hat festgestellt, dass der *NW* weitgehend die Norm der Trennung von Meinung und Nachricht respektiert, viel mehr im Vergleich zur rumänischen Zeitung, *România Liberă.*

Der Autor hat während seiner Analyse, Ruckschlüsse auf Mertens[269] Studie über die Berichterstattung der deutschen Tagespresse der Bundesrepublik Deutschland im Wahljahr 1976 gezogen und demnach hat er dem *NW* eine deutlich größere Nähe zur bundesdeutschen Presse, als zu *România Liberă* zugeschrieben, sowohl was die Menge, als auch was die Art der verwendeten Elemente betrifft.

Das Fazit Egon Schusters ausführlicher Studie ist, dass kurz nach dem Umbruch, der *Neue Weg* eine regelrechte Blütezeit erlebt hat. Der Funktion des *NW* als Minderheitenzeitung wurde deutliche Bedeutung zugemessen. Der *NW* wurde in den

[269] Vgl. Merten, Klaus et altri (1979): *Struktur der Berichterstattung der deutschen Tagespresse. Eine repräsentative Inhaltsanalyse der Tagespresse der Bundesrepublik Deutschland im Wahljahr 1976*, Bielefeld.

ersten 5 Monaten nach dem Umbruch zu einem echten Sprachrohr der deutschen Minderheit.

Die Grenzen der analysierten Arbeit liegen in der Tatsache, dass man über die Presse im Allgemeinen, über das Pressegesetz und über die Einstellung der Partei gegenüber der freien Äußerung spricht, aber es keine separate Annäherung an die deutschsprachige Presse gibt, die ja von den vorgegebenen Maßstäben der Partei, sicherlich hätte ausschweifen können, da nur ein winzig kleiner Anteil der rumänischen Bevölkerung deutsch sprechen konnte und sich um eine gründliche Zensur kümmern konnte. Es ist wahr, dass die Selbstzensur in der damaligen Zeit eine sehr wichtige Rolle gespielt hatte, und die Nichteinhaltung dieser Regel, schwere Folgen haben konnte. Aber nur eine gründliche Textanalyse hätte dies überprüfen können.

Da man Ideen nicht nur direkt aussprechen kann, sondern sich auch Stilmitteln, wie Metaphern oder Wortspiele, und der äsopischen Kommunikation bedienen kann, ist die Durchführung einer tiefgehenden qualitativen Inhaltsanalyse angebracht, die nicht nur die Wörter ausmessen soll, sondern auch deren Sinn. Das Gespräch mit dem Chefredakteur Hugo Hausl sagt natürlich viel über die Schreibweise und über die Freiheiten der Redaktion aus, es widerspiegelt aber nicht die ganze Situation. Da Hugo Hausl nur seit Anfang des Jahres 1989 Chefredakteur des NW wurde, sind seine Aussagen nicht annähernd für die ganze kommunistische Zeitspanne repräsentativ.

4.4 Studie 4: Abschied in Raten. Vom Neuen Weg zur Allgemeinen Deutschen Zeitung für Rumänien

Annett Müller

Das vorliegende Buch[270] ist eine Weiterführung der Studie von Egon Schuster[271], der eine Inhaltsanalyse der Berichterstattung aus dem *Neuen Weg* in der Zeitspanne Oktober bis Mai 1990 durchgeführt hat.

Annett Müller hat Schusters Forschungsergebnisse mit einer Inhaltsanalyse des *Neuen Wegs* (alte Zeitung) und der *Allgemeinen Deutschen Zeitung für Rumänien* (neue Zeitung) inhaltlich und zeitlich fortgeführt. Müllers Analyse ist eher eine quantitative Untersuchung, sie untersucht nicht wie, sondern was und wieviel in der alten, beziehungsweise in der neuen Zeitung geschrieben wurde. Als historischer Rückblick, benutzt Müller die inhaltsanalytische Untersuchung von Brigitte Tontsch[272], die die Kulturbeilage des *NW* in der Zeitspane Juli 1954 – Dezember 1956 untersucht hat und dessen Fazit es war, dass durch die Beilage, die Redaktion die eigene traditionelle Kultur bewahren konnte.

Eine weitere Forschungsmethode ist das teilstrukturierte Interview[273] mit 9 Redakteuren des NW:

Emmerich Reichrath (Chefredakteur seit 1990);

Hannelore Baier (Lokalredakteurin in Hermannstadt);

Hans Frank (stellvertretender Chefredakteur, Abteilungsleiter des Ressorts *Sport*, Chef vom Dienst und Verlagsleiter);

Malte Kessler (Leiter des Ressorts *Wirtschaft*);

---

[270] Müller, Annett (2002): *Vom Neuen Weg zur Allgeimenen Deutschen Zeitung für Rmäninen,* hora Verla Hermannstadt und Arbeitskreis für Siebenbürgische Landeskunde e. V. Heidelberg

[271] Schuster, Egon (1992): *Vom Huldigungstelegramm zur Information. Die deutschsprachige Minderheitenzeitung ‚Neuer Weg' vor und nach dem Umsturz in Rumänien,* Universitätsverlag, Dr. N. Brockmeyer, Bochum.

[272] Tontsch, Brigitte (1994): *Die Kulturbeilage zum Neuen Weg. Themen und Standpnkte in den ersten drei Jahrgängen* (1954 - 1956). In: Arbeitskreis für Siebenbürgische Landeskunde (Hrsg.) (1995): *Zeitschrift für Siebenbürgische Landeskunde*. Heft 2/1995, Köln, Weimar, Wien: Böhlau, S. 173-180

[273] Ein weiteres Interview mit dem Chefredakteur Reichrath in: Olhausen, Manuela (2005): *Politische Kommunikation im Wandel. Die deutschsprachige Presse des (ehemaligen) Ostblocks zwischen 1980 und 2000*, Verlag Dr. Kovac, Hamburg, S. 604-609.

Hans Liebhardt (Leiter des Ressorts *Innenpolitik/ Lokales*);

Edda Reichrath (verantwortliche Redakteurin der Sonderseiten *Gesellschaft, Wissenschaft und Technik* und *Jugend*, Aushilfskraft im Ressort *Außenpolitik*);

Ileana Sgarbură (Redakteurin im Ressort *Außenpolitik*);

Cristina Stoica (Reporterin für das Ressort *Innenpolitik/ Lokales*);

Rose Vasiliu Feltes (Leiterin des Ressorts *Außenpolitik*).

Die vorliegende Arbeit ist hauptsächlich empirisch orientiert. Es gibt jedoch auch einen eher oberflächlich dargestellten theoretischen Teil am Anfang des Buches, die Autorin spricht über die Systemtheorie, und meint damit den funktional-strukturellen Ansatz von Luhmann, den er in seinem ersten Hauptwerk[274] thematisiert hat. Müller spricht auch über den Begriff der Enklavenpublizistik[275], als Sonderform innerhalb des Teilsystems Publizistik, von dem sie in ihrer Untersuchung ausgeht. Es folgt eine kurze Darstellung des rumänischen Mediensystems, der Zeitung *Neuer Weg*, aber der Fokus liegt auf die *Allgemeine Deutschen Zeitung für Rumänien* und auf dessen Untersuchung.

Der Untersuchungszeitraum umfasst die Jahre 1991 bis 1997. Das Anfangsjahr der Inhaltsanalyse wurde gewählt, so die Autorin, um an die Studie von Egon Schuster anzuschließen. Müller hat aus diesem Zeitabschnitt 35 Ausgaben für die Analyse ausgewählt, durch die Erstellung von künstlichen Wochen. Der Analysezeitraum wurde in zwei Phasen eingeteilt: Phase 1 umfasst die Zeit der Zeitung *Neuer Weg* (29. Januar 1991 – 30 Mai 1992) während Phase 2 die Zeit der *Allgemeinen Deutschen Zeitung für Rumänien* umfasst (26. Januar 1993 – 31 Mai 1997). Es wurden nur die Monate Januar bis einschließlich Mai ausgewählt, da zum Jahreswechsel 1992/1993 die *Allgemeine Deutschen Zeitung für Rumänien* den *Neuen Weg* abgelöst hat und die neue Zeitung erstmals am 05. Januar 1993 erschienen ist. Bei der Analyse wurde auch berücksichtigt, dass die zwei Zeitungen ein unterschiedliches Format hatten, sowohl was die Fläche, als auch was die Schriftgröße betrifft.

Müllers inhaltsanalytische Fallstudie hat zu folgenden Ergebnissen geführt:

---

[274] Luhmann, Niklas (1993): *Soziale Systeme. Grundriß einer allgemeinen Theorie*. Frankfurt a.M: Suhrkamp.

[275] Reiner, Sabine (1995): *Enklavenpublizistik. Insulare Kommunikation ethnischer Minderheiten. Eine systemtheoretische Analyse mit einer Untersuchung des „Argentinischen Tageblatts"*, Münster: agenda Verlag.

Nach der Wende ist die Redaktion dieselbe geblieben, jedoch konnte sie jetzt ihr Anfangsziel wirklich erreichen, und zwar, ein Sprachrohr der Rumäniendeutschen zu sein. Leider hatte die Zeitung inzwischen 92% der Leser wegen der Auswanderung verloren.

Der Anteil der nicht-redaktionellen Texte, die Autorin meint damit die Anzeigen, ist konstant gering geblieben, vor und nach dem Umbruch. Das heißt, dass die Zeitung keine zusätzlichen Werbekunden anziehen konnte, wegen der niedrigen Anzahl der Auflagen. Die rumänischen Zeitungen, die deutlich mehr Leser hatten, waren viel attraktiver für die Platzierung von Anzeigen.

Die Anzahl der Artikel, die durch Eigenrecherche erstellt wurden, also die nicht von anderen Presseagenturen oder aus anderen Zeitungen übernommen wurden, ist nach dem Jahr 1993 deutlich angestiegen. Ein Grund dafür war auch die Tatsache, dass viele Praktikanten in der Redaktion beschäftigt waren, da ein Teil der Redakteure auch abgewandert sind.

Beide Zeitungen haben wenig über die deutsche Minderheit geschrieben, und zwar 7.32%, beziehungsweise 8.36%.

Der Anteil der Berichterstattung in Politik, Wirtschaft und Kultur ist in der neuen Zeitung gestiegen, wenn auch nur im geringem Maße und hat nach wie vor Vorrang. Die Politischen Informationen standen in der neuen Zeitung hauptsächlich auf der ersten Seite und handelten über Regierung- und Oppositionsparteien. Bei dem Ressort Wirtschaft schrieb man häufig über die Aktionen der Gewerkschaften und im Bereich Kultur hat man hauptsächlich über internationale Kulturereignisse geschrieben.

Der Hauptteil der Berichterstattung, mehr als die Hälfte der Beiträge, bestand aus Artikeln über andere Länder, besonders über westliche Länder, Artikel über östliche Länder wurden drastisch reduziert. Der Lokalteil im *NW* betrug 15% und in der *Allgemeinen Deutschen Zeitung für Rumänien* knapp 20%, besonders der Wirtschaftsteil ist in dieser Hinsicht gestiegen.

Müller bemerkt auch, dass das neue Format der Zeitung, die Größe der Zeitungsseite reduziert hat und die Redaktion zu einer kürzeren Beitragsform übergegangen ist. Im Gegensatz zum NW, in dem es immer Leitartikel auf der ersten Seite gegeben hat, die in den nächsten Seiten weitergeführt wurden, hat nicht jede untersuchte Ausgabe der neuen Zeitung, einen Leitartikel, was der Chefredakteur mit dem Mangel an Redakteuren begründet.

Das Fazit der Autorin ist, dass sich die Zeitung entschlossen hat, nicht mehr hauptsächlich über die verbliebene deutsche Minderheit zu schreiben, also ein Sprachrohr zu sein, sondern sie hat sich rumänischen Themen geöffnet, um alte, aber auch neue Zielgruppen anzuziehen, wie zum Beispiel deutschsprachige Investoren.

Fast enttäuscht schreibt die Autorin, dass sich die Redaktion für die zweite Variante aus pragmatischen Gründen entschlossen hat. Einerseits weil die Zeitung auf die Auswanderung reagieren musste und die Inhalte für neue Leser attraktiv machen sollte und andererseits weil es nicht mehr genug Redakteure gab, um konstant Eigenrecherche über die Belange der Minderheit durchzuführen. Bei nationalen oder internationalen Ereignissen, konnten sich die Journalisten ganz bequem die Informationen über die Agenturen oder aus den rumänischsprachigen Medien nehmen, um sie dann ins Deutsche zu übersetzen.

Die Redaktion hat ihr erklärtes Ziel, weniger über die eigene Gemeinschaft zu schreiben, letztendlich nicht verwirklicht, die Anzahl der Berichte über die Rumäniendeutschen ist nach wie vor sehr gering, ist jedoch in der neuen Zeitung nicht knapper geworden. Trotzdem hat die Qualität der Berichte gelitten, da die Redaktion im Wettbewerb um Themen und Aktualität mit den rumänischen Medien nicht mithalten konnte. Müller schlägt vor, ihre Analyse als Anlaufpunkt zu betrachten und sie mit einer weiteren Zielgruppenorientierte Analyse weiterzuführen, um Prognosen über den weiteren Bestand dieser deutschsprachigen Zeitung aus Rumänien machen zu können.

Die Autorin sagt zwar in ihrem Buch aus, dass im *NW* man Dank der deutschen Sprache, die Zensur umgehen konnte, es wäre sicherlich interessant gewesen zu sehen, wie genau man das gemacht hat, welche Methoden die jeweiligen Redakteure und Journalisten angewandt haben, um die Vorgaben der Partei einigermaßen zu umgehen. Dieser Aspekt gehört natürlich zu den Schwachpunkten der Forschungsmethode selbst, der quantitativen Inhaltsanalyse, im Gegensatz zur qualitativen Inhaltsanalyse, und sagt nichts über die Qualität der Studie an sich aus, aber diese Anmerkung wäre sicherlich bei der Durchführung einer weiteren Untersuchung nicht zu verachten.

4.5 Schlussfolgerungen des vierten Kapitels

Keine der schon durchgeführten Studien hat sich je mit dem extensiven Studium des *Neuen Wegs* während der gesamten kommunistischen Zeitspanne befasst, sondern alle haben sich auf je einen Aspekt konzentriert. So zum Beispiel fokussiert sich die eine Studie auf die Berichterstattung der Deportation der Rumäniendeutschen zur Zwangsarbeit in die Sowjetunion, eine andere Studie auf die Merkmale der Zeitung in den 80ern. Eine dritte Studie befasst sich mit der Zeitung nur während der Umbruchsjahre, während sich eine letzte Studie um den Inhalt und die Form der Zeitung ausschließlich nach dem Umbruch kümmert. Somit fehlt ein Untersuchungszeitraum von 40 Jahren. Nur nach einer systematischen Untersuchung von Stichproben aus der Zeitung, während der ganzen kommunistischen Periode, kann man sich ein Bild über die Art der Berichterstattung im NW machen.

Die Studie von Annemarie Weber ist eine umfangreiche qualitative Inhaltsanalyse der Berichterstattung über ein besonderes Thema während der Zeit des Kommunismus in Rumänien. Sie erhebt nicht den Anspruch und weist auch keine repräsentativen Ergebnissen für die Art der Berichterstattung im *Neuen Weg* während der ganzen Kommunistischen Ära auf, da dieses Thema während der Ceauşescu-Zeit in den Hintergrund geraten ist, und deswegen diese Zeitspanne nicht mehr analysiert wurde. Demnach ergibt sich die Notwendigkeit einer ähnlichen Analyse mehrerer Themen, über die in der Zeitspanne, die nicht analysiert wurde, berichtet wurde, um relevante und repräsentative Schlüsse über die Berichterstattung im NW während der Zeit des Kommunismus ziehen zu können.

Wie in keiner Studie über die Minderheitenzeitungen zuvor, zeigt Manuela Olhausen den Lesern alle Einschränkungen, die die Journalisten in der sozialistischen Zeit bewältigen mussten. Ihre Analyse zeigt, dass sich die Journalisten bei der Darstellung der Themen im politischen Bereich gar nicht entfalten konnten, da alle politischen Inhalte schon vorgegeben wurden, und sie nur übersetzt werden sollten. Was man aber in einer weiteren Studie analysieren könnte, ist, ob man sich mit Wortkonstruktionen und –spielen einen gewissen Freiraum erlaubt hatte, zumindest eine Mehrdeutigkeit im übersetzten Text durchschimmern zu lassen.

Egon Schusters Inhaltsanalyse ist quantitativ. Da man Ideen nicht nur direkt aussprechen kann, sondern sich auch Stilmitteln, wie Metaphern oder Wortspiele und der äsopischen Kommunikation bedienen kann, ist die Durchführung einer tiefgehenden qualitativen Inhaltsanalyse angebracht, die nicht nur die Wörter quantitativ im Betracht ziehen, sondern auch deren Sinn untersuchen soll.

Die Autorin Anett Müller sagt in ihrem Buch aus, dass man im *NW*, Dank der deutschen Sprache, die Zensur umgehen konnte, es wäre sicherlich interessant zu überprüfen, wie genau man das gemacht hat, welche Methoden die jeweiligen Redakteure und Journalisten angewendet haben, um die Vorgaben der Partei einigermaßen zu umgehen.

5. Qualitative Inhaltsanalyse der Zeitung *Neuer Weg*

5.1 Rechtfertigung

Keine der schon durchgeführten Studien hat sich je mit dem extensiven Studium des *Neuen Wegs* während der gesamten kommunistischen Zeitspanne befasst, alle schon durchgeführten Studien haben sich je auf einen Aspekt konzentriert. So zum Beispiel fokussiert sich die eine Studie auf die Berichterstattung der Deportation der Rumäniendeutschen zur Zwangsarbeit in die Sowjetunion, eine andere Studie auf die Merkmale der Zeitung in den 80ern. Eine dritte Studie befasst sich mit der Zeitung nur während der Umbruchsjahre, während sich eine letzte Studie um den Inhalt und Form der Zeitung ausschließlich nach dem Umbruch kümmert. Somit fehlt ein Untersuchungszeitraum von 40 Jahren. Nur nach einer systematischen Untersuchung von Stichproben aus der Zeitung, während der ganzen kommunistischen Periode, kann man sich ein reales Bild über die Art der Berichterstattung im NW machen und ist rechtfertigt Schlüsse zu ziehen. Gerade darin besteht die Originalität unserer Studie[276], mit Hilfe deren wir den Stand der Forschung bezüglich der Zeitung *Neuer Weg* vorantreiben werden.

Die Studie von Annemarie Weber ist eine umfangreiche qualitative Inhaltsanalyse der Berichterstattung über ein besonderes Thema während der Zeit des Kommunismus in Rumänien. Sie erhebt nicht den Anspruch und weist auch keine repräsentativen Ergebnissen für die Art der Berichterstattung im *Neuen Weg* während der ganzen Kommunistischen Ära auf, da dieses Thema während der Ceauşescu-Zeit in den Hintergrund geraten ist, und deswegen diese Zeitspanne nicht mehr analysiert wurde. Demnach ergibt sich die Notwendigkeit einer ähnlichen Analyse mehrerer Themen, über die in der ausgelassenen Zeitspanne berichtet wurde, um relevante und repräsentative Schlüsse über die Berichterstattung im NW während der Zeit des Kommunismus ziehen zu können.

[276] Teile der vorliegenden Studie wurden von der Autorin veroffentlicht: Mucundorfeanu, Meda (2012): *Qualitative Inhaltsanalyse der Zeitung Neuer Weg*, în: *Journal of Media Research*, vol. 5, issue nr. 2[13]/2012, p. 44-57.

Wie in keiner Studie über die Minderheitenzeitungen zuvor, zeigt Manuela Olhausen den Lesern alle Einschränkungen, die die Journalisten in der sozialistischen Zeit bewältigen mussten. Ihre Analyse zeigt, dass sich die Journalisten bei der Darstellung der Themen im politischen Bereich gar nicht entfalten konnten, da ihnen alle politischen Inhalte schon vorgegeben wurden, und sie nur übersetzt werden sollten. Was man aber in einer weiteren Studie analysieren könnte, ist, ob man sich mit Wortkonstruktionen und –spielen einen gewissen Freiraum erlaubt hatte, zumindest eine Mehrdeutigkeit im übersetzten Text durchschimmern zu lassen.

Egon Schusters Inhaltsanalyse ist quantitativ. Da man Ideen nicht nur direkt aussprechen kann, sondern sich auch Stilmittel, wie Metaphern oder Wortspiele, und der äsopischen Kommunikation bedienen kann, ist die Durchführung einer tiefgehenden qualitativen Inhaltsanalyse angebracht, die nicht nur die Wörter ausmessen soll, sondern auch deren Sinn.

Die Autorin Anett Müller sagt in ihrem Buch aus, dass im *NW* man Dank der deutschen Sprache, die Zensur umgehen konnte, es wäre sicherlich interessant zu überprüfen, wie genau man das gemacht hat, welche Methoden die jeweiligen Redakteure und Journalisten angewendet haben, um die Vorgaben der Partei einigermaßen zu umgehen.

Für unsere Studie ist die erste Möglichkeit, die Auswahl von markanten und für die Forschungsfrage relevanten Ereignissen am geeignetsten, besonders weil es sich empfiehlt[277], vor allem bei langen Untersuchungszeiträumen, von Ereignissen auszugehen.

5.2 Forschungsziele

Durch die vorliegende Analyse wird untersucht, ob die Zeitung *Neuer Weg* bei allen kommunistischen Vorgaben trotzdem die Interessen der Rumäniendeutschen vertreten hat, ob und inwieweit diese Blätter für die Minderheit, für die sie gedruckt wurden, identitätsstiftend waren. Es wird analysiert wie die deutschen Traditionen und Belange dargestellt wurden, wenn sie überhaupt dargestellt wurden.

---

[277] Ebd., S. 151.

Einerseits wird verfolgt, ob die Zeitung über die Deutschen aus dem Ausland, beziehungsweise aus der BRD und der DDR berichtet hat und andererseits über die Deutschen aus Rumänien. Das Spannungsverhältnis zwischen Deutschtum[278] und Sozialismus ist hier von besonderem Interesse und eine der wichtigsten Fragen ist die folgende: Wird im Kontext von Deutschtum oder im Kontext des Sozialismus geschrieben?

Die vorliegende Analyse stützt sich sowohl auf die Stichproben, die der Zeitung entnommen wurden, als auch auf die Vorträge zweier wichtiger Persönlichkeiten der deutschsprachigen Presse, Walther Konschitzky, ehemaliger Redakteur des *Neuen Wegs*, (Vortrag: *Der tägliche Kampf um Freiraum. Die Bukarester deutsche Tageszeitung Neuer Weg zwischen Auftrag und selbstgestellter Aufgabe*) und Hannes Schuster, Ehemaliger Redakteur der Karpatenrundschau (Vortrag: *Kaum Wagnisse, dafür Winkelzüge zuhauf. Innenansichten der deutschen Minderheitenpresse in Rumänien und ihrer Bemühungen um die Wahrung gruppenspezifischer Identität während der nationalkommunistischen Diktatur*). Diese Vorträge wurden der Autorin persönlich überreicht und werden in den Anhängen der vorliegenden Arbeit zum ersten Mal veröffentlicht.

Auch andere Forscher oder sogar ehemalige Mitarbeiter bemühen sich diese Tage zu klären ob die deutschen Zeitungen und Zeitschriften, die damals in Rumänien erschienen sind denn überhaupt etwas getan haben, außer dass sie sich bloß in den Dienst von Staatsideologie und Parteipolitik gestellt haben, wie das nicht selten von ihnen behauptet worden ist. Haben diese Zeitungen, und speziell der *Neue Weg* es geschafft, ein realitätsnahes Bild zu erstellen, die gruppenspezifische Identität ihrer Leserschaft in den Jahren der kommunistischen Diktatur zu bewahren?

In sämtlichen Studien und Vorträgen über den *Neuen Weg*, wurde der Zeitung folgende Vorgehensweise zugemutet, und zwar: auf den ersten Seiten der Publikationen standen die linientreuen Pflichttexte. Die eigentlichen Inhalte, hatten ihren Platz in den Kultur- und Lokalrubriken, in Texten zum deutschsprachigen Schulwesen, zu Literatur,

---

[278] *Deutschtum: a) Gesamtheit der für die Deutschen typischen Lebensäußerungen; deutsche Wesensart; b) Zugehörigkeit zum deutschen Volk; c) Gesamtheit der deutschen Volksgruppen im Ausland, z.B.: das Deutschtum im Ausland.* Definition aus dem Duden (2003), 5te überarbeitete Auflage, Mannheim, S. 372.

Kunst und Geschichte fanden sich die deutschen Leser mit ihren eigenen, spezifischen Belangen und Probleme wieder.

5.3 Forschungsdesign

Wie erwähnt, wollten wir herausfinden welchen Stellenwert minderheitenrelevante Inhalte in der Berichterstattung des *Neuen Wegs* einnehmen. Wir sind von der Annahme ausgegangen, dass folgende Themen minderheitenrelevant sind: Ereignisse aus der DDR und aus der BRD und Ereignisse aus dem Inland bezüglich der Minderheiten.

Um feststellen zu können, ob überhaupt Themen über Deutschland, sowohl über die Bundesrepublik Deutschland, als auch über die Deutsche Demokratische Republik, im *Neuen Weg* veröffentlicht wurden, haben wir eine qualitative Medieninhaltsanalyse durchgeführt. Wir sind bei der Auswahl des Analysematerials systematisch vorgegangen, und zwar haben wir zuerst eine Liste der wichtigsten Ereignisse, aus der BRD und der DDR, zusammengefasst. Es geht dabei um die Ereignisse die sich während der kommunistischen Periode in Rumänien abgespielt haben, also während des Bestehens der Zeitung *Neuer Weg*. Aus diesen Ereignissen, haben wir die wichtigsten 35 aus allen Lebensbereichen ausgewählt, es geht dabei um Themen wie: deutsche Erfolge im Sport, die deutsche Teilung, fünf Jahrestage des Mauerbaus, politische Entscheidungen, deutsche Beziehungen zu anderen Staaten usw. Ausgehend vom Zeitpunkt der Abspielung dieser Ereignisse, haben wir die jeweiligen Ausgaben aus dem *Neuen Weg* aus dem Archiv herausgewählt, das heißt, wir haben diejenige Ausgabe der Zeitung analysiert, die am nächsten Tag, nach dem Tag des Eintreten einer Begebenheit, erschienen ist. Falls am nächsten Tag, die Zeitung nicht erschienen ist, weil es z. B. Montag war, die Zeitung erschien sechs Mal in der Woche, außer montags, dann haben wir die Ausgabe aus dem übernächsten Tag ausgewählt.

Nachfolgend führen wir eine Tabelle auf, mit den 35 ausgewählten wichtigsten Ereignissen, dem Datum der Abspielung dieser Ereignisse, dem Datum des Erscheinens der jeweiligen Ausgabe der Zeitung *Neuer Weg*, der gesamten Seitenanzahl der betreffenden Ausgabe und der Seite auf der über das Ereignis berichtet wurde. Die gesamte Seitenanzahl der Zeitung war teilweise unterschiedlich von einem Tag zum anderen, wegen den unterschiedlichen Beilagen die mitveröffentlicht wurden. Die Positionierung der Themen spielt auch eine sehr wichtige Rolle, da Themen, die auf der ersten Seite erscheinen, als äußerst wichtig, sowohl von der Zeitung vorgeführt, als auch von den Lesern aufgefasst werden.

Tab. 5: Die wichtigsten Ereignisse aus der DDR und der BRD in der Zeitspanne 1949-1989

Ereignis	**Datum Ereignis**	**Datum/Tag des Erscheinens**	**Seite Ereignis/ Anzahl Seiten gesamt**
Grundgesetz wird verabschiedet	23. Mai 1949	24. Mai 1949, Dienstag	1/ 8
Volksaufstand	17. Juni 1953	18. Juni 1953, Donnerstag	6 /8
Deutschland (BRD) wird zum ersten Mal Fußball-Weltmeister	4. Juli 1954	6. Juli 1954, Dienstag	2/ 4
Verfassungsschutzpräsident Otto John läuft zur DDR über	20. Juli 1954	21. Juli 1954, Mittwoch	-/ 4
Nato Beitritt der BRD	6. Mai 1955	7. Mai 1955, Sonntag	-/ 4
KPD wird für verfassungswidrig erklärt	17. August 1955	18. August 1955, Donnerstag	-/ 2
Adenauers Moskau-Reise	14. Sept. 1955	15. September 1955, Donnerstag	4/ 4
Bundeswehr wird aufgebaut	21. August 1956	22. August 1956, Mittwoch	-/ 6
SPD verabschiedet Godesberger Programm	15. November 1959	17. November 1959, Dienstag	3/ 4
Bau der Berliner Mauer	13. August 1961	15. August 1961, Dienstag	3/ 4
Jahrestag des Mauerbaus	13. August 1963	13. August 1963, Dienstag	-/ 4
Ludwig Erhard wird Kanzler	16. Oktober 1963	17. Oktober 1963, Donnerstag	-/ 4
ZDF geht auf Sendung	1. April 1963	2. April 1963, Dienstag	-/ 4
Kennedy-Besuch („Ich bin ein Berliner")	26. Juni 1963	27. Juni 1963, Donnerstag	3/ 4
Willy Brandt wird SPD-Chef	16. Februar 1964	18. Februar 1964, Dienstag	3/ 4
Wembley-Tor	30. Juli 1966	31. Juli 1966,	-/ 4

		Sonntag	
Jahrestag des Mauerbaus	13. August 1966	13. August 1966, Samstag	-/ 6
Erste Große Koalition in der Bundesrepublik Deutschland unter Kurt Georg Kiesinger	1. Dez. 1966	2. Dez. 1966, Freitag	1/ 4
Jahrestag des Mauerbaus	13. August 1970	13. August 1970, Donnerstag	/ 6
Brandts Kniefall vor dem polnischen Nationalmahnmal in Warschau (Willy Brandt bittet Polen um Vergebung für deutsche Verbrechen)	7. Dez. 1970	8. Dez. 1970, Dienstag	2/ 6
Ostverträge (Moskauer und Warschauer Verträge - Anerkennung der Oder-Neiße-Grenze durch die Bundesrepublik Deutschland)	3. Juni 1972	4. Juni 1972, Sonntag	-/ 6
Olympia-Attentat in München (Geiselnahme von München bei den Olympischen Sommerspielen)	5. September 1972	6. September 1972, Mittwoch	-/ 6
Grundlagenvertrag zwischen der CSSR und der BRD	21. Juni 1973	22. Juni 1973, Freitag	2/ 6
BRD wird Fußball-Weltmeister	7. iuli 1974	9. Juli 1974, Dienstag	5/ 6
Rücktritt Willy Brandts nach Guillaume-Affäre	7. Mai 1974	8. Mai 1974, Mittwoch	1/ 4
Helmut Schmidt wird Kanzler	16. Mai 1974	17. Mai 1974, Freitag	2/ 4
Jahrestag des Mauerbaus	13. August 1976	13. August 1976, Freitag	-/ 4
Die Schmach von Cordoba (Fußball-WM)	21. Juni 1978	22. Juni 1978, Donnerstag	-/ 8
Jahrestag des Mauerbaus	13. August 1981	13. August 1981, Donnerstag	-/ 6
Kohl wird Bundeskanzler	1.Oktober 1982	2. Oktober 1982, Samstag	-/ 6
Skandal um gefälschte Hitler-Tagebücher	25. April 1983	26. April 1983, Dienstag	-/ 4
Milliardenkredit an DDR	29. Juni 1983	30. Juni 1983, Donnerstag	-/ 6
Hans Rosenthal stirbt	10. Februar 1987	11. Februar 1987, Mittwoch	-/ 4
Honecker besucht	7. September	8. September 1987,	-/ 6

Bundesrepublik	1987	Dienstag	
Tod Uwe Barschels	11. Oktober 1987	13. Oktober 1987, Dienstag	-/ 6

5.4 Auswertung der Analyseeinheit

Weiterhin folgt die Auswertung der untersuchten Medieninhalte. Es wurde die Art und Weise analysiert in der die Ereignisse über die berichtet wurde dargestellt wurden, aber auch nach möglichen Gründen gesucht, weswegen bestimmte Ereignisse aus der Berichterstattung gefehlt haben. Der nächste Schritt besteht aus den Bestellungen bezüglich der dargestellten Themen, die für die Minderheiten von höchstem Interesse gewesen sind.

5.4.1 Ereignisse über die berichtet wurde

Am 23. Mai 1949 wurde das deutsche Grundgesetz verabschiedet. Der Parlamentarische Rat der BRD hatte mit dem Grundgesetz, dem bewusst nicht der Name „Verfassung" gegeben wurde, ein ausgewogenes Fundament für eine pluralistische Gesellschaft gelegt. Dieses Grundgesetz war der beste Schutz vor einer Wiederholung einer formal legalen Diktatur, wie es das Dritte Reich in seinen Anfängen gewesen war. Für die DDR war dies die erste verabschiedete Verfassung. Diese DDR-Verfassung ist halbwegs demokratisch. Sie ist nicht demokratisch weil wesentliche Punkte im Bereich Grundrechteschutz oder Gewaltenteilung fehlen, aber es wird beispielsweise den Kirchen explizit das Recht zugestanden, zu politischen Grundfragen öffentlich Stellung zu beziehen. Der *Neue Weg* hat über die Verabschiedung der Verfassung auf der ersten Seite[279] eher in einem Negativen Licht berichtet. Es wird berichtet, dass der Ministerpräsident Dr. Erhart einige der Artikel aus der Verfassung für unsinnig hält. Die Leser werden auch darüber informiert, dass die Westmächte keine Ratifizierung durch Volksabstimmung erwünschen, sondern dies ausschließlich durch das Parlament erfolgen sollte. Der Artikel spricht also eher über den Weg der Ratifizierung und gar nicht über den Inhalt der neuen Verfassung und dessen Bedeutung.

[279] *Neuer Weg* (1949): *Bonner Verfassung auf Befehl ratifiziert,* Ausgabe vom 24. Mai, 1949, S.1;

In der Ausgabe[280] vom 18. Juni 1953 erscheint im *Neuen Weg* eine halbe Seite über die Protestaktionen der Arbeiter aus der DDR. Die Zeitung berichtet eher über die Situation aus Westdeutschland, über die Verringerung des Reallohnes, den Anstieg der Preise und Steuern, der Erhöhung der Abgaben, und wegen der anwachsenden Arbeitslosigkeit. Die offiziellen Zahlen der Arbeitslosen in Westdeutschland werden von der Zeitung als falsch dargestellt, tatsächlich ginge es um „beinahe ein Viertel der Gesamtbevölkerung, die in unbeschreiblichem Elend lebe". Im Gegensatz dazu wird die Lebenslage der in der DDR lebenden Bevölkerung, „die am Aufbau der Grundlagen des Sozialismus arbeitet", als vom Staat geschützt dargestellt, da in der DDR „die Fürsorge für die Menschen im Mittelpunkt der Aufmerksamkeit des Staates" stehe. Somit wird alles und jeder der den Sozialismus unterstützt als gut und in Sicherheit vor jedwelchem Problem dargestellt und jeder andere aus dem nicht-sozialistischen Staat dem Schicksal ausgeliefert.

Als die BRD am 4. Juli 1954 zum ersten Mal Fußball-Weltmeister wurde, hat der *Neue Weg* natürlich darüber berichtet[281], jedoch nicht aus eigener Perspektive, sondern hat einfach einen Telefonbericht von der Redaktion der ungarischen Zeitung „Népsport" übernommen und übersetzt. Natürlich war darin kein gutes Wort über die deutsche Mannschaft enthalten. Ausnahme war die Aussage über den deutschen Stürmer Rahm, der ein Tor geschossen hat und mit den Worten „ein außerordentlich guter Stürmer" gelobt wurde. Ansonsten wurde der Sieg der deutschen Mannschaft als Zufall dargestellt. „Der moralische Sieger" wäre die ungarische Mannschaft, die wegen anderer Spiele viel zu erschöpft gewesen wäre. Die Niederlage der ungarischen Spieler wurde in der Zeitung folgendermaßen dargestellt: „Wir beziehen uns hauptsächlich auf die Spiele gegen die Mannschaften Brasiliens und Uruguays. Diese beiden Treffen strengten die ungarischen Fußballer dermaßen an, dass es ihnen an der nötigen Körperkraft fehlte, um das letzte Hindernis zur Erzielung der höchsten Auszeichnung, des Meistertitels zu beseitigen, den sie infolge der außerordentlichen Ergebnisse bei den Meisterschaftsspielen voll und ganz verdient hätten." Auch die Kommentare, die dem Artikel folgten waren nicht sachlich,

[280] *Neuer Weg* (1953): *Das schwere Los der westdeutschen Arbeiter,* Ausgabe vom 18. Juni, 1953, S.6.
[281] *Neuer Weg* (1954): *Endspiel der Fussball-Weltmeisterschaft,* Ausgabe vom 06. Juli, 1954, S.2.

deren Anzahl nicht ausgeglichen, sondern waren eher Lobeshymnen für die ungarische Mannschaft.

Am 15. September 1955 wurde über den Staatsbesuch[282] des Bundeskanzlers der deutschen Bundesrepublik, Konrad Adenauer, in Moskau sehr kurz berichtet. Es wurde eher über seine Abreise geschrieben. Mehr als drei Viertel des Artikels bestehen aus der Aufzählung der Persönlichkeiten, die den Bundeskanzler begleitet haben und aus der Beschreibung der zeremoniellen Verabschiedungsgesten. Ein anderer darauffolgender kurzer Artikel berichtet darüber, dass Adenauer während des Tages eine Pressekonferenz veranstaltet hatte, bei der er „über die Ergebnisse der Verhandlungen zwischen den Regierungsdelegationen der UdSSR und der Deutschen Bundesrepublik sprach" und auf Fragen der Journalisten geantwortet hatte. Erstaunlicherweise wird aber kein Wort darüber berichtet, was der Zweck und die Ergebnisse des Staatsbesuches, das Thema der Konferenz und welche die Antworten auf die Fragen der Journalisten waren.

Das Godesberger Programm war von 1959 bis 1989 das Parteiprogramm der Sozialdemokratischen Partei aus Deutschland (SPD). Ein außerordentlicher SPD-Parteitag in der Stadthalle von Bad Godesberg, verabschiedete das Programm mit großer Mehrheit am 15. November 1959. Mit diesem Programm kam der Wandel der SPD von einer sozialistischen Arbeiterpartei zu einer Volkspartei zum Ausdruck. Durch das Programm bekennt sich die SPD zur Bundeswehr und zur Landesverteidigung im Rahmen der NATO. Sie bejaht die soziale Marktwirtschaft und das Privateigentum an Produktionsmitteln und sucht die Zusammenarbeit mit den Kirchen. Der *Neue Weg* stellt die Verabschiedung dieses Programms in einem negativen Licht[283] dar und berichtet hauptsächlich über die negativen Folgen, die sich daraus ergeben könnten. Eine davon wäre die Gefahr der Wiederaufrüstung Westdeutschlands und insbesondere die Aufrüstung der Bundeswehr mit Atomwaffen. Es werden eher Delegierte aus den Städten der DDR und ihre Kritiken erwähnt. So, zum Beispiel kritisierte ein Delegierter aus Hamburg die Wirtschaftskapitel des Grundsatzprogramms und vor Allem den Verzicht auf die Sozialisierung, die den Schlüsselzweig der Wirtschaft darstellen würde.

[282] *Neuer Weg* (1955): *Regierungsdelegation der deutschen Bundesrepublik aus Moskau Abgereist,* Ausgabe vom 15. September, 1955, S.4.
[283] *Neuer Weg* (1959): *SPD-Programm – Verzicht auf den Sozialismus. Mitglieder üben Scharfe Kritik,* Ausgabe vom 17. November, 1959, S.3.

Der *Neue Weg* berichtet am 15. August 1961 über den Bau der Berliner Mauer[284] als eine von der Regierung der DDR getroffene Maßnahme „zur Festigung des Friedens und der Sicherheit". Es wird berichtet, dass die Bevölkerung diese Maßnahme entspannt auf sich zukommen lässt, außer den westdeutschen Regierungsstellen, bei denen feindliche Reaktionen ausgelöst sein sollten, weswegen diese die DDR, die Sowjetunion und den Kommunismus mit harten Aussagen angegriffen haben sollen. Reaktionen seitens der zivilen Gesellschaft seien kaum aufgetreten, die generelle Lage wird im Artikel folgendermaßen dargestellt: „Am Brandenburger Tor herrscht Ruhe. Gewiss, der Strom von Autos aus Westberlin in das demokratische Berlin ist dichter". Erneut wird angedeutet, dass der Wohlstand und die Ruhe im Osten zu Hause sind, und dass die Lage im von den aggressiven Regierungsstellen beherrschten Westberlin von den Menschen als unerwünscht angesehen wird.

Am 26. Juni 1963 hat der USA-Präsident Westberlin besucht[285] und hat den mittlerweile berühmten Satz ausgesprochen: „Ich bin ein Berliner". Obwohl am darauffolgenden Tag, im *Neuen Weg*, das Ressort *Ausland* umfangreich ausgefallen ist, hat man diesem Besuch nur wenige Zeilen erteilt. Der Bericht über dieses Ereignis erfolgt telegrammartig, es wird nur erwähnt, dass der Präsident angekommen sei und vom Westberliner Bürgermeister Brandt, Kanzler Adenauer und dem westdeutschen Außenminister Schröder begrüßt wurde. Seine Stadtbesichtigung und Rede wird ohne jegliche Details erwähnt. Eigentlich wird seine Rede als eine der besten und wichtigsten angesehen, da Kennedy dadurch die Unterstützung der USA gegenüber Westdeutschland geäußert hat, ungefähr ein Jahr nach dem Mauerbau. Die Rede, dessen Höhepunkt der obengenannte Satz gewesen ist, war damals ein Symbol der moralischen Unterstützung für die Westberliner, die sich vor einer möglichen DDR Besetzung fürchteten. Von dieser Unterstützung war jedoch im *Neuen Weg* nichts zu lesen, wahrscheinlich sollten die Leser davon nichts wissen.

Am 16. Februar 1964 wurde Willy Brandt zum Parteivorsitzenden der SPD gewählt und als Kandidat für das Kanzleramt vorgeschlagen. Unter den Zielen Brandts zählten die Modernisierung des Landes und die Wiedervereinigung Deutschlands, er

---

[284] *Neuer Weg* (1961): *Ein richtiger Beschluss - sagen die Berliner,* Ausgabe vom 15. August, 1961, S.4.
[285] *Neuer Weg* (1963): *Kennedy in Westberlin,* Ausgabe vom 27. Juni, 1963, S.3.

wollte also mehr Demokratie wagen. Dieses Ereignis wurde daher vom *Neuen Weg* nur als Kurznachricht[286] in einer ganz engen Spalte zusammengefasst. Die Zeitung schrieb nur über die Fakten, über die Wahl, über die Stimmen und über den Vorschlag für das Kanzleramt, ohne weitere Details über politische Ziele oder mögliche Konsequenzen.

Kurt Georg Kiesinger, CDU, wurde 1966 Bundeskanzler und führte die erste Große Koalition aus CDU/CSU und SPD. Die erste Große Koalition Deutschlands sollte die wirtschaftliche Krise bewältigen. So vergab der Staat in dieser Zeit viele Aufträge, damit die Betriebe nicht pleitegingen und die Menschen nicht arbeitslos wurden. Die Große Koalition verbesserte auch das Verhältnis zu den osteuropäischen Nachbarn. Deutschland nahm, zum Beispiel zu Rumänien diplomatische Beziehungen auf. Der *Neue Weg* hat zu dem Zeitpunkt auch über dieses Ereignis telegrammartig berichtet, aber immerhin auf der ersten Seite[287].

Der *Neue Weg* berichtet am 8. Dezember 1970 über den Besuch des Bundeskanzlers der Bundesrepublik Deutschland Willy Brandt[288] in der polnischen Hauptstadt Warschau. Es wird berichtet, dass der polnisch-westdeutsche Vertrag unterschrieben wurde, der die beidseitigen Beziehungen normalisieren soll. Es wird zwar auf die Einstellung Brandts angedeutet, es wird jedoch nichts Konkretes erwähnt: „In der Person W. Brandts erblicken wir überdies einen hervorragenden Politiker, den ersten Kanzler in der Geschichte der BRD der eine antifaschistische Vergangenheit aufzuweisen hat." Die Leser erfahren aber nichts über seine Geste, über seinen Kniefall vor dem polnischen Nationalmahnmal in Warschau, ein Symbol der Bitte um Vergebung wegen den deutschen Verbrechen.

Am 21. Juni 1973 wurde der Grundlagenvertrag zwischen der BRD und der CSSR unterzeichnet. Der Vertrag sollte die Grundlagen der Beziehungen zwischen der Bundesrepublik Deutschland und der Tschechoslowakei regeln. Der *Neue Weg* stellte diesen Vertrag als wünschenswert dar und zitierte den Außenminister, Walter Scheel, der den Grundlagenvertrag als eine „Grundlage für neue Beziehungen zwischen den beiden Ländern, Beziehungen, die von der Vergangenheit nicht belastet sind und gleichzeitig zur

---

286 *Neuer Weg* (1964): *Willy Brandt –Vorsitzender der SPD ,* Ausgabe vom 18. Februar, 1964, S.3.

287 *Neuer Weg* (1966): *Kiesinger neur Bundeskanzler,* Ausgabe vom 02. Dezember, 1966, S.1.

288 *Neuer Weg* (1970): *Polnisch-westdeutscher Vertrag unterzeichnet,* Ausgabe vom 08. Dezember, 1970, S.2.

gesamteuropäischen Entwicklung beitragen, dies umso mehr, als die Eröffnung der europäischen Sicherheitskonferenz, unmittelbar bevorsteht"[289].

1974 wurde die BRD im Finalspiel gegen Holland Fußballweltmeister. Darüber wurde auch ein ausführlicher Artikel im *Neuen Weg*, im Ressort Sport, veröffentlicht, in dem zwar das Spiel als kein schönes Spiel dargestellt wurde, aber die deutsche Mannschaft und auch alle europäischen Fußballmannschaften, im Allgemeinen, als sehr gute Spielegruppen gelobt wurden. „Die X. Fußball-Weltmeisterschaft wurde, was man schon vor längerer Zeit mit Stolz verkündet hatte, nicht nur zum „größten Fußball Geschäft aller Zeiten", sondern auch zu einem, was sich allerdings erst in der letzten Woche abzeichnete, Festival des Fußballspieles, wie es die große Anhängerschaft dieses Sports in aller Welt erwartet hatte."[290]

Am 8. Mai 1974 informierte der *Neue Weg* seine Leser über den Rücktritt des Bundeskanzlers Willy Brandt[291], über die Tatsache dass sein Rücktrittsantrag vom Präsidenten Heinemann angenommen wurde und dass Brandts Nachfolger, der Finanzminister Helmut Schmidt sein wird. Keine weiteren Details oder Gründe wurden angegeben. Dies ist eine typische Sensationsnachricht, die von der Zeitung absichtlich vermieden wurde. Denn eigentlich ist Willy Brandt vermutlich infolge der Guillaume-Affäre zurückgetreten, bei der es um folgendes ging: Günter Guillaume, einer der engsten Mitarbeiter des Bundeskanzlers Willy Brandt, wurde als SSR Agent enttarnt. Guillaume war eine der wenigen Personen, die Brandt auch persönlich kannte und über alle seine privaten Probleme, so zum Beispiel über das angebliche Alkoholproblem, informiert war. Da Guillaume enttarnt wurde, bestand die Gefahr, dass all die Informationen, die er besaß, auch über den Kanzler Willy Brandt, von den Gegnern verwendet werden und an die breite Öffentlichkeit gelangen würden. Typisch für die Art der zensierten Berichterstattung des *Neuen Wegs*, war das Vermeiden von Nachrichten mit sensationellem oder negativem Charakter, was auch in diesem Fall eingehalten wurde. Was infolge der Analyse der eher kurzen Artikel darüber auffällt, ist das absichtliche Vermeiden der Zeitung über negative Aspekte, Probleme oder Vermutungen zu

---

[289] *Neuer Weg* (1973): *Vetrag BRD-CSSR paraphriert,* Ausgabe vom 22. Juni, 1973, S.2.
[290] *Neuer Weg* (1974): *Nach 20 Jahren wieder Weltmeister,* Ausgabe vom 09. Juni, 1974, S.5.
[291] *Neuer Weg* (1974): *Willy Brandt zurückgetreten. Helmut Schmidt für das Kanzleramt vorgeschlagen,* Ausgabe vom 08. Mai, 1974, S.1.

schreiben. Generell wird in dieser Zeitung über die BRD ganz kurz berichtet, telegrammartig, es werden keine Details gegeben und die Dramatisierung wird vermieden. In diesem Fall gab es ganz viele Vermutungen bezüglich des Rücktritts von Willy Brandt, über die jedoch nichts geschrieben wurde. Einige der Auslöser seien die Guillaume-Affäre, seine Depressionen, Altersmüdigkeit oder Alkoholprobleme gewesen.

5.4.2 Ereignisse über die nicht berichtet wurde

Der Eintritt der BRD in die NATO im Jahr 1955 war ein wichtiger Schritt zu ihrer Integration in die westlichen Demokratien. Gerade deswegen wurde in der Zeitung *Neuer Weg* gar nichts darüber geschrieben. Mit dem Beitritt der BRD zum NATO, war sie vor einem möglichen militärischen Übergriff seitens des Ostblocks militärisch geschützt. Alle anderen 14 Mitgliedsstaaten, darunter die USA als mächtigster Staat, befanden sich von dem Zeitpunkt an, auf der Seite der BRD. Das sollte wahrscheinlich die Bevölkerung der Ostblockstaaten nicht erfahren.

Am 17. August 1956, hat das Bundesverfassungsgericht in Karlsruhe die Kommunistische Partei Deutschlands für verfassungswidrig erklärt. Darüber zu berichten, wäre für die rumänische Partei pure Selbstzerstörung. In dieser Hinsicht, hat das Rumänische Regime es bevorzugt nicht über diese Tatsache zu berichten, denn es wäre den rumänischen Bürgern somit vor Augen geführt worden, dass so etwas möglich ist und für die Rumäniendeutschen wäre dies ein Grund mehr gewesen, sich die Ausreise zu wünschen und sich darum zu bemühen.

Ein anderes Ereignis, das in der Zeitung nicht erwähnt wurde, war die Gründung der deutschen Bundeswehr im Jahr 1956. Die Bundesrepublik hat mit der USA ein Verteidigungsabkommen geschlossen, aufgrund dessen, die USA umfangreiche Rüstungslieferungen für Deutschland sicherten. Als Gegenleistung sollte die deutsche Bundeswehr, die Waffen nur zur Verteidigung im Rahmen des NATO Bündnisses einsetzen. Einzelheiten über solch eine militärische Aufrüstung und über die Stärke des Bündnisses der NATO Mitglieder sollte wahrscheinlich den Bewohnern der kommunistischen Länder nicht bekannt werden.

In keiner Ausgabe des *Neuen Wegs* wurde ein Jahrestag über den Mauerbau erwähnt. Das einzige Mal als darüber in dieser Zeitung berichtet wurde, war der

Zeitpunkt des Mauerbaus, und diese Berichterstattung war eine Unwahrheit gewesen. Es wurde behauptet, dass die Bürger der BRD sich beeilt haben in die DDR zu flüchten, um nach dem Bau der Mauer im Osten leben zu dürfen. Dies war die einzige direkte Information bezüglich des Mauerbaus, an den jeweiligen untersuchten Jahrestagen, wurde nichts über die Mauer geschrieben.

Am 3. Juni 1972 traten mit den Ostverträgen, Vereinbarungen zwischen der Bundesrepublik Deutschland, der Volksrepublik Polen und der Sowjetunion in Kraft. In diesen Verträgen wurde vor allem die Unverletzbarkeit der gemeinsamen Grenzen festgelegt und garantiert. Mit anderen Worten, hat die Bundesrepublik Deutschland die Oder-Neiße Linie als unverletzliche Westgrenze der Volksrepublik Polen anerkannt. Es geht um das deutsche Staatsgebiet, das nach dem zweiten Weltkrieg durch das Potsdamer Abkommen, abgetrennt wurde unter vorläufiger polnischen, beziehungsweise sowjetischer Verwaltung gestellt wurde. Über dies von der BRD angenommenen Friedensabkommen wurde im *Neuen Weg* gar nichts berichtet.

Über das Olympia-Attentat, also der Angriff palästinensischer Terroristen auf die israelische Mannschaft, während der Olympischen Sommerspielen von 1972 in München wurde in keinem Ressort des *Neuen Wegs* ein Wort geschrieben, da diese Nachricht einen negativen Charakter aufweist, und gemäß der kommunistischen Berichterstattungsstrategie, keine sensations- oder negativen Nachrichten verkündet werden dürfen.

Am 1. Oktober 1982 wurde Helmut Kohl Bundeskanzler, ein wichtiges Ereignis worüber erstaunlicherweise nichts berichtet wurde. Möglicherweise entsprach die Gestalt und die Vision Kohls nicht den in Rumänien existierenden kommunistischen Sichtweisen, da zwei seiner wichtigsten Ziele, die folgenden waren: die Ermöglichung einer geistig-moralischen Wende und die Wiedervereinigung Deutschlands.

Ein ganz großes Ereignis stellten die vom *Stern* im April 1983 veröffentlichten Hitler-Tagebüchern dar, die sich später als Fälschungen erwiesen, die mit Hilfe eines Malers und eines *Stern*-Redakteurs zustande gekommen waren. Die Zeitschrift *Stern* hatte deswegen viel zu leiden, erlitt ein Imageschaden, die Glaubwürdigkeit ist drastisch gesunken und damit auch die Leserzahlen. Es wurde, aber, im *Neuen Weg* kein Wort darüber geschrieben, einerseits weil im *Neuen Weg* grundsätzlich keine

Sensationsgeschichten erscheinen, und andererseits sollten die eigenen Leser nicht mitbekommen, dass es möglich ist, dass eine Zeitung lügt, betrügt und absichtlich falsch informiert.

Ein wichtiger Schritt in der BRD-DDR Beziehung wurde 1983 gemacht, als die Bundesrepublik die Bürgschaft für einen Milliardenkredit an die DDR übernahm - und das ohne Gegenleistung. Das war eine Wende in der Politik. Über diese Wende, über diese neu entstandene Offenheit sollten die Leser des NW, aber nichts erfahren, nicht zur Kenntnis nehmen, dass es solche Initiativen geben kann.

Im September 1987 hat der DDR-Staatsratsvorsitzende Erich Honecker, die Bundesrepublik Deutschland besucht und deutet auf mögliche gute Beziehungen zwischen den zwei Staaten hin. Diese Informationen und die Wirkungen dieser Beziehungen sollten jedoch nicht durch den *Neuen Weg* zu den Bürgern Rumäniens gelangen, deswegen wurde gar nichts über diesen Besuch und dessen Bedeutung geschrieben.

Uwe Barschel war ein deutscher Politiker, Ministerpräsident Schleswig-Holsteins, und war in einer kontroversen Geschichte, in einen Skandal verwickelt, der unter dem Namen „Barschel-Affäre" bekannt war, gemäß dessen er eine Verleumdungskampagne gegen sein Herausforderer, Bjön Engholm, für die Landtagswahl geführt haben soll. Da kontroverse Geschichten und Persönlichkeiten nicht zu den vom *Neuen Weg* angenommenen Themen gehörten, wurde auch nichts über den plötzlichen und den geheimnisvollen Tod Barschels geschrieben.

5.4.3 Ereignisse aus dem Inland

Die Inhaltsanalyse hat ergeben, dass außer den kulturellen Aspekten, die Belange der Rumäniendeutschen nicht sehr angesprochen wurden.

Sehr oft werden die Namen von Arbeitern genannt, sehr oft deutsche Namen, die ihre vom Staat vorgegebene Arbeitsnorm überschritten haben oder man berichtet über deutsche Tanzgruppen, die zu wichtigen Veranstaltungen, entweder in Bukarest, oder im Heimatort, Auftritte hatten. Andere Artikel berichten darüber wie sich die Pioniere aus der deutschen Elementarschule für die Prüfungen fleißig vorbereiten und gegenseitig durch Nachhilfestunden helfen, sodass „es keine schlechten Noten gibt, und niemand sitzenbleibt."[292] Oder wie die Schüler aus den deutschen Grundschulen Seidenraupen züchten und dafür vom Staat reichlich durch Leinwand belohnt werden[293]. Es veröffentlichen in der Zeitung auch Schüler ihre Artikel, so zum Beispiel informiert eine Schülerin, andere Schüler, durch einen Artikel über die guten Bedingungen aus der Landwirtschaftlichen Mittelschule, wo es auch zwei deutsche Abteilungen gibt.

Hauptsächlich wird über deutsche kulturelle Ereignisse geschrieben, wie deutsche Theaterabende[294], Übersetzung von Büchern mit klassischer und zeitgenössischer Literatur oder Versorgung von Bibliotheken mit Werken in deutscher Sprache.[295]

Sehr beliebt ist aber auch der Angriff des Kapitalismus und dessen Methoden und die Emporhebung des Sozialismus anhand von Beispielen über wie schlecht die Arbeitsbedingungen und Entlohnungen in kapitalistischen Staaten sind und wie gut sie in den sozialistischen doch seien.[296] Westdeutschland wird auch als sehr schlecht dargestellt und die DDR als die demokratische Seite Deutschlands. Sehr viel wird über die Vereinigung der zwei Landesteile geschwärmt, sogar in Gedichten.[297]

Die *Kulturbeilage*, die wöchentlich erschien, bestand aus einer Vielfalt an Themen, aus Texten über das kulturelle Leben der Rumäniendeutschen. Die *Raketenpost*, welche die Beilage für Pioniere und Schüler war, enthielt keine spezifisch deutschen Elemente, sondern zielte auf die Unterhaltung und Erziehung von Kindern. „Rubriken, Sonderseiten oder periodische Beilagen in der Form selbständiger Klein-Zeitungen konnten auf diese Weise fehlende und aus dem Ausland kaum beziehbare Publikationen für Kinder und Schüler, Jugendmagazine, Frauenzeitschriften, Publikationen für den Naturfreund, für den Gartenbau- und Kleintierzüchter, Kochbücher u.a. zumindest zum Teil ersetzen, in vollem Umfang sicher nie."[298] Nur aus dieser Hinsicht war der *Neue Weg*, vielseitiger und weniger rigide, im Vergleich zu den rumänischen Publikationen des Landes.

---

[292] *Neuer Weg* (1953): *Für ein gutes gelingen der Prüfungen,* Ausgabe vom 18. Juni, 1953, S.4.
[293] *Neuer Weg* (1953): *Schüler züchten Seidenraupen,* Ausgabe vom 18. Juni, 1953, S.4.
[294] *Neuer Weg* (1954): *Deutscher Theaterabend in Bukarest,* Ausgabe vom 21. Juli, 1954, S.2.
[295] *Neuer Weg* (1955): *Für unsere ausländischen Literaturfreunde,* Ausgabe vom 15. September, 1955, S.2.
[296] *Neuer Weg* (1954): *Die Wahrheit über Westberlin,* Ausgabe vom 21. Juli, 1954, S.4.
[297] *Neuer Weg* (1955): *Dass Deutschland nimmer werde der Herd zu neuem Kriege,* Ausgabe vom 07. Mai, 1955, S.2.
[298] Siehe Anhang 5.

Über die Traditionen der Rumäniendeutschen wird ziemlich oft berichtet, besonders im Ressort *Lokales*. Es wird, zum Beispiel[299], darüber berichtet wie eine junge Folkloristin, Absolventin der deutschen Abteilung der Bukarester Philologie-Fakultät, eine Forschungsarbeit im Banat und in Siebenbürgen durchführt. Dabei sammelt sie, mit Tonbandgerät und Fotoapparat, deutsche Märchen, Gedichte, Sagen und Legenden, also deutsche Volkserzählungen und Volkslieder, aus den jeweiligen Gebieten. Ihre Arbeit umfasst auch das Erforschen von unterschiedlichen mundartlichen Ausdrücken, lokale Ausdrücke, Wendungen und Sprachprobleme. Im Artikel wird ihre Arbeit, für die in Rumänien lebenden Deutschen, als sehr wichtig angesehen, besonders weil, laut dem Artikel, diese Geschichten, Gedichte und Lieder, in der Schule unterrichtet werden. So könnte man, die Ergebnisse der vorgestellten Forschungsarbeit, weiterhin für den Erhalt und die Entwicklung des deutschen Schulunterrichtes verwenden.

Es gab in einer Ausgabe sogar eine *Sprachecke*[300], die sich mit dem Eindringen von Fremdwörtern in den Wortschatz der Deutschen Sprache befasst hat. Dabei wurden die Gelegenheiten und Gefahren analysiert, die solche Wörter in die reine Sprache, und somit in die deutsche Kultur, mitbringen. Andere Ausgaben, informieren die Bürger über die Erscheinung von neuen deutschsprachigen Büchern[301] auf dem Markt oder über Abende an denen in verschiedenen Städten Lesungen[302] aus den Büchern deutscher Schriftsteller aus Rumänien stattfinden oder über die Arbeitssitzungen der deutschen Hermannstädter Schriftsteller[303]. Diese Artikel sind eher kurzgefasst, ihre Rolle ist vielleicht, den Rumäniendeutschen zu versichern, dass ihre Sprache und Bräuche überall im Land aktiv vertreten werden.

Für die Nähe zwischen der Zeitung und den Lesern sind meistens die kurzen Erzählungen, die ab und zu im Ressort Lokales erscheinen, und besonders diejenigen die im sächsischen oder schwäbischen Dialekt[304] erscheinen, zuständig. Somit wird der Ton dieser Publikation gesänftigt. Es entsteht auf dieser Art und Weise tatsächlich eine Schizophrenie, was den Ton der Zeitung von der ersten bis zur letzten Seite angeht.

---

[299] *Neuer Weg* (1966): *An der Quelle der Volksdichtung,* Ausgabe vom 13. August, 1966, S.3.
[300] *Neuer Weg* (1966): *Unsere Sprache gegen den Fremdwort-Alp,* Ausgabe vom 13. August, 1966, S.4.
[301] *Neuer Weg* (1970): *Deutsche Bücher im Verkauf,* Ausgabe vom 08. Dezember, 1970, S.6.
[302] *Neuer Weg* (1970): *Franz Storch liest in Schäßburg,* Ausgabe vom 08. Dezember, 1970, S.6.
[303] *Neuer Weg* (1970): *Arbeitssitzung des Hermannstädter Literaturkreises,* Ausgabe vom 08. Dezember, 1970, S.6.
[304] *Neuer Weg* (1972): *Glick im Unglick,* Ausgabe vom 06. September, 1972, S.6.

Diese Berichterstattung über lokale Aspekte der Rumäniendeutschen ist während der Jahre beständig geblieben, auch wenn nachdem Ceauşescu die Macht im Staat ergriffen hat, diese seltener veröffentlicht wurden. Unsere Analyse hat ergeben, dass spätestens seit ungefähr dem Jahr 1976, die meisten Seiten der Zeitung voll mit Ceauşescu, seiner Frau und deren Besuche und Reden waren, und zwar seitdem der *Neue Weg*, als *Tageszeitung des Landesrates der Front der sozialistischen Einheit* erschienen ist. Ein Beispiel so einer extremen Schreibweise, ist die Ausgabe[305] vom 22. Juni 1978, als die Zeitung 8 Seiten herausgebracht hat, alle über Ceauşescu und seine Aktivitäten oder Reden. Seit Ceauşescu an die Macht gekommen ist, hat es fast keine Ressorts mehr gegeben. So zum Beispiel auch die Ausgabe[306] vom 13. Oktober 1987, die keine Ressorts hatte. Alle Seiten sind voll mit den Aktivitäten des Präsidenten und seiner Frau, und deren völligen Unterstützung seitens der Bürger. Die eigentlichen 4 Seiten der Zeitung sind gar nicht in Ressorts eingeteilt. Es gibt noch zwei zusätzliche Seiten, eine mit Nachrichten aus dem *Sport* und die andere aus dem Bereich *Ausland.*

Doch auch in diesen Jahren sind ab und zu Artikel über spezifisch deutsche Belange erschienen. Es wurde über alte Banater Häuser[307] geschrieben, die sogenannten Banater Giebelhäuser. In anderen Ausgaben wurden Banater Rufe und Reime[308] veröffentlicht, die von der Zeitung als Banater Volksgut dargestellt wurden, es wurde über schwäbische Volkstrachten[309], Kerweien im Banat[310] oder über Ergebnisse an der Olympiade für die deutsche Sprache[311] berichtet.

5.4.4 Auswertung der drei Interviews

Die Personen, die beim *Neuen Weg* gearbeitet haben und immer noch arbeiten und mit denen wir ein Gespräch bezüglich dieser Zeitung geführt haben sind: Frau Gertrud Montferrato, Sekretärin des NW, Frau Rohtraut Wittstock, Chefredakteurin des NW und Herr Werner Kremm, Redakteur des NW. Außer den Fragen zur Person, haben sich die

[305] *Neuer Weg* (1978): Ausgabe vom 22. Juni, 1978.
[306] *Neuer Weg* (1987): Ausgabe vom 13. Oktober, 1987.
[307] *Neuer Weg* (1981): *Sonnenrad un Lebendbaum,* Ausgabe vom 13. August, 1981, S.6.
[308] *Neuer Weg* (1982): *Banater Volksgut: Rufe und Reime,* Ausgabe vom 02.Oktober, 1982, S.4.
[309] *Neuer Weg* (1983): *Trachten Tänze und Lieder,* Ausgabe vom 26. April, 1983, S.4.
[310] *Neuer Weg* (1987):*Wieder Strauss, Hut, Tuch,* Ausgabe vom 08. September, 1987, S.4.
[311] *Neuer Weg* (1983): *Zweimal Deutsch-Olympiade* Ausgabe vom 26. April, 1983, S.4.

Gespräche um vier große Themen gedreht, und zwar: Die Arbeit der Redakteure, die Arbeit der Journalisten, die Zensur – eventuell wie man sie umgehen konnte und spezifisch deutsche Aspekte der Zeitung.

Die Gespräche sind für unsere Forschung äußerst bereichernd gewesen, da wir Informationen erfahren haben, die wir sonst aus keinen anderen Quellen beschaffen hätten können. Bezüglich der Redakteure haben wir folgendes erfahren: um Redakteur beim NW zu werden, musste man eines gut beherrschen, und zwar die deutsche Sprache und möglichst ein Deutschstudium absolviert haben. Eine besonders ausführliche Antwort hierzu hat Frau Wittstock gegeben. Was besonders interessant zu sein scheint ist die Tatsache, dass die Zugehörigkeit zu den Sachsen, bzw. zu den Schwaben eine untergeordnete Rolle bei der Aufnahme von Mitarbeitern in die Redaktion gespielt hat, grundlegend waren die Deutschkenntnisse. Die meisten Mitarbeiter waren tatsächlich Sachsen oder Schwaben, da sie natürlich gute Deutschkennnisse hatten, in den Anfangsjahren, in den 50ern, wurde die Zeitung hauptsächlich von deutschsprachigen Juden gemacht, es gab jedoch auch Rumänen in der Redaktion. Die Redakteure waren alle Parteimitglieder, sie waren jedoch nie Angestellte des ZK, sondern Angestellte der Zeitung, die über das Presseamt der Propagandaabteilung des ZK der RKP herausgegeben wurden.

Die Journalisten, die beim NW tätig gewesen sind, waren nicht an der *Stefan Gheorghiu Akademie* ausgebildet, sondern haben Deutsch an anderen Fakultäten studiert und haben in der Redaktion schreiben gelernt, das heißt sie wurden eigentlich von der NW Redaktion ausgebildet, da es damals keine Fakultät für Journalismus gegeben hat. Frau Montferrato hat uns verraten, dass viele der Journalisten die bei der Karpatenrundschau tätig waren, an der *Stefan Gheorghiu Akademie* ausgebildet wurden und Frau Wittstock hat eine ganz klare Aussage bezüglich dieser Akademie gemacht, und zwar: „Das galt auch damals nicht als Universität“. Was aber keine der zwei Respondentinnen gesagt hat, hat Herr Kremm verraten, und zwar, dass die Journalisten postuniversitär in Crash-Kursen die SG besuchen mussten, er selbst musste das ein Jahr lang machen.

Bezüglich der Zensur, haben wir folgendes erfahren: die Redakteure haben die Zeitung gemacht und es gab zwei Zensoren, die abwechselnd die Zeitung gelesen und kontrolliert haben, diese waren nicht bei der Zeitung angestellt, sondern bei der Zensurbehörde. Frau Wittstock hat zugegeben, dass die Redakteure es nicht gewagt haben allzu mutig in ihrer Berichterstattung zu sein, „Man schrieb die Artikel schon so, dass die Zensur nicht viel aussetzen konnte“ und Frau Montferrato hat die Hauptarbeit, die dort jeden Tag mühevoll geleistet wurde, passend in einem Satz zusammengefasst: „Wir mussten seitenweise die Reden von Ceauşescu übersetzen, wie die Wilden, 30 Seiten pro Tag haben wir geschrieben.“ Dieses viele Schreiben ist eine schwere Arbeit gewesen, aber auch das Lesen dieser Bleilandschaften war, wie wir bei der Durchführung unserer Inhaltsanalyse festgestellt haben, fast unerträglich.

Die Zensur umgehen konnte man nicht, das haben alle drei Respondenten zugegeben und keiner konnte ein konkretes Beispiel geben, wenigsten über einen Versuch so etwas zu machen. Viele Mitarbeiter der Zeitung, auch Frau Wittstock hat das „zwischen den Zeilen schreiben“ erwähnt, aber keiner der Respondenten konnte ein Beispiel dafür geben, und während des jahrelangen Lesens der Zeitung für die Durchführung der Inhaltsanalyse, konnten wir auch kein einziges Beispiel dafür finden. Man musste „brav sein“ und „Kritik hat man sich nicht getraut zu machen“ hat uns Frau Montferrato verraten. Die Chefredakteurin, Frau Rohtraut Wittstock, hat uns eine äußerst interessante Information geliefert, und zwar dass es zu *Verhandlungen* zwischen den Chefredakteuren und den Zensoren manchmal kam, bezüglich einiger Textpassagen. Es gab auch ein Securitate Mitglied, das für die Redaktion zuständig war.

Über die Entstehung von Artikeln haben wir wertvolle Informationen aus einem Buch von Herrn Liebhardt Hans erfahren, der beim NW gearbeitet hat und dort immer noch tätig ist. Sehr viele Menschen waren beim Prozess der Artikelherstellung beteiligt: „Manchmal wurde ein Artikel sehr oft umgeschrieben: vom Autor selbst, vom Abteilungsleiter, von jemandem aus der Chefredaktion. Dazu gab es noch viele Übersetzer, eine *Stilabteilung* und eine zahlenmäßig stark besetzte Korrektur.“[312]

Obwohl die Berichterstattung des *Neuen Wegs* nicht frei von Einschränkungen gewesen ist, haben die Mitglieder dieser Zeitung ihre Leserschaft so viel sie konnten, unterstützt, der *Neue Weg* hat, unter anderem, folgendes erreicht:

---

[312] Liebhardt, Hans (2003): Deutsche in Bukarest: zwei-drei Jahrhunderte erlebter Geschichte, ADZ Verlag, Bukarest, S. 179.

“Die Redaktion hat sich für die Vorbereitung und Durchführung des Dekretes 81 eingesetzt, das auf dem Land die Rückerstattung von Haus und Hof und eines kleinen Teils des Grundbesitzes geregelt hat.
Später hat sich die Redaktion dafür eingesetzt, dass den Betroffenen die in der Deportation verbrachten Jahre bei der Rentenabrechnung als Arbeitsjahre anerkannt wurden. Es wurden Tausende von Briefen bearbeitet.
Der *Neue Weg* hat versucht die mehr als 200 jährige Tradition einheimischer deutscher Presseerzeugnisse weiterzuführen, durch die am 2. Juli 1954 erschienene Kulturbeilage“[313]

Die Zeitung hat zur Gründung des deutschen Staatstheaters Temeswar (1953) beigetragen, bei der Gründung der deutschen Abteilung des Hermannstädter Staatstheaters (1956) mitgewirkt und hat die Kontinuität der traditionellen Feiern gesichert, Feiern wie die Kerwei/Kirchweih[314]. Der *Neue Weg* hat an einem Projekt auch langfristig mit der DDR zusammengearbeitet, und zwar im Sommer des Jahres 1970 ist zum ersten Mal das Reisebuch *Komm mit* beim Verlag des NW erschienen. Die Druckfarben und manchmal sogar das Papier wurden von der DDR gesichert. Die Auflage des Reisebuches betrug 35.000 Exemplare und es wurden auch regelmäßig Exemplare in die DDR geschickt[315].

Im Allgemeinen galt der *Neue Weg* „als das lebendigste deutsche Blatt außerhalb des geschlossenen deutschen Sprachraums, wurde vielerorts lieber gelesen, als die Publikationen aus der ehemaligen DDR. [...]Man muss eine Zeitung von Rückwärts lesen. [...] Die Redaktion hat immer wieder versucht, den Umständen gemäß, das Menschenmögliche zu tun.“[316] Das heißt, dass die Journalisten dieser Zeitung, trotz allem, immer noch überzeugt sind, dass nach den ersten Seiten, die den Pflichtteil darstellten, sie es ab und zu geschafft haben, der Leserschaft interessantes Material zu bieten. „Dem NW kam noch zugute, dass die Leute bei den verschiedenen Kontrollstellen – insbesondere bei der Presseabteilung des Zentralkomitees – kein Deutsch konnten, oder dass man sich mit den betroffenen Funktionären darüber einigen konnte, was sie

[313] Liebhardt, Hans (2003): Deutsche in Bukarest: zwei-drei Jahrhunderte erlebter Geschichte, ADZ Verlag, Bukarest, S. 167.
[314] Ebd., S. 153.
[315] Ebd, S. 180.
[316] Ebd, S. 170.

weitermelden sollten oder nicht. Einer der Werbeslogans lautete: *Es gibt viele Zeitungen in dieser Zeitung.*"[317]

Das nächste große Thema betrifft die deutschen Merkmale der Zeitung. Wir haben erfahren, was an dieser Zeitung spezifisch Deutsch gewesen ist, und zwar das Brauchtum, das von der Zeitung gepflegt wurde und besonders die Feste aus dem Banat über die sehr oft geschrieben wurde. Die Chefredakteurin ist ein Schritt weitergegangen und hat ausgesagt, dass der NW ein Vorbild war für wie eine Zeitung auszusehen hatte. Unsere Studie widerlegt diese Aussage, die gemäß der vorigen Kapitel der hiesigen Arbeit, übertrieben scheint. Tatsächlich waren die Themen dieser Zeitung angenehmer, als in den rumänischsprachigen Zeitungen und, wie Frau Montferrato schön formuliert hat, sehr viele Menschen die die Deutsche Sprache kannten, haben viel lieber diese Zeitung gelesen, trotzdem war diese Publikation nicht frei, angenehm oder spezifisch Deutsch.

Über die großen Themen der deutschen Geschichte in Rumänien, wie zum Beispiel Kolonisation, Zugehörigkeit zu der Waffen SS oder Deportation hat diese Zeitung allerdings fast nichts berichten dürfen. Der NW hatte jedoch Kontakte zu Zeitungen aus der DDR, aber auch aus der BRD. Die Journalisten die für die Außlandressorts zuständig war, hatten Zugang zu diesen Zeitungen, durften ihre Inhalte aber nicht in den eigenen Beiträgen verwenden, höchstens die kritischen Inhalte. Frau Wittstock erklärt „zu den sozialistischen Zeitungen hatte man Kontakt und es wurde mit jeweils einer Zeitung auch regelmäßiger Journalistenaustauch gepflegt."

Die letzte, und für die vorliegende Studie, entscheidende Frage war, ob der NW einfach nur eine rumänische Zeitung in deutscher Sprache gewesen ist, oder ob es konkrete Unterschiede zwischen dieser und den rumänischen Zeitungen aus der damaligen Zeit gegeben hat. Der wesentliche Unterschied, haben wir erfahren, liegt in den Themen, die in der deutschen Zeitung angesprochen werden konnten: Umwelt, Naturschutz, Heimatkunde, Sauberkeit des Trinkwassers oder Schulwesen in deutscher Sprache. Die Zeitung an sich, behaupten die Respondenten, war lesenswerter als alle anderen, aber besonders, und das unterstützen wir auch, waren die Kulturbeilagen oder

---

[317] Liebhardt, Hans (2003): Deutsche in Bukarest: zwei-drei Jahrhunderte erlebter Geschichte, ADZ Verlag, Bukarest, S. 170.

die Beilagen für die Schüler und Pioniere lesbarer. Auch Filmkritiken gab es, was es in den anderen Zeitungen der damaligen Zeit nicht gab.

5.4.5 Forschungsergebnisse

Infolge der detaillierten Untersuchung zahlreicher Ausgaben des *Neuen Wegs,* ist der Fazit, dass in der Tat über deutsche Aspekte berichtet wurde. In ungefähr einem Drittel der Ausgaben wurde über die wichtigsten Ereignisse aus der DDR und der BRD immerhin berichtet, auch wenn öfters die Details und Hintergründe der jeweiligen Begebenheiten und Situationen nicht offenkundig gemacht wurden. Ansonsten gibt es kaum eine Ausgabe in der nicht über rumänische Bürger deutscher Nationalität berichtet wird. Wir haben 35 wichtige Ereignisse aus der BRD und der DDR ausgewählt und die Zeitung hat über 14 von diesen berichtet.

Anhand der Inhaltsanalyse kann ein Schema bezüglich der Berichterstattungsart aufgebaut werden. Drei große Grundzüge hat die Berichterstattung über die Ereignisse aus Deutschland erwiesen. Von den 35 Ereignissen, wurden 14 Ereignisse anhand von drei Deutungsmustern dargestellt: Weglassungen, Negatives über die BRD und Unwahrheiten. Die meiste Berichterstattung erfolgte durch absichtliche Weglassungen von Informationen, die von wichtiger historischer Bedeutung waren, die aber nicht mit den Visionen der rumänischen Kommunistischen Partei übereinstimmten. Sechs Ereignisse, also fast die Hälfte, wurden durch Weglassungen dargestellt:

- die Verabschiedung der ersten Verfassung
- der Staatsbesuch Adenauers in Moskau
- der Staatsbesuch des Präsidenten Kennedy in Berlin
- Brandt wurde Parteivorsitzender der SPD
- die erste große Koalition in Deutschland
- der Staatsbesuch des Bundeskanzlers Willy Brandt in Warschau

Das zweite Berichterstattungsmuster besteht darin, ein negatives Licht über die BRD zu werfen, und zwar in drei der Artikel:

- die Arbeitslosigkeit in der BRD
- Deutschland Fußballweltmeister im Jahr 1954
- Godesberger Programm

Das dritte Berichterstattungsmuster besteht schlicht und einfach aus einer Unwahrheit, in einem Fall:

- Bau der Berliner Mauer

Die Ereignisse, die einfach weggelassen wurden, über die gar nicht berichtet wurde, waren hauptsächlich:

- von der DDR eingeleitete demokratische Schritte
- Ereignisse, die dem Image der kommunistischen Partei schaden könnten
- Sensationsnachrichten oder Skandale, wie zum Beispiel das Olympia-Attentat oder die Hitler-Tagebücher

Man vermied beim Schreiben im Vorhinein die Offenlegung von konkreten Sachverhalten, von denen man glaubte zu wissen, dass sie von der Partei unerwünscht waren. "Erst bei genauerem Hinsehen lässt sich eine Art von Schizophrenie in Aufmachung und Inhalt entdecken, bei der verordneter Staatsdienst und nichtkonformer Gesinnungskonsens mit dem Leser in eins gingen."[318] Es geht dabei um die Schizophrenie, die wegen dem starken Ton- und Themenunterschied sich zwischen den ersten und den letzten Seiten der Zeitung spürbar macht.

Die *Kulturbeilage*, die wöchentlich erschien, bestand aus einer Vielfalt an Themen, aus Texten über das kulturelle Leben der Rumäniendeutschen. Die *Raketenpost*, welche die Beilage für Pioniere und Schüler war, enthielt keine spezifisch deutschen Elemente, sondern schrieb eher allgemein über die Pioniere des Landes.

Wir haben aus den 35 analysierten Ausgaben, alles aufgefasst was mit Deutschtum zu tun hat, also sowohl Ereignisse aus der DDR und der BRD, als auch aus Themen, die direkt mit den Deutschen des Landes zu tun haben und dabei mussten wir feststellen, dass deren Anzahl sehr gering gewesen ist. Auch wenn über bestimmte Ereignisse aus Deutschland berichtet wurde, wie zum Beispiel Staatsbesuche, deren historische Wichtigkeit uns jetzt bewusst ist, wurden diese nur kurz erwähnt, ohne irgendwelche Hintergründe oder Folgen zu nennen. Was die Tätigkeiten der deutschen Minderheit aus Rumänien angeht, zeigt uns die Zeitung ein schönes Bild: die Rumäniendeutschen haben mit Freude während des Tages gearbeitet und abends sich an deutschen kulturellen Ereignissen beteiligt. Ohne den ersten Teil der vorliegenden Arbeit,

[318] Siehe Anhang 5.

bezüglich der Allgemeinlage der Deutschen aus Rumänien, würde ein unerfahrener Leser des *Neuen Wegs*, mit dem Eindruck bleiben, dass für diese Minderheiten, das Leben in Rumänien ein Fest gewesen ist.

Es wurde auch untersucht, ob diese Zeitung einfach nur eine rumänische Zeitung in deutscher Sprache gewesen ist, oder ob sie sich inhaltlich von den anderen Zeitungen des Landes unterscheidet hat. Hierfür wurden auch Ausgaben aus den zwei wichtigsten rumänischen Überregionalen Zeitungen *Scânteia* und *România Liberă* ausgewählt und überprüft, ob sich dieselben Themen darin wiederfinden, wie in der deutschsprachigen Zeitung, und wenn nicht, worin die Unterschiede bestehen.

Die Seitenanzahl der 3 Zeitungen war ziemlich ähnlich:
Die Zeitung *Neuer Weg* war 4, 6, 8 oder manchmal sogar 10 Seiten lang. Normalerweise war sie 4 Seiten lang und an den Tagen an denen die Zeitung zusammen mit den Beilagen erschien, war die Seitenanzahl grösser. Nur nachdem Ceauşescu die Macht im Lande ergriffen hat, gab es manchmal 10 Seiten, da über seine Reden und Staatsbesuche berichtet werden sollte. Die Zeitung *Scânteia* war 4 oder 6 Seiten lang, normalerweise 6. Die Zeitung *România Liberă* war 4, 8 oder 10 Seiten lang, normalerweise 8.

Was die Preise der 3 Zeitschriften angeht waren diese gleich, außer dem Preis aus dem Jahr 1949, als man den *Neuen Weg* für 8 Lei erwerben konnte und die anderen zwei Zeitungen für 4 Lei. Infolge der 1952 eingeführten Geldreform[319], waren die Preise für alle drei überregionalen Zeitungen wie folgt:

- im Jahr 1953 kostete eine Ausgabe 20 Bani;
- im Jahr 1966 waren sie 25 Bani (*NW*), beziehungsweise 30 Bani (*Scânteia* und *România Liberă*) wert;
- im Jahr 1970 war der Preis 30 Bani;
- und 1983 kostete eine Ausgabe der drei Zeitungen je 50 Bani.

Die Auslandsnachrichten im *Neuen Weg* erschienen im Ressort *Außenpolitik*, in *Scânteia* in den Ressorts *De peste hotare* und später in *Viaţa internaţională* und in *România Liberă* im Ressort *Actualitatea internaţională,* mit dem Unterschied, dass in

[319] Vgl. Für mehr Informationen über die Geldreform: Rusan, Romulus (Hrs.) (2011): *România în timpul războiului rece. Scurtă istorie a evenimentelor, instituţiilor şi mentalităţilor (1945-1989),* ediţia a II-a, Editura Fundaţiei Academiei Civice, Bucureşti, S. 37;

dieser letzten Zeitung die Berichterstattung länger und ausführlicher gewesen ist, als in den anderen zwei. Wie bereits aufgeführt, hat die deutschsprachige Zeitung von den 35 ausgewählten Ereignissen über 14 berichtet. Beide rumänischen Zeitungen haben von diesen 35 Ereignissen nur über 6 berichtet, und zwar: über den Volksaufstand in der BRD (1953), über den Bau der Berliner Mauer (1961), über den Kennedy Besuch in Berlin (1963), über die Kiesinger Koalition (1966), über den Besuch von Brandt in Polen (1970), und über das Olympia-Attentat (1972). Die Form der Berichterstattung war dieselbe, durch Weglassungen, Verschweigen, Leugnen, Übertreiben oder Untertreiben. Inhaltlich ist jedoch ein wesentlicher Unterschied zu vermerken. Der NW hat tatsächlich mehr, als die anderen Zeitungen aus Rumänien, über die Ereignisse aus der DDR und der BRD berichtet.

Infolge der Analyse der Berichterstattung aus dem Inland (im NW) ist aufgefallen, dass außer den kulturellen Aspekten, die Belange der Rumäniendeutschen nicht sehr angesprochen wurden. Sehr oft werden die Namen der Arbeiter genannt, sehr oft deutsche Namen, die ihre vom Staat vorgegebene Arbeitsnorm überschritten haben oder man berichtet über deutsche Tanzgruppen, die zu wichtigen Veranstaltungen, entweder in Bukarest, oder im Heimatort, Auftritte hatten. Andere Artikel berichten darüber wie sich die Pioniere aus der deutschen Elementarschule für die Prüfungen fleißig vorbereiten und gegenseitig durch Nachhilfestunden helfen. Hauptsächlich wird über deutsche kulturelle Ereignisse geschrieben, wie deutsche Theaterabende, Übersetzung von Büchern mit klassischer und zeitgenössischer Literatur oder Versorgung von Bibliotheken mit Werken in deutscher Sprache.

Sehr beliebt ist aber auch der Angriff des Kapitalismus und dessen Methoden und die Emporhebung des Sozialismus anhand von Beispielen über wie schlecht die Arbeitsbedingungen und Entlohnungen in kapitalistischen Staaten sind und wie gut sie in den sozialistischen doch seien.

Die Inhaltsanalyse hat ergeben, dass die Belange der Rumäniendeutschen nicht sehr angesprochen wurden. Tatsächlich wurden die kulturellen und sprachlichen Aspekte deren Existenz, von der Zeitung angesprochen, andere konkrete Probleme, die diese Gemeinschaft hatte, wurden nicht einmal erwähnt. Wenn wir uns die Fakten aus der Geschichte der Rumäniendeutschen und die Artikel aus der Zeitung ansehen, sehen wir zwei parallele Welten, die erste hart, versehen mit grundlegenden, existenziellen Problemen und die zweite feierlich, mit Tanzabenden, Büchern und Traditionen.

6. Schlussfolgerungen

Rumäniendeutsche

Die Zeit nach dem zweiten Weltkrieg war für die Rumäniendeutschen keine leichte Zeit, da sich die Bedingungen im Land, in allen Hinsichten, stark verschlechtert haben. Man kann die Zeitspanne nach dem zweiten Weltkrieg bis zum Umbruch, also von der Entstehung, bis zum Fall des Kommunismus, in vier Phasen einteilen.

Die erste Phase, nach dem Krieg, war widersprüchlich und schwer. Die Rumäniendeutschen mussten viele Schicksalsschläge einstecken. 1945 fand die Deportation von ungefähr 75.000 rumäniendeutschen Männer und Frauen zur Zwangsarbeit in die Sowjetunion statt. Alles was Deutsch war, wurde mit hitleristisch und faschistisch gleichgesetzt, die Deutschen wurden schuldig gemacht, für alles was schlecht war. Eine der schwerwiegendsten Folgen der Deportation war die Tatsache, dass fünf Jahre lang, der bedeutsamste, wenngleich nicht der größte Teil der deutschen Bevölkerung Rumäniens, abwesend war. Das heißt, dass nur Menschen unter 17 oder über 60 Jahre alt, im Land geblieben sind, die die Rollen ihrer fehlenden Mitbürgern übernehmen sollten und sich bemüht haben, das ehemalige funktionelle und aufrechte soziale System weiterzuführen. Dies hatte schwerwiegende Folgen für alle Lebensbereiche.

Gleichzeitig haben die Rumäniendeutschen all ihre staatsbürgerlichen Rechte verloren und wurden vom Minderheitenstatut ausgeschlossen. Somit befanden sie sich in einem Ex-lex-Zustand, also waren sie rechtlich nicht mehr existent, sie hatten keine politischen Rechte und keine Bürgerrechte. Danach folgte die Totalenteignung aller deutschen Grundbesitzer. Damit wurden aber alle Rumäniendeutschen gemeint, nach dem Prinzip, dass alle Deutschen mit Hitlerdeutschland kollaboriert haben. Bei der Enteignung ging es um das ganze Land und Gut, ohne jegliche Entschädigung seitens des Staates.

Damit wurde, unter anderen, die wirtschaftliche Unabhängigkeit vieler Menschen stark beeinträchtigt. Es folgte die Nationalisierung der Industrie, Finanz- und Bankwesen, die Totalenteignung des deutschen Bürgertums im Zuge der Sozialisierung. 1950 gingen alle Zentralbezirke der Rumäniendeutschen mit ihren Wohn- und Geschäftsbauten in staatlichen Besitz über.

Das ganze soziale System der Rumäniendeutschen wurde aus dem Gleichgewicht gebracht, mindestens aus drei Hinsichten: demographisch, wirtschaftlich und kulturell. Einerseits durch die Deportation, bei der die arbeitsfähigen Menschen weggebracht wurden, was zur Folge hatte, dass diese ihre und die Interessen ihres sozialen Systems nicht mehr verteidigen konnten. Andererseits wurde die Opposition unterdrückt, durch die Beseitigung eines großen und wichtigen Bevölkerunganteils. Danach wurden dessen Mitglieder ihrer Güter enteignet, ihre individuellen, kollektiven und gesellschaftlichen Grundlagen wurden angeschlagen. Schließlich hat dieses System die Kontrolle über die eigenen kulturellen und sozialen Werte und Normen verloren. Mit anderen Worten, wurde in dieser Zeitspanne das System der Rumäniendeutschen marginalisiert.

Die zweite Phase kann als moderat betrachtet werden. Die Maßnahmen waren, in dieser Zeitspanne, eher indirekt, durch die Verabschiedung der Verfassung 1952 und die Konsolidierung des Ceauşescu Regimes Ende der 60er Jahre. In dieser Zeitspanne hat das kommunistische Regime allen rumänischen Staatsbürgern volle Gleichberechtigung zugesprochen, durch die Ausweitung des Minderheitenstatuts und die Einschließung der Rumäniendeutschen in dieses Statut. 1949 wurde das *Deutsche Antifaschistische Komitee*, als Repräsentativorgan der deutschen Minderheit in Bukarest gegründet, das die Zeitung *Neuer Weg* herausgebracht hat. 1950 wurde der deutschen Minderheit das Wahlrecht zugesprochen und sie hatten Vertreter in der Großen Nationalversammlung. Es erschienen in dieser Zeitspanne auch andere deutschsprachige Publikationen, die genauso wie die rumänischen, Sprachrohre des Regimes waren, jedoch besser gestaltet und leichter zu lesen waren, als die rumänischen.

1954 erfolgte auch die Rückgabe der Güter an die enteigneten Rumäniendeutschen, jedoch unter der Bedingung, dass alle Arbeiter und Bauern, die ihre Häuser zurückbekommen haben, der Kollektivierung beitreten. Somit sind deutlich zwei Tendenzen aufgetreten, einerseits der steigende Prozentsatz im Bereich der Kollektivierung und andererseits, das völlige Verschwinden der freien Berufe. Die Anzahl der Privatbauern ist auch fast völlig verschwunden, besser gesagt, die Privatbauern wurden fast alle zu Kollektivbauern. In dieser Zeitspanne ist die Anzahl der

Arbeiter und der Rumäniendeutschen aus dem Bereich „Intelligenz“ fast unbeeinträchtigt geblieben. Eine dritte Tendenz wäre die Umsiedlung der Rumäniendeutschen vom Lande, in die Städte.

Was die Muttersprache betrifft, ist die Anzahl der rumänischen Staatsbürger mit Deutsch als Muttersprache sehr stark gesunken. Ein Grund dafür wäre die Verstaatlichung der Schulen, infolge deren die Schulsituation sich stark verändert hat. Durch die letzte sozialistische Verfassung, die den pejorativen Begriff *mitwohnende Nationalitäten* verwendet hat, konnten Minderheiten ihre Muttersprache in Büchern, Zeitungen, Zeitschriften, Theater, Schulunterricht und vor Gericht verwenden. Praktisch haben die Verfassungsbestimmungen, jedoch, zahlreiche Grenzen gelegt. Das Recht der Verwendung der Muttersprache wurde nur gewährt, damit die Kommunistische Partei ungestört die Erfüllung ihrer politischen Ziele verfolgen konnte.

Eine Maßnahme zur Unterstützung der Rumäniendeutschen war die Initiative der Familienzusammenführung, 1951, die durch das rote Kreuz erfolgt ist. Besonders Frauen und Kinder durften zu ihren Ehemänner/ Väter, die im Westen geblieben sind. Ein weiterer Schritt in dieser Richtung erfolgte 1967, als Rumänien die diplomatischen Beziehungen zu Deutschland wieder hergestellt hat. Die Wiederaufnahme der diplomatischen Beziehungen zwischen Rumänien und der Bundesrepublik entfachte in vielen Rumäniendeutschen die Hoffnung, in der Bundesregierung einen Fürsprecher für deren Auswanderung gefunden zu haben. Dies konkretisierte sich im Januar 1978 in Form einer Regelung zwischen dem damaligen deutschen Bundeskanzler, Helmut Schmidt und Nicolae Ceauşescu, gemäß deren Rumänien jährlich einer gewissen Anzahl von Deutschen die Ausreise gewähren sollte, gegen die Zahlung eines Pauschalbetrags.

Viele Rumäniendeutschen waren auch Mitglieder in der kommunistischen Partei. Es gab in Rumänien eine regelrechte Werbekampagne für die Aufnahme der Rumäniendeutschen in die Kommunistische Partei und keiner konnte dessen Aufnahme ablehnen, weil dies zu Strafen geführt hätte. Wir haben vier Gründe angegeben, weswegen die Partei sich um die Mitgliedschaft von Rumäniendeutschen bemüht hat: der erste Grund war einfach die Tatsache, dass die Partei am Anfang war, jung war und sich behaupten wollte und deswegen Mitglieder zur Unterstützung und zur Förderung brauchte. Kurz, es geht um das interne Image. Der zweite Grund basiert natürlich auf dem externen Image. Um ein gutes externes, internationales Image zu haben, hat die Partei, Mitglieder aus den Reihen der nationalen Minderheiten aufgenommen. Wenige davon hatten etwas zu sagen, es gab keine echte Repräsentativität. Die Partei verfolgte einfach, sich auf internationaler Ebene ein gutes Image zu schaffen, das Image einer offenen und transparenten Partei. Ende der 50er Jahre setzte Gheorghe Gheorghiu Dej einen nationalistischen Kurs ein, der auf die dakoromanische Kontinuitätstheorie aufbaute und diese zum Dogma erhob, die für alle Bewohner des Landes gelten sollte. Und schließlich, ein letzter Grund: die Bewunderung der Sachsen und Schwaben für die BRD war allgemein bekannt, auf der anderen Seite, hatten diese viele Beziehungen zu Ostdeutschland und hassten die kommunistische Partei. Weil ihr alle diese Aspekte bekannt waren, wollte die Partei einige Repräsentanten dieser Minderheiten aufnehmen, um sie sich näher zu bringen.

Die dritte Phase war eher intolerant und repressiv. In den 70er Jahren begann die Zwangsassimilation, die Bürger wurden überwacht und verfolgt und waren zynischer Auswanderregelungen unterworfen. Man könnte die 70er und 80er Jahre als den dritten Abschnitt der Minderheitenpolitik Rumäniens ansehen. Das markanteste Merkmal war die Zwangsassimilation. Diese Zeitspanne bestand aus Einschränkungen der kulturellen Entfaltungsmöglichkeiten der Minderheiten, und deren strenge Überwachung und Verfolgung. Der Staatschef übernahm immer mehr Befugnisse und der Personenkult wurde betrieben.

Obwohl die Verfassung, den mitwohnenden Nationalitäten die völlige Gleichheit mit dem rumänischen Volk und den freien Gebrauch der Muttersprache in Schule, Kirche, im öffentlichen Leben, vor Gericht, in der Presse und in Veröffentlichungen, sowie Glaubensfreiheit garantierte, beachteten die Behörden diese Rechtslage nur in dem Maße, als sie der jeweiligen politischen Konjunktur entsprach. So zum Beispiel wurde die Papiermenge und die Sendezeit für die Medien aus dem Land im Allgemeinen, und besonders für die deutschsprachigen Medien, sehr stark eingegrenzt, bis zu ihrem Verschwinden gegen Ende der 80er Jahre.

Die vierte Phase ist die Phase vor dem Ende des Ceauşescu Regimes, Schmelztiegel-Effekt genannt. Hier waren die Folgen der bezüglich der Minderheiten getroffenen Maßnahmen zu spüren. Der extreme Nationalismus und das Verlieren elementarer Grundrechte haben zu großen Spannungen im Land geführt. Besonders in der Phase des Schmelztiegel-Effekts war ein aggressiver rumänischer Nationalismus zu verspüren, der unter anderen, darauf zielte eine homogene Nation zu schaffen, die nationalen Unterschiede zu beseitigen und die Minderheiten an die rumänische Mehrheit zu assimilieren. Betroffen waren fast alle Lebensbereiche. Wir sprechen vom drastischen Rückgang minderheitensprachlicher Schulausbildung und Medienpräsenz, besonders in den 80er Jahren, von der Einschränkung des Gebrauchs der Muttersprache, vom Verbot minderheitensprachlicher Ortsbezeichnungen, oder von der Zusammenlegung von rumänischen mit Minderheitenschulen. Eines der Ziele der Partei war, durch Mangel an deutschsprachigen Schulen, Lehrer und Medien, die allmähliche Entfremdung von der eigenen Muttersprache und vom ethnischen Identitätsbewusstsein zu erreichen.

Die Gleichberechtigung aller rumänischen Staatsbürger „ohne Unterschied der Rasse, Nationalität, Sprache und Religion" war nur anscheinend ein positiver Grundsatz, eigentlich war dies einfach nur eine Strategie, um die Assimilation durchzuführen, um die nationalen Minderheiten mit der Sozialistischen Nation zu homogenisieren. Die Minderheiten hatten auch Vertreter auf örtlicher, regionaler und Landesebene, diese waren jedoch eher Objekt, als Subjekt der Politik, denn sie wurden von der Partei opportunistisch eingesetzt. Sie durften weder Entscheidungen treffen, noch Weisungen geben, höchstens Empfehlungen machen. Ceauşescu verfolgte, dass die spezifischen Merkmale der mitwohnenden Nationalitäten, im Zuge der gesellschaftlichen und nationalen Homogenisierung der sozialistischen Nation, mehr und mehr verschwinden, wo nationale Homogenisierung als Synonym für Rumänisierung zu verstehen ist.

Eines deren größten Probleme war die Trennung der Familien. Alle Männer, die zur Waffen-SS gehört haben, haben ihre rumänische Staatsbürgerschaft verloren. Eine weitere Trennung erfolgte durch die Zwangsevakuierung aller Deutschen Nordsiebenbürgens, und eine andere durch die Zwangsdeportierung in die Sowjetunion.

Von einer Diskriminierung im kulturellen Bereich kann in dieser Zeitspanne allerdings nicht gesprochen werden. Aber auch nicht von einer kulturellen Autonomie. Die Rumäniendeutschen konnten weiterhin ihre spezifischen Feiern organisieren, hatten Theateraufführungen und Buchlesungen, natürlich gemäß der Anweisungen der kommunistischen Partei. Was die deutschsprachigen Publikationen dieses Landes angeht, muss darauf hingewiesen werden, dass alle geschriebenen deutschen Publikationen, die nach 1945 erschienen sind, nicht, wie sie behauptet haben, Sprachrohre der deutschen Minderheit gewesen sind, sondern umgekehrt, auf die deutsche Minderheit gerichtete Sprachrohre des Regimes.

Von den 1939, fast 800.000 in Rumänien lebenden Deutschen sind nach Ereignissen, wie Umsiedlungen (der Bessarabien-, Bukowina- und Dobrudschadeutschen), Kriegsverluste, Deportation, Familienzusammenführung, Exodus, nur noch 36.000 Deutsche (im Jahr 2011) im Land geblieben. Die Gründe für die Entstehung dieser Situation sind nachvollziehbar.

Medien

Man kann nicht über die Medien im Kommunismus sprechen, ohne die Zensur- und Kontrollorganismen zu erwähnen. Die offizielle Presseagentur des Staates war in der kommunistischen Zeitspanne *Agerpres*, die Ehemalige Presseagentur *Rador. Agerpres* wurde durch einen Beschluss der Großen Nationalversammlung, am 20. Mai 1949, ins Leben gerufen. Diese Agentur hatte die Rolle, die öffentliche Meinung aus dem Inland und aus dem Ausland über die interne und internationale Politik der kommunistischen Regierung zu informieren. Die Agentur verfügte über große Redaktionen: die Redaktion für Auslandsnachrichten, die Redaktion für Inlandsnachrichten und Berichterstattung, die Redaktion für Auslandssendungen, die Redaktion für die Auslandspublikationen.

Für die Zensur war die *Generaldirektion für Presse und Druckarbeit* zuständig gewesen (*Direcţia Generală a Presei şi Tipăriturilor*). Sie war der Regierung unterworfen und sollte zuerst nur die politischen Nachrichten überwachen, aber angefangen mit dem Jahr 1958, hatte sie sogar das Bestimmrecht, wer in der Presseagentur angestellt werden durfte und wer nicht. Durch das Dekret Nr. 53 des Staatsrates vom 30. Mai 1975, wurde die Generaldirektion durch ein *Zentralkomitee für Presse und Druckarbeit* ersetzt (*Comitetul pentru Presă şi Tipărituri*), das sowohl der Regierung, als auch der Partei untergeordnet war. Durch ein Dekret, wurde zwei Jahre später die Zensur abgeschafft und Agerpres unterlag der Selbstzensur.

In Rumänien war die einzige politische Partei allgegenwärtig, hat alles unter Kontrolle gehalten. Sie schränkte die zugewiesene Papiermenge ein und somit die

Auflagennummer und die Größe der Auflagen der Zeitungen und Zeitschriften des Landes ein. Die Radiofrequenzen und die Sendestunden im Fernseher waren limitiert und gleichzeitig die Tätigkeitssphäre der Journalisten und Redakteure. Nicht nur das Format, sondern auch die Inhalte entgingen nicht dem strengen Auge der Partei und deren Zensoren, die alle nicht entsprechenden oder unerwünschten Materialien oder Elemente beseitigten.

Die Zeitspanne 1965-1971 hat den Höhepunkt der „Liberalisierung“ während des Kommunismus in Rumänien dargestellt. Es wurden die Beziehungen zu dem Westen wieder hergestellt, die rumänischen Intellektuellen konnten wieder reisen, es wurden viele internationale literarische Werke übersetzt und große rumänische Schriftsteller, wie Maiorescu oder Blaga, wurden wieder in Betracht genommen, aber nur in Form von kritischen Auseinandersetzungen mit ihren Werken

Als sich Ceauşescu im Jahr 1974 zum Präsidenten ernennen ließ, wurde auch das restriktive Pressegesetz verabschiedet, über die Aufgaben der Printmedien, die auch in der Verfassung verankert waren, und die bis Ende des Jahres 1989 gültig geblieben sind. Die Medien waren einfach Sprachrohre des kommunistischen Regimes und haben gar nicht die Interessen der Leser erfüllt. Die Zeitungen sahen wie Bleilandschaften aus, kleingedruckt mussten alle Reden des Präsidenten veröffentlicht werden, alles wurde in einer trockenen Sprache erzählt, die Nachrichten sollten alle positiv sein und über Erfolge in den unterschiedlichen Bereichen berichten, Sensationsnachrichten und negative Geschichten sollten nicht ans Licht gebracht werden. In den letzten Jahren des Ceauşescu Regimes, als sich ein eindeutiger Nationalkommunismus und ein seltsamer Personenkult durchsetzen, ging man auch zu einer Standardisierung der Ausdrucksweise über. Typische Formeln wurden offiziell und verpflichtend.

Während der Kommunistischen Zeit verwendete man, in der rumänischen geschriebenen Presse, sehr oft die äsopische Kommunikation, das heißt die Verwendung von Anspielungen anhand von Tieren oder jedwelchen Objekten, um bestimmte Wahrheiten auszusprechen.

Die wichtigsten 5 überregionalen Zeitungen aus Rumänien während der Zeit der Kommunismus waren: die deutschsprachige Tageszeitung *Neuer Weg*, erschien als Presseorgan des *Deutschen Antifaschistischen Komitees;* die Tageszeitung *Scînteia*, später *Adevărul*, erschien als Organ des Zentralkomitees der *Rumänischen Kommunistischen Partei* – Auflage: 1,2 Millionen; die Tageszeitung *România Liberă*, erschien als Organ des *Nationalrates der Sozialistischen Einheitsfront;* die Tageszeitung *Scînteia Tineretului*, später *Tineretul liber*, erschien als Organ des *Kommunistischen Jugendverbandes;* die Tageszeitung für die ungarische Minderheit, *Elöre*, später *Romaniai Magyar* Szo.

Die Kommunisten betrieben den Ausbau des Rundfunknetzes mit großer Energie. 1948 waren bereits sechs Sender im Betrieb und die Zahl stieg mit der Zeit. Die Zahl der Rundfunkabonnenten stieg auch rapide an. 1948 waren es 258.000 Abonnenten und 20 Jahre später lag die Zahl bei mehr als einer Million abonnierter Zuhörer.

Die erste Fernsehstation wurde in Bukarest, mit sowjetischer Ausrüstung errichtet und die Inbetriebnahme erfolgte im Jahr 1957, neun Jahre später als sie ursprünglich geplant war. Erst 1959 wurde eine zweite Fernsehstation in Bacău errichtet, die dasselbe Programm über die Moldau ausgestrahlt hat. Die Audiovisuelle Anstalt wurde von einer Institution geführt, genannt *Consiliul Naţional al Radioteleviziunii Române*, deren Präsident vom Staatsrat ernannt wurde.

Vor der kommunistischen Zeit hat es viele deutschsprachige Zeitungen in Rumänien gegeben, die kurz vor oder nach dem Jahr 1945 ihre Tätigkeit eingestellt haben. In dem Kapitel über die deutschsprachigen Medien, dieser Arbeit, werden die wichtigsten deutschen Zeitungen, Zeitschriften und Kalender aus Rumänien, besonders aus dem Banat und aus Sibiu, gemäß ihrer Erscheinungszeitspanne, aufgelistet.

Die wöchentliche Sendezeit der Radiosendungen, in den Sprachen der nationalen Minderheiten, stand im Verhältnis zur Bedeutung der jeweiligen Minderheit.

1969 wurde eine wöchentliche deutschsprachige eineinhalbstündige Fernsehsendung ausgestrahlt. Hier bestand das Programm aus Kultur/Volkstümlichen Reportagen über Land und Leute und aus einem Kinderprogramm, aber auch aus Politik und Wirtschaft. Mitte der achtziger Jahre schlug sich Ceauşescus rigide Minderheiten-Politik auch gravierend bei den elektronischen Medien nieder. Das deutschsprachige Fernsehangebot wurde allmählich komplett eingestellt.

Der *Neue Weg* ist die erste deutschsprachige Zeitung, die während der Zeit des Kommunismus gegründet wurde. Die erste Ausgabe ist am 13. März 1949 erschienen, und zwar als Presseorgan des *Deutschen Antifaschistischen Komitees*. Die Redaktion hatte ihren Sitz in der Hauptstadt Bukarest, was eine Neuheit war, da bis zum damaligen Zeitpunkt, die wichtigsten deutschsprachigen politischen Publikationen entweder in Hermanstadt, Temeswar oder Kronstadt herausgebracht wurden. Die Auflage des *NW* schwankte zwischen 60.000 und 70.000 Exemplare. Der Höhepunkt war im Jahr 1964 als der NW 80.000 Exemplare erreichte. Dies zeigt, dass die Mehrheit der rumäniendeutschen Familien, diese Zeitung gelesen hat. Eigentlich betrug die Zeitung vier Seiten, aber an bestimmten Tagen wurden auch Beilagen, wie folgt gedruckt: Die Raketenpost für Schüler und Pioniere und die Kulturbeilage. Also jeden Donnerstag und Samstag als die Beilagen erschienen, betrug der NW sechs Seiten. Diese Zeitung erschien zunächst als eine politische Zeitung, aber sie informierte auch über wirtschaftliche Themen, über hervorragende Leistungen deutscher Arbeiter und besonders über traditionelle Bräuche.

Ceauşescu hat seine Macht im Land gesichert, indem er die Medien als Ideologie-Apparat benutzt hat. Seine propagandistischen Botschaften haben jede Minderheit in der jeweiligen Muttersprache erreicht. Doch gerade durch die Sprache konnten die Minderheiten aus Rumänien ihre Identität pflegen. Die Rumäniendeutschen hatten deutsche Schulen, deutsches Theater und deutschsprachige Medien.

Die Redakteure aus der damaligen Zeit betonen, dass sie im Vergleich zu den rumänischen Zeitungen, eine freie Berichterstattung hatten, da ihre Zeitung auf Deutsch erschienen ist. Besonders im Lokalteil bekamen die Redakteure ihre Informationen von Geistlichen der deutschen Gemeinde, diese Quelle durfte aber nicht genannt werden[320].

Trotzdem empfanden die Journalisten und Redakteure, die Zeit gleich nach dem Umsturz als eine berufliche Wiedergeburt: „Das Haus, in dem die Freie Presse ihren Sitz hat, wird noch vom Militär bewacht. In diesen Tagen hatten es einige von uns 48 Stunden nicht verlassen. So konnten wir üben, wahre Journalisten zu sein, denn wir dürfen 24 Stunden am Tag Journalisten sein. Während die Schüsse verhallen, lernen wir schreiben."[321]

---

[320] Müller, Annett (2002): *Vom Neuen Weg zur Allgeimenen Deutschen Zeitung für Rumänien,* hora Verlag Hermannstadt und Arbeitskreis für Siebenbürgische Landeskunde e. V. Heidelberg, S. 79.
[321] Reichrath, Edda (1989): *Die Feder hat sich gesträubt*, in: *Neuer Weg*, 27.12.1989, Nr. 12619, S.2.

„Mit 50 Jahren beschränkter Freiheit hinter uns, können wir die Redefreiheit von heute wirklich schätzen und uns auf den *freien Ideenmarkt* freuen. Dieses Werkzeug erleichtert den Meinungsverkehr, erlaubt die uneingeschränkte Konfrontation unserer Ideen und trägt zum freien Zugang einer jeden Person zur Öffentlichkeit bei. Mit 50 Jahren Freiheitseinschränkung hinter uns, ist es unmöglich nicht zu verstehen was Pressefreiheit bedeutet.“[322]

Bisheriger Stand der Forschung

Bis zum gegenwärtigen Zeitpunkt wurden nur vier Studien über den *Neuen Weg* durchgeführt. Jedoch hat sich keine der schon durchgeführten Studien je mit dem extensiven Studium des *Neuen Wegs* während der gesamten kommunistischen Zeitspanne befasst, sondern jede hat sich auf je einen Aspekt konzentriert. So zum Beispiel fokussiert sich die eine Studie auf die Berichterstattung der Deportation der Rumäniendeutschen zur Zwangsarbeit in die Sowjetunion, eine andere Studie auf die Merkmale der Zeitung in den 80ern. Eine dritte Studie befasst sich mit der Zeitung nur während der Umbruchsjahre, während sich eine letzte Studie um den Inhalt und Form der Zeitung ausschließlich nach dem Umbruch kümmert. Somit fehlt ein Untersuchungszeitraum von 40 Jahren. Nur nach einer systematischen Untersuchung von Stichproben aus der Zeitung, während der ganzen kommunistischen Periode, kann man sich ein reales Bild über die Art der Berichterstattung im NW machen und ist gerechtfertigt Schlüsse zu ziehen, darin liegt die Originalität unserer Arbeit.

Analyse des *Neuen Wegs*

Durch die vorliegende Analyse wurde untersucht, ob die Zeitung *Neuer Weg* bei allen kommunistischen Vorgaben trotzdem an deutschen Werte angeknüpft hat, ob und inwieweit diese Blätter für die Minderheit, für die sie gedruckt wurden, identitätsstiftend waren. Es wurde analysiert wie die deutschen Traditionen, Belange, aber auch Probleme dargestellt wurden, wenn sie überhaupt dargestellt wurden.

---

[322] Abrudan, Mirela (2008): *Die Bedeutung der Pressefreiheit*, S. 34-42, in: Balaban, Delia Cristina, Rus, Flaviu Călin (Hrsg.) (2008): *Medien, PR und Werbung in Rumänien*, Hochschulverlag Mittweida, S. 39.

Einerseits wurde verfolgt, ob die Zeitung über die Deutschen aus dem Ausland, beziehungsweise aus der BRD und der DDR, berichtet hat und andererseits über die Deutschen aus Rumänien. Das Spannungsverhältnis zwischen Deutschtum und Sozialismus ist hier von besonderem Interesse und eine der wichtigsten Fragen ist die folgende: Wird im Kontext von Deutschtum oder im Kontext des Sozialismus geschrieben?

Wie erwähnt, wollten wir herausfinden welchen Stellenwert minderheitenrelevante Inhalte in der Berichterstattung des *Neuen Wegs* einnehmen. Wir sind von der Annahme ausgegangen, dass folgende Themen minderheitenrelevant sind: Ereignisse aus der DDR und aus der BRD und Ereignisse aus dem Inland bezüglich der Minderheiten.

Um feststellen zu können, ob überhaupt Themen über Deutschland, sowohl über die Bundesrepublik Deutschland, als auch über die Deutsche Demokratische Republik, im *Neuen Weg* veröffentlicht wurden, haben wir eine qualitative Medieninhaltsanalyse durchgeführt. Wir sind bei der Auswahl des Analysematerials systematisch vorgegangen, und zwar haben wir zuerst eine Liste der wichtigsten Ereignisse, aus der BRD und der DDR, zusammengefasst. Es geht dabei um die Ereignisse die sich während der kommunistischen Periode aus Rumänien abgespielt haben, also während des Bestehens der Zeitung *Neuer Weg*. Aus diesen Ereignissen, haben wir die wichtigsten 35 aus allen Lebensbereichen ausgewählt, es geht dabei um Themen wie: deutsche Erfolge im Sport, die deutsche Teilung, fünf Jahrestage des Mauerbaus, politische Entscheidungen, deutsche Beziehungen zu anderen Staaten usw. Ausgehend vom Zeitpunkt der Abspielung dieser Ereignisse, haben wir die jeweiligen Ausgaben aus dem *Neuen Weg* aus dem Archiv herausgewählt, das heißt, wir haben diejenige Ausgabe der Zeitung analysiert, die am nächsten Tag, nach dem Tag des Eintreten einer Begebenheit, erschienen ist. Falls am nächsten Tag, die Zeitung nicht erschienen ist, weil es z. B. Montag war, die Zeitung ist sechs Mal in der Woche erschienen, außer montags, dann haben wir die Ausgabe aus dem übernächsten Tag ausgewählt.

Bei der Auswertung der untersuchten Medieninhalte wurde die Art und Weise analysiert, in der die Ereignisse über die Berichtet wurde dargestellt wurden, aber auch nach möglichen Gründen gesucht, weswegen bestimmte Ereignisse aus der Berichterstattung gefehlt haben. Somit sind drei Kategorien entstanden:

- Ereignisse über die berichtet wurde
- Ereignisse über die nicht berichtet wurde
- Ereignisse aus dem Inland

Was infolge der Analyse der eher kurzen Artikel darüber auffällt, ist das absichtliche Vermeiden der Zeitung über negative Aspekte, Probleme oder Vermutungen zu schreiben. Generell wird in dieser Zeitung über die BRD ganz kurz berichtet, telegrammartig, es werden keine Details gegeben und der Dramatismus wird vermieden. In diesem Fall gab es ganz viele Vermutungen bezüglich des Rücktritts von Willy Brandt, über die jedoch kein Wort geschrieben wurde. Einige der Auslöser seien die Guillaume-Affäre, seine Depressionen, Altersmüdigkeit oder Alkoholprobleme gewesen.

Anhand der Inhaltsanalyse konnte ein Schema bezüglich der Berichterstattungsart aufgebaut werden. Drei große Grundzüge hat die Berichterstattung über die Ereignisse aus Deutschland erwiesen. Von den 35 Ereignissen, wurden 14 Ereignisse anhand von drei Deutungsmustern dargestellt: Weglassungen, Negatives über die BRD und Unwahrheiten.

Der größte Teil der Berichterstattung erfolgte durch absichtliche Weglassungen von Informationen, die von wichtiger historischer Bedeutung waren, die aber nicht mit den Visionen der rumänischen Kommunistischen Partei übereinstimmten. Sechs Ereignisse, also fast die Hälfte, wurden durch Weglassungen dargestellt. Das zweite Berichterstattungsmuster besteht darin, ein negatives Licht über die BRD zu werfen, und zwar in drei der Artikel. Das dritte Berichterstattungsmuster besteht schlicht und einfach aus einer Unwahrheit, in einem der analysierten Artikel.

Die Inhaltsanalyse der Berichterstattung aus dem Inland hat ergeben, dass außer den kulturellen Aspekten, die Belange der Rumäniendeutschen nicht sehr angesprochen wurden. Sehr oft werden die Namen der Arbeiter genannt, sehr oft deutsche Namen, die ihre vom Staat vorgegebene Arbeitsnorm überschritten haben oder man berichtet über deutsche Tanzgruppen, die zu wichtigen Veranstaltungen, entweder in Bukarest, oder im Heimatort, Auftritte hatten. Andere Artikel berichten darüber wie sich die Pioniere aus der deutschen Elementarschule für die Prüfungen fleißig vorbereiten und gegenseitig durch Nachhilfestunden helfen. Hauptsächlich wird über deutsche kulturelle Ereignisse geschrieben, wie deutsche Theaterabende, Übersetzung von Büchern mit klassischen und zeitgenössischen Literatur oder Versorgung von Bibliotheken mit Werken in deutscher Sprache.

Sehr beliebt ist aber auch der Angriff des Kapitalismus und dessen Methoden und die Emporhebung des Sozialismus anhand von Beispielen über wie schlecht die Arbeitsbedingungen und Entlohnungen in kapitalistischen Staaten sind und wie gut sie in den sozialistischen doch seien.

Die *Kulturbeilage*, die wöchentlich erschien, bestand aus einer Vielfalt an Themen, aus Texten über das kulturelle Leben der Rumäniendeutschen. Die *Raketenpost*, welche die Beilage für Pioniere und Schüler war, enthielt keine spezifisch deutschen Elemente, sondern zielte auf die Unterhaltung und Erziehung von Kindern. Über die Traditionen der Rumäniendeutschen wird ziemlich oft berichtet, besonders im Ressort *Lokales*. Es gab in einer Ausgabe sogar eine *Sprachecke*, die sich mit dem Eindringen von Fremdwörtern im Wortschatz der Deutschen Sprache befasst hat. Für die Nähe zwischen der Zeitung und den Lesern sind meistens die kurzen Erzählungen, die ab und zu im Ressort Lokales erscheinen, und besonders diejenigen die im sächsischen oder schwäbischen Dialekt erscheinen, zuständig. Somit wird der Ton dieser Publikation gesänftigt.

Diese Berichterstattung über lokale Aspekte der Rumäniendeutschen ist während der Jahre beständig geblieben, auch wenn nachdem Ceauşescu die Macht im Staat ergriffen hat, diese seltener veröffentlicht wurden. Unsere Analyse hat ergeben, dass spätestens seit ungefähr dem Jahr 1976, die meisten Seiten der Zeitung voll mit Ceauşescu, seiner Frau und deren Besuche und Reden waren. So zum Beispiel auch die Ausgabe vom 13. Oktober 1987, die keine Ressorts hatte. Alle Seiten sind voll mit den Aktivitäten des Präsidenten und seiner Frau, und deren völligen Unterstützung seitens der Bürger. Die eigentlichen 4 Seiten der Zeitung sind gar nicht in Ressorts eingeteilt.

Doch auch in diesen Jahren sind ab und zu Artikel über spezifisch deutsche Belange erschienen. Es wurde über alte Banater Häuser geschrieben, oder über schwäbische Volkstrachten, Kerweien im Banat oder über Ergebnisse an der Olympiade für die deutsche Sprache berichtet.

Infolge der detaillierten Untersuchung zahlreicher Ausgaben des *Neuen Wegs,* ist das Fazit, dass in der Tat über deutsche Aspekte berichtet wurde. In ungefähr einem Drittel der Ausgaben wurde über die wichtigsten Ereignisse aus der DDR und der BRD immerhin berichtet, auch wenn öfters die Details und Hintergründe der jeweiligen Begebenheiten und Situationen nicht offenkundig gemacht wurden. Ansonsten gibt es kaum eine Ausgabe in der nicht über rumänische Bürger deutscher Nationalität berichtet wird. Wir haben 35 wichtige Ereignisse aus der BRD und der DDR ausgewählt und die Zeitung hat über 14 von diesen berichtet.

Es wurde auch untersucht, ob diese Zeitung einfach nur eine rumänische Zeitung in deutscher Sprache gewesen ist, oder ob sie sich inhaltlich von den anderen Zeitungen des Landes unterschieden hat. Hierfür wurden auch Ausgaben aus den zwei wichtigsten rumänischen Überregionalen Zeitungen *Scânteia* und *România Liberă* ausgewählt und überprüft, ob sich dieselben Themen darin wiederfinden, wie in der deutschsprachigen Zeitung, und wenn nicht, worin die Unterschiede bestehen. In diesem Sinne, hat die deutschsprachige Zeitung von den 35 ausgewählten Ereignissen über 14 berichtet. Beide rumänischen Zeitungen haben von diesen 14 Ereignissen nur über 5 berichtet. Die Form der Berichterstattung war dieselbe, durch Weglassungen, Verschweigen, Leugnen, Übertreiben oder Untertreiben. Inhaltlich ist jedoch ein wesentlicher Unterschied zu vermerken. Der NW hat tatsächlich mehr, als die anderen Zeitungen aus Rumänien, über die Ereignisse aus der DDR und der BRD berichtet.

Die Auswertung des Analysematerials ist mit der Berücksichtigung wichtiger Erkenntnisse, die von wichtigen Persönlichkeiten, die im Pressebereich während des Kommunismus gearbeitet haben, gemacht worden. Es geht dabei um eine Rede von Walther Konschitzky, ehemaliger Redakteur des *Neuen Wegs*, und eine Rede von Hannes Schuster, ehemaliger Redakteur der *Karpatenrundschau*

Wir haben aus den 35 analysierten Ausgaben, alles aufgefasst was mit Deutschtum zu tun hat, also sowohl Ereignisse aus der DDR und der BRD, als auch aus Themen, die direkt mit den Deutschen des Landes zu tun haben und dabei mussten wir feststellen, dass deren Anzahl sehr gering gewesen ist. Auch wenn über bestimmte Ereignisse aus Deutschland berichtet wurde, wie zum Beispiel Staatsbesuche, deren historische Wichtigkeit uns jetzt bewusst ist, wurden diese nur kurz erwähnt, ohne irgendwelche Hintergründe oder Folgen zu nennen. Was die Tätigkeiten der deutschen Minderheit aus Rumänien angeht, zeigt uns die Zeitung ein schönes Bild: die Rumäniendeutschen haben mit Freude während des Tages gearbeitet und abends sich an deutschen kulturellen Ereignissen beteiligt. Ohne den ersten Teil der vorliegenden Arbeit, bezüglich der Allgemeinlage der Deutschen aus Rumänien, würde ein unerfahrener Leser des *Neuen Wegs*, mit dem Eindruck bleiben, dass für diese Menschen, das Leben in Rumänien ein Fest gewesen ist.

Die Inhaltsanalyse hat ergeben, dass die Belange der Rumäniendeutschen nicht sehr angesprochen wurden. Tatsächlich wurden die kulturellen und sprachlichen Aspekte deren Existenz, von der Zeitung angesprochen, andere konkrete Probleme, die diese Gemeinschaft hatte, wurden nicht einmal erwähnt. Wenn wir uns die Fakten aus der Geschichte der Rumäniendeutschen und die Artikel aus der Zeitung ansehen, sehen wir zwei parallele Welten, die erste hart, versehen mit grundlegenden, existenziellen Problemen und die zweite feierlich, mit Tanzabende, Bücher und Traditionen.

Der *Neue Weg* war kein Sprachrohr der Rumäniendeutschen gewesen, sondern einfach eine rumänische Zeitung veröffentlicht in deutscher Sprache, die einfach mehr über Deutschland und über die Traditionen der Rumäniendeutschen, als andere rumänische Zeitungen geschrieben hat. Von hier, bis zur Bestätigung der Aussage, dass die Blätter der Zeitung für die lesende Minderheit identitätsstiftend waren, ist ein langer Weg. Die Frage, die wir am Anfang der Analyse gestellt haben, lässt sich, mit Bedauern, sehr leicht beantworten: man hat eher im Kontext des Sozialismus, und nicht im Kontext des Deutschtums geschrieben, die Zensur konnte man auf keinen Fall umgehen und diese Zeitung hat sich nicht sehr viel von den anderen rumänischen Zeitungen differenziert. Obwohl die Zeitung es nicht geschafft hat ein realitätsnahes Bild zu erstellen, hat sie es wahrscheinlich, durch die Pflege der Sprache und der Traditionen, geschafft, die gruppenspezifische Identität ihrer Leserschaft in den Jahren der kommunistischen Diktatur zu bewahren.

Bibliografie

Abrudan, Mirela (2008): *Die Bedeutung der Pressefreiheit* (2008) in: Balaban, Delia Cristina/ Rus, Flaviu Călin (Hrsg.) (2008): *Medien, PR und Werbung in Rumänien*, Hochschulverlag Mittweida;

Arnold, Wilhelm (1980): *Die Aussiedler in der Bundesrepublik Deutschland, Abhandlungen zu Flüchtlingsfragen*, Braunmüller, Wien;

Aron, Raymond (2001): *Democratie si totalitarism*, Bucureşti, Humanitas.

Baier, Hannelore (2011): *Die deutsche Minderheit in Rumänien 1953-1956*, S., in: Gräf, Rudolf/ Volkmer, Gerald (Hrsg.) (2011): *Zwischen Tauwettersozialismus und Neostalinismus. Deutsche und andere Minderheiten in Ostmittel- und Südosteuropa 1953-1964*, IKGS Verlag, München, S.107-117;

Bányai, László (1972): *Destin commun, traditions fraternelles*, Bibliotheca Historica Roumaniae, Bucureşti;

Barcan, Monica/ Millitz, Adalbert (1978): *Die deutsche Nationalität in Rumänien*, Kriterion, Bucureşti;

Barton, A., H./ Lazarsfeld, P., E. (1979): *Einige Funktionen von qualitativer Analyse in der Sozialforschung*, in: Hopf, C/ Weingarten, E. (1979): *Qualitative Sozialforschung*, Klett, Stuttgart, S.41-89;

Baumann, Eva (2001): *Graduell oder grundsätzlich? Unterschiede der inhaltsanalytischen Grundlagenliteratur von K. Merten und W. Früh*, in: Wirth, Werner/ Lauf, Edmund (Hrsg.) (2001): *Inhaltsanalyse. Perspektiven, Probleme, Potentiale*, Herbert von Halem Verlag, Köln, S. 362-373;

Bayer, Erich (1980): *Wörterbuch zur Geschichte. Begriffe und Fachausdrücke*, 4. Überarbeitete Auflage, Kröner, Stuttgart;

Behr, Edward (1999): *Sãrutã mâna pe care nu o poţi muşca. Românii şi Ceauşeştii: investigaţia unui blestem al istoriei*, Editura Humanitas, Bucureşti;

Berelson, Bernard (1952): *Content Analysis in Communication Research,* New York: Free Press;

Bergel, Hans (1985): *Der Exodus ist nicht zu Ende. Probleme der Spätaussiedler,* in: Engel, Hans-Ulrich (1985): *40 Jahre nach Flucht und Vertreibung*, Walter Rau Verlag, Düsseldorf, S. 130-139;

Bergel, Hans (1985): *Die Not der Deutschen aus Siebenbürgen und dem Banat*, in: Engel, Hans-Ulrich (1985): *40 Jahre nach Flucht und Vertreibung*, Walter Rau Verlag, Düsseldorf, S. 63- 74;

Bergel, Hans (1996): *Aus dem Spannungsfeld des Südostens entlassen*: *Die Deutschen.* in: Förster, Horst/ Fassel, Horst (Hrsg.) (1997): *Das Banat als kulturelles Interferenzgebiet. Traditionen und Perspektiven*: *Beiträge des wissenschaftlichen Kolloquiums vom 12. Oktober 1996 in Temeswar*, Tübingen, Eigenverlag des Instituts für donauschwäbische Geschichte und Landeskunde, Materialien Heft 6, S. 9 – 13;

Bertrand, Claude-Jean (2000): *Deontologia mijloacelor de comunicare*, Institutul European, Iaşi;

Berwanger, Nikolaus (1977): *Temeswarer Nachrichten. Erste Zeitung des Banats – erste Zeitung auf dem Gebiet des heutigen Rumäniens* in: Eisenburger, Eduard/ Kroner, Michael (Hrsg) (1977): *Die Zeit in der Zeitung. Beiträge zur rumäniendeutschen politischen Publizistik*, Dacia, Cluj-Napoca;

Bodeanu, Denisa Florentina (2006*): Die Auswanderung der Deutschen aus Rumänien: Ursachen, Etappen, Folgen*, in: Gaiu, Corneliu/ Orga, Valentin (Hrsg.) (2006): *Saşii transilvăneni între statornicie şi dezrădăcinare/ Die Siebenbürger Sachsen zwischen Heimatreue und Entwurzelung*, Nosa Stiftung, Bistriţa, S. 388-405;

Böhm, Johann (2003): *Die Gleichschaltung der Deutschen Volksgruppe in Rumänien und das Dritte Reich 1941-1944*, Peter Lang, Frankfurt am Main.

Böhrn, Joachim/ Dickgießer Sylvia (1989): *Deutschsprachige Minderheiten. Ein Überblick über den Stand der Forschung für 27 Länder.* Institut für deutsche Sprache, Mannheim.

Bonfadelii, Heinz/ Leonartz, Martina/ Süss, Daniel/ (2001): *Medieninhalte*, in: Jarren, Otfried/ Bonfadelli, Heinz (Hrsg.) (2001): *Einführung in die Publizistikwissenschaft*, Verlag Paul Haupt, Bern, Stuttgart, Wien, S. 383-415;

Bonfadelli, Heinz (2001): *Medienwirkungsforschung*, S. 337-379 in: Jarren, Otfried/ Bonfadelli, Heinz (Hrsg.) (2001): *Einführung in die Publizistikwissenschaft*, Verlag Paul Haupt, Bern, Stuttgart, Wien, S. 337-379;

Born, Joachim/ Dickgießer Sylvia (1989): *Deutschsprachige Minderheiten. Ein Überblick über den Stand der Forschung für 27 Länder.* Institut für deutsche Sprache, Mannheim;

Brosius, Hans-Bernd/ Koschel, Frederike/ Haas, Alexander (2008): *Methoden der empirischen Kommunikationsforschung. Eine Einführung*, 4., überarbeitete und erweiterte Auflage, VS Verlag für Sozialwissenschaften, Wiesbaden;

Brosius, Hans-Bernd/ Koschel, Friederike/ Haas, Alexander (2009): *Methoden der empirischen Kommunikationsforschung*, 5. Auflage, VS Verlag;

Buchinger, Erich (1980): *Die „Landler" in Siebenbürgen. Vorgeschichte, Durchführung und Ergebnis einer Zwangsumsiedlung im 18. Jahrhundert,* Buchreihe der Südostdt. Histor. Kommission, München;

Budd, Richard (1967): *Content Analysis of Communications*, New York: Macmillan Company;

Budeancă, Cosmin (2006): *Die Deportierung 1945 der Volksdeutschen in die Sowjetunion aus der Sicht der rumänischen Bevölkerung*, in: Gaiu, Corneliu/ Orga, Valentin (Hrsg.) (2006): *Saşii transilvăneni între statornicie şi dezrădăcinare/ Die Siebenbürger Sachsen zwischen Heimatreue und Entwurzelung*, Nosa Stiftung, Bistriţa, S.319-353;

Bukarest und seine Minderheiten in: *Wissenschaftlicher Dienst Südosteuropa,* Hrsg. Südostinstitut München, Nr. 8-9/1964, S. 140-143;

Buletinul Oficial (Amtliches Gesetzblatt) (1974) in: Maurach, Reinhart et al. (Hrsg.) (1974): *Jahrbuch für Ostrecht*, Band XV, 1. und 2. Halbjahresschrift, Basel, Tübingen: Horst Erdmann Verlag, S. 451-471;

Busha, Charles H./ Harter, Stephen P. (1980): *Research Methods in Librarianship - Techniques and Interpretation.* New York: Academic Press, S. 238-241;

Buzek, Anton (1965): *Die kommunistische Presse*, Huber, Frauenfeld;

Carley, Kathleen (1990): *Content Analysis* in: R.E. Asher (Ed.) (1990): *The Encyclopedia of Language and Linguistics.* Edinburgh: Pergamon Press, S.126;

Casagrande, Thomas (2003): *Die Volksdeutsche SS-Division „Prinz Eugen". Die Banater Schwaben und die National-Sozialistischen Kriegsverbrechen*, Campus Verlag, Frankfurt/New York;

Castellan, Georges (1971): *The Germans of Romania*, in: *Journal of Contemporary History*, Vol. 6, No. 1/1971, S. 52-75;

Coman, Mihai (1999): *Introducere in sistemul mass-media*, Polirom, Iaşi;

Coulin, Alfred (1977): *Massenmedien (Presse-Funk-Film)* in: Grothusen, Klaus-Detlev (Hrsg.) (1977): *Südosteuropa-Handbuch*, Band II., Vandenhoeck & Rupprecht, Göttingen;

Dahinden, Urs/ Hättenschwiler, Walter (2001): *Forschungsmethoden in der Publizistikwissenschaft*, in: Jarren, Otfried/ Bonfadelli, Heinz (Hrsg.) (2001): *Einführung in die Publizistikwissenschaft*, Verlag Paul Haupt, Bern, Stuttgart, Wien, S. 489-527.

Die Wahrheit über die Nationalitäten Rumäniens. Die Plenartagungen der Räte der Werktätigen ungarischer und deutscher Nationalität in der Sozialistischen Republik Rumänien, 26. – 27. Februar 1987, Editura Politică, Bucureşti;

Dohna, Marina Gräfin (1995): *Unterstützung für deutschsprachige Sendungen in Rundfunk und Fernsehen der GUS*, in: Olt, Reinhard (Hrsg.) (1995): *Der Riese erwacht. Osteuropa nach 1989. Facetten aus Gesellschaft, Politik und Medien,* IMK, Frankfurt am Main;

Duden (2003), Dudenverlag, 5. Überarbeitete Auflage, Dudenverlag, Mannheim;

Dunăreanu, Elena/ Avram, Mircea (1971): *Presa sibiană în limba germană (1778-1970),* Sibiu;

Eisenburger, Eduard (1977): *Aktiver Gestalter unseres Hier und Heute. Die rumäniendeutsche Presse in den Jahren des sozialistischen Aufbaus* in: Eisenburger, Eduard/ Kroner, Michael (Hrsg) (1977): *Die Zeit in der Zeitung. Beiträge zur rumäniendeutschen politischen Publizistik*, Dacia, Cluj-Napoca;

Eisenburger, Eduard/ Kroner, Michael (1976): *Sächsisch-Schwäbische Chronik. Beiträge zur Geschichte der Heimat,* Kriterion, Bukarest;

Ficeac, Bogdan (1999): *Cenzura comunista si formarea „omului nou"*, Bucureşti, Nemira;

Franz, Günther. (1970): *Geschichte des deutschen Bauernstandes vom frühen Mittelalter bis zum 19. Jahrhundert,* Verlag Eugen Ulmer, Stuttgart;

Frick, Hans (1995): *Deutschsprachige Medien in Rumänien,* in: Olt, Reinhard (Hrsg.): *Der Riese erwacht. Osteuropa nach 1989. Facetten aus Gesellschaft, Politik und Medien*, IMK, Frankfurt am Main, S. 285-290;

Früh, Werner (2007): *Inhaltsanalyse. Theorie und Praxis*, 6. überarbeitete Auflage. UVK Verlagsgesellschaft, Konstanz;

Gabanyi, Anneli Ute (1991): *Bleiben, gehen, wiederkehren? Zur Lage der deutschen Minderheit in Rumänien,* in: *Südosteuropa* 10/1991, S.493-517;

Gabanyi, Anneli, Ute (1994): *Die Deutschen in Rumänien: Exodus oder Neuanfang?*, in: Rothe, Hans (Hrsg.) (1994): *Die Siebenbürger Sachsen in Geschichte und Gegenwart*, Böhlau Verlag, Köln, Weimar, Wien, S. 89-104;

Geier, Luzian: *Die „Temeswarer Zeitung". Das wichtigste bürgerliche Presseorgan im Banat bis 1944* in: Eisenburger, Eduard/ Kroner, Michael (Hrsg) (1977): *Die Zeit in der Zeitung. Beiträge zur rumäniendeutschen politischen Publizistik*, Dacia, Cluj-Napoca;

Gilberg, Trond (1974): *Ethnic minorities in Romania under socialism,* in: East European Quarterly, Nr. 4/1974, S. 435-458;

Göllner, Ralf Thomas (2006): *Minderheitenrecht und Minderheitenpolitik*, in: Thede Kahl/ Metzeltin, Michael/ Ungureanu, Mihai-Răzvan (Hg.) (2006): *Rumänien: Raum und Bevölkerung, Geschichte und Geschichtsbilder, Kultur, Gesellschaft und Politik heute, Wirtschaft, Recht und Verfassung, historische Regionen*, LIT Verlag, Wien, Berlin, Münster, S. 189-804;

Gottas, Friedrich (1995): *Die Deutschen in Südosteuropa. Von den Ansiedlungen im Mittelalter und im 18. Jahrhundert zur Rückbewegung im 20. Jahrhundert*, in: Grimm, Gerhard/Zach, Krista (Hrsg.): *Die Deutschen in Ostmittel- und Südosteuropa*, Verlag Südostdeutsches Kulturwerk, München, S.13-31.

Gräf, Rudolf (2001): *Cultura germanilor din Banat*, in: Pop, Ioan-Aurel/ Nägler, Thomas, Magyari, András (2001): *Istoria Transilvainiei de la 1711 până la 1918*, Vol. III, Academia Română, S. 589-599;

Hartl, Hans (1987): *Die Deutschen in Rumänien nach 1945, in: Die Deutschen in Rumänien heute. Das Schicksal der Siebenbürger Sachsen als schwindende nationale Minderheit*, 2. Auflage, 1987, Herausgegeben vom Kulturreferat der Landsmannschaft der Siebenbürger Sachsen in Deutschaland, , S. 81-101;

Hausleitner, Mariana (2011): *Das „Tauwetter" in der Sowjetunion und seine Folgen in Polen, Ungarn und Rumänien 1953-1956*, in: Gräf, Rudolf/ Volkmer, Gerald (Hrsg.) (2011): *Zwischen Tauwettersozialismus und Neostalinismus. Deutsche und andere Minderheiten in Ostmittel- und Südosteuropa 1953-1964*, IKGS Verlag, München, S.11-26;

Henkel, Jürgen (2006): Rezension des Buches: *Politische Kommunikation im Wandel. Die deutschsprachige Presse des (ehemaligen) Ostblocks zwischen 1980 und 2000* in: Südosteuropa Mitteilungen, Issue 05-06/2006, Südosteuropa Gesellschaft e. V;

Holzträger, Hanz (1990): *Unter den Teppich gekehrt? Anmerkungen zur Darstellung der nationalsozialistischen Vergangenheit in den siebenbürgischen Heimatbüchern*, in: *Zugänge*, Heft 8/1990, Juli, Forum des evangelischen Freundeskreises Siebenbürgen, Heidelberg, S. 154-160;

Hösch, Edgard, Nehring, Karl, Sundhaussen, Holm (Hrsg.) (2004): *Lexikon zur Geschichte Südosteuropas*, Böhlau Verlag, Köln, Weimar, Wien.

Hoyer, Vera (2008): *Kunst und Kunstgeschichte in der deutschen Tagespresse 1950-2000*, Düren;

Ilyes, Elemer (1981): *Nationale Minderheiten in Rumänien. Siebenbürgen im Wandel*, Braumüller, Wien;

Ionescu, Carmen (2003): *Agenţiile de presă din România, de la 1889 până astăzi*, Editura Tritonic, Bucureşti.

Ionescu, Dan (1992): *Romania in Research report Radio Free Europe*, Radio Liberty, INC. Hugary, Volume 12. October 1992, Nr. 39, S. 53-57.

Krippendorff, Klaus (1980): *Content Analysis: An Introduction to its Methodology.* Beverly Hills: Sage Publications;

Krischan, Alexander (1987): *Die deutsche periodische Literatur des Banats. Zeitungen, Zeitschriften, Kalender (1771-1971),* Verlag des Südostdeutschen Kulturwerkes, München;

Kroner, Michael (1983): *Politische Stimmungen bis 1944*, in: Schuster, Oskar (1983): *Epoche der Entscheidungen. Die Siebenbürger Sachsen im 20. Jahrhundert.* Sonderausgabe für die Mitglieder des Arbeiterkreises für die Siebenbürgische Landeskunde, e. V. Heidelberg, Köln/ Wien, S. 21-34;

Kroner, Michael (1993): *Politische Prozesse gegen Deutsche im kommunistischen Rumänien. Versuch einer Bestandsaufnahme und eines Überblicks*, in: Motzan, Peter/ Sienerth, Stefan (Hrsg.) (1993): *Worte als Gefahr und Gefährdung. Fünf deutsche Schriftsteller vor Gericht*, Verlag Südostdeutsches Kulturwerk, München, S. 31-49;

Kroner, Michael (2004): *Die Deutschen Rumäniens im 20. Jahrhundert,* Österreichische Landsmannschaft, Wien;

Kroner, Micheal (1977): *„Kronstädter Zeitung" und „Siebenbürgisch-Deutsches Tageblatt". Die bedeutendsten publizistischen Organe der Siebenbürger Sachsen bis 1944* in: Eisenburger, Eduard/ Kroner, Michael (Hrsg.) (1977): *Die Zeit in der Zeitung. Beiträge zur rumäniendeutschen politischen Publizistik*, Dacia, Cluj-Napoca;

Kunzick, Michael, Zipfel, Astrid (1998): *Introducere în ştiinţa publicisticii şi a comunicării*, Übersetzung aus der deutschen Sprache: R. Gräf und W. Kremm, Editura Presa Universitară Clujeană, Reşiţa;

Liebhardt, Hans (2003): *Deutsche in Bukarest: zwei-drei Jahrhunderte erlebter Geschicht*e, ADZ Verlag, Bukarest;

Ludwig, Egon (Hrsg.) (1978): *Als Deutsche unter Deutschen leben – Eingliederung der Aussiedler,* Schriftenreihe der Bundeszentrale für politische Bildung 137, Bonn.

Luhmann, Niklas (1993): *Soziale Systeme. Grundriss einer allgemeinen Theorie.* Frankfurt a.M: Suhrkamp;

Mândruţ, Stelian/ Gräf, Rudolf (Hrsg.) (2010): *Între ştiinţă şi politică. Fritz Valjavec şi corespondenţii săi români (1935-1944)/ Zwischen Wissenschaft und Politik. Fritz*

Valjavec's Briefwechsel mit rumänischen Gelehrten (1935-1944), Academia Română, Centrul de Studii Transilvane, Cluj-Napoca;

Mayring, Philipp (2008): *Qualitative Inhaltsanalyse. Grundlagen und Techniken*, 10., neu ausgestattete Auflage, Beltz Verlag, Weinheim und Basel;

McQuail, Denis (1999): *Comunicarea*, rumänische Übersetzung von Rusu, Daniela, Editura Institutul European, Iaşi;

Merten, Klaus (1995): *Inhaltsanalyse*, Westdeutscher Verlag, Opladen;

Merten, Klaus et altri (1979): *Struktur der Berichterstattung der deutschen Tagespresse. Eine repräsentative Inhaltsanalyse der Tagespresse der Bundesrepublik Deutschland im Wahljahr 1976*, Bielefeld;

Meyen, Michael/ Löblich, Maria/ Pfaff-Rüdiger, Senta/ Riesmeyer, Claudia (2011): *Qualitative Forschung in der Kommunikationswissenschaft. Eine praxisorientierte Einführung*, VS Verlag für Sozialwissenschaften;

Mocanu, Marin Radu (2001): *Cenzura Comunistă (Documente)*, Editura Albatros, Bucureşti;

Motzan, Peter (1993): *Risikofaktor Schriftsteller. Ein Beispielsfall von Repression und Rechtswillkür*, S. 51-81, in: Motzan, Peter/ Sienerth, Stefan (Hrsg.) (1993): *Worte als Gefahr und Gefährdung. Fünf deutsche Schriftsteller vor Gericht*, Verlag Südostdeutsches Kulturwerk, München;

Müller, Annett (2002): *Vom Neuen Weg zur Allgemeinen Deutschen Zeitung für Rumänien,* hora Verlag Hermannstadt und Arbeitskreis für Siebenbürgische Landeskunde e. V. Heidelberg;

Muss, Walter (1995): *Lexikon der Siebenbürger Sachsen: Geschichte, Kultur, Zivilisation, Wissenschaften, Wirtschaft, Lebensraum Siebenbürgen*, Wort und Werk Verlag, Thaur bei Innsbruck;

Nägler, Thomas (1999): *Die Rumänen und die Siebenbürger Sachsen vom 12. Jahrhundert bis 1848,* hora Verlag Hermannstadt und AKSL Heidelberg;

Nichiţelea, Pamfil (2002): *Agenţii de presă*, Arvin Press, Bucureşti;

Noelle-Neumann, Elisabeth/ Schulz, Winfried (1971): *Publizistik*, Frankfurt/ M.

Olhausen, Manuela (2005): *Politische Kommunikation im Wandel. Die deutschsprachige Presse des (ehemaligen) Ostblocks zwischen 1980 und 2000*, Verlag Dr. Kovac, Hamburg;

Onişoru, Gheorghe (1997): *Vom kalten Krieg zur friedlichen Koexistenz: Die Entwicklung des Westeuropa-Bildes in Rumänien* (1944-1989), in: *Heppner, Harald (Hrsg.) (1997): Die Rumänen und Europa vom Mittelalter bis zur Gegenwart*, Böhlau Verlag, Köln, Weimar, Wien, S. 253-272;

Onişoru, Gheorghe (2005): *Das Drama der rußlanddeportierten Deutschen aus Rumänien in der Erinnerungsliteratur,* in: Zach Krista/ Zach Cornelius (Hrsg.) (2005): *Deutsche und Rumänien in der Erinnerungsliteratur*, IKGS Verlag, München, S. 219 – 242;

Oschlies, Wolf (1988): *Rumäniendeutsches Schicksal 1918-1988, Wo Deutsch zur Sprache der Grabsteine wird*, Böhlau Verlag, Köln, Wien;

Păsăilă, Vasile (2004): *Presa în istoria modernă a românilor*, Editura Fundaţiei PRO, Bucureşti;

Petcu, Marian (1999): *Puterea şi cultura – o istorie a cenzurii*, Polirom, Bucureşti;

Petcu, Marian (2000): *Tipologia presei româneşti*, Institutul European, Iaşi;

Petcu, Marian (2002): *Istoria presei române*, antologie, Tritonic, Bucureşti;

Philippi, Paul (1994): *Nation und Nationalgefühl der Siebenbürger Sachsen 1791-1991*, in: Rothe, Hans (Hrsg.) (1994): *Die Siebenbürger Sachsen in Geschichte und Gegenwart*, Böhlau Verlag, Köln, Weimar, Wien, S. 69-87;

Pintilescu, Corneliu (2011): *Justiz und politische Repression im kommunistischen Rumänien: der Schwarze-Kirche-Prozess in Kronstadt/ Braşov*, S. 133-145, in: Gräf, Rudolf/ Volkmer, Gerald (Hrsg.) (2011): *Zwischen Tauwettersozialismus und Neostalinismus. Deutsche und andere Minderheiten in Ostmittel- und Südosteuropa 1953-1964*, IKGS Verlag, München;

Poledna, Rudolf (2001): *Sint ut sunt, aut non sunt? Transformări sociale la saşii ardeleni după 1945*, Presa Universitară Clujeană, Cluj-Napoca;

Pool, de Sola Ithiel (1959): *Trends in Content Analysis*, Urbana: University of Illinois Press;

Rad, Ilie (2008): *Incursiuni în istoria presei româneşti,* Accent, Cluj-Napoca;

Rad, Ilie (2008): *Geschichte der rumänischen Presse. Aspekte der rumänischen Presse in der letzten Dekade der kommunistischen Diktatur,* in: Balaban, Delia Cristina, Rus, Flaviu Călin (Hrsg.) (2008): *Medien, PR und Werbung in Rumänien*, Hochschulverlag Mittweida, S. 25-33;

Radosav, Doru (1994): *Donbas – o istorie deportată*, editat de Landmannschaft der Sathmarer Schwaben in der Bundesrepublik Deutschland, Ravensburg;

Reiner, Sabine (1995): *Enklavenpublizistik. Insulare Kommunikation ethnischer Minderheiten. Eine systemtheoretische Analyse mit einer Untersuchung des „Argentinischen Tageblatts",* Münster: agenda Verlag;

Rusan, Romulus (Hrsg.) (2008): *Chronologie und Geografie der kommunistischen Unterdrückung in Rumänien. Zählung der zwangsinternierten Bevölkerung (1945-1989),* Übersetzung aus dem Rumänischen mit Ergänzungen: Hans Bergel, Editura Fundaţiei Academiei Civice, Bucureşti;

Rusan, Romulus (Hrs.) (2011): *România în timpul războiului rece. Scurtă istorie a evenimentelor, instituţiilor şi mentalităţilor (1945-1989),* ediţia a II-a, Editura Fundaţiei Academiei Civice, Bucureşti;

Rössler, Patrick (2005): *Inhaltsanalyse*, UVK Verlagsgesellschaft, Konstanz;

Roth, Andrei (1999): *Nationalismus und Demokratismus*, Verlag Pro Europa, Tg. Mureş;

Roth, Harald (Hrsg.) (2009): *Studienhandbuch Östliches Europa*, Band 1: *Geschichte Ostmittel- und Südosteuropas*, 2. Überarbeitete und aktualierte Auflage, Böhlau Verlag, Köln, Weimar, Wien;

Schanne, Michael (2001): *Mediengeschichte*, S. 47-68 in: Jarren, Otfried/ Bonfadelli, Heinz (Hrsg.) (2001): *Einführung in die Publizistikwissenschaft*, Verlag Paul Haupt, Bern, Stuttgart, Wien;

Scherer, Anton (1966): *Donauschwäbische Bibliographie 1935-1955*, Verlag des Südostdeutschen Kulturwerks, München;

Scheufele, Bertram/ Engelmann, Ines (2009): *Empirische Kommunikationsforschung*, UVK Verlagsgesellschaft, Konstanz;

Schneider, Eduard (2007): *Literatur und Literaturreflexion in der rumäniendeutschen Presse der Nachkriegszeit*, in: Miladinovic, Zalaznik, Mira/ Motzan, Peter/ Sienerth, Stefan (Hrsh.) (2007*): Benachrichtigen und vermitteln.*

Deutschsprachige Presse und Literatur in Ostmittel- und Südosteuropa im 19. und 20. Jahrhundert, IKGS Verlag, München, S. 315- 345;

Schönhagen, Philomen/ Wagner Hans/ Nawratil, Ute/ Starkulla, Heinz (2009): *Qualitative Methoden in der Kommunikationswissenschaft*, 1. Aufl., Reinhard Fischer Verlag, München;

Schuster, Egon (1992): *Vom Huldigungstelegramm zur Information. Die deutschsprachige Minderheitenzeitung ,Neuer Weg' vor und nach dem Umsturz in Rumänien*, Universitätsverlag, Dr. N. Brockmeyer, Bochum;

Schwartz, Gheorghe (2001): *Die Politik und die Presse*, Iaşi, Institutul European;

Sienerth, Stefan (2007): *Literarische Versuche in einer Umbruchzeit. Schülerzeitschriften deutschsprachiger Gymnasien in Rumänien nach dem zweiten Weltkrieg* (1946-1948), in: Miladinovic, Zalaznik, Mira/ Motzan, Peter/ Sienerth, Stefan (Hrsh.) (2007*): Benachrichtigen und vermitteln. Deutschsprachige Presse und Literatur in Ostmittel- und Südosteuropa im 19. und 20. Jahrhundert*, IKGS Verlag, München, S. 277-313;

Sterbling, Anton (1995): *Die Entwicklung der ethnischen Konflikte und Beziehungen in Rumänien im 20. Jahrhundert*, in : Grimm. Gerhard/ Zach, Krista (1995): *Die Deutschen in Ostmittel- und Südosteuropa. Geschichte, Wirtschaft, Recht, Sprache*, Band 1, Verlag Südostdeutsches Kulturwerk, München, S. 297-311;

Süss, Daniel/ Bonfadelli, Heinz (2001): *Mediennutzungsforschung*, in: Jarren, Otfried/ Bonfadelli, Heinz (Hrsg.) (2001): *Einführung in die Publizistikwissenschaft*, Verlag Paul Haupt, Bern, Stuttgart, Wien, S. 311-336;

Szabó, Csilla Anna (1998): *Der heutige Gebrauch der deutschen Sprache im Sathmarer Gebiet – Ergebnisse einer kontaktlinguistischen Voruntersuchung,* in: Gehl, Hans (Herg.): *Sprachgebrauch – Sprachanpassung. Eine Untersuchung zum heutigen Gebrauch der deutschen Sprache in Westrumänien und zur sprachlichen Anpassung der Donauschwaben,* Institut für donauschwäbische Geschichte und Landeskunde, Materialien 11, Tübingen, S. 90-100;

Thomas, S. (1994): *Artifactual Study in the Analysis of Culture. A Defense of Content Analysis in a Postmodern Age,* in *Communication Research,* Issue No. 21.6 (1994), S. 683-697;

Tontsch, Brigitte (1994): *Die Kulturbeilage zum Neuen Weg. Themen und Standpunkte in den ersten drei Jahrgängen* (1954 - 1956). In: Arbeitskreis für Siebenbürgische Landeskunde (Hrsg.) (1995): *Zeitschrift für Siebenbürgische Landeskunde*. Heft 2/1995, Köln, Weimar, Wien: Böhlau, S. 173-180;

Totok, William (1988): *Die Zwänge der Erinnerung. Aufzeichnungen aus Rumänien*, Junius, Hamburg;

Totok, William (1990): *Rumänisierung – Die Nationalitätenpolitik von 1918 bis 1990*, in: Wagner, Richard/ Frauendorfer, Helmut (Hrsg.) (1990): Der *Sturz des Tyrannen. Rumänien und das Ende der Diktatur*, Reinbek, S. 102-135;

Turliuc, Cătălin (2004): *Minderheiten und Ethnopolitik in Rumänien (1945-1965)*, in: Solomon, Flavius/ Rubel, Alexander/ Zub, Alexandru (Hrsg.) (2004): *Südosteuropa im 20. Jahrhundert. Ethnostrukturen, Identitäten, Konflikte*, Editura Universităţii, Iaşi und Hartung-Gorre Verlag Konstanz, S. 109-117;

Vrânceanu, Florica (2000): *Un secol de agenţii de presă româneşti (1889-1989)*, Editura Paralela 45, Piteşti-Braşov-Bucureşti-Cluj Napoca;

Wagner, Ernst (1981): *Quellen zur Geschichte der Siebenbürger Sachsen 1191-1975*, 2. durchgesehene und erweiterte Auflage, Böhlau Verlag, Köln, Wien;

Wagner, Ernst (1998): *Geschichte der Siebenbürger Sachsen. Ein Überblick,* Edition Wort und Welt, 7. Auflage, Thaur bei Inssbruck;

Weber, Annemarie (2008): *Russlanddeportierte in der rumäniendeutschen Presse des ersten Nachkriegsjahrzehnts* in: *Zeitschrift für Siebenbürgische Landeskunde* 31, ISSUE1-2/2008, S. 97 – 111, Hrg.: Arbeitskreis für Siebenbürgische Landeskunde e. V. Heidelberg;

Weber, Georg/ Weber-Schlenther, Renate/ Nassehi, Armin, Sill, Oliver/ Kneer, Georg (1995): *Die Deportation der Siebenbürger Sachsen in die Sowjetunion 1945-1949*, 3. Volumen, Böhlau Verlag, Köln, Weimar, Wien;

Weber, Robert Philip (1990): *Basic Content Analysis, Second Edition.* Newbury Park, CA: Sage Publications;

Wyss, Winzent (2001): *Journalismusforschung*, in: Jarren, Otfried/ Bonfadelli, Heinz (Hrsg.) (2001): *Einführung in die Publizistikwissenschaft*, Verlag Paul Haupt, Bern, Stuttgart, Wien, S. 259-284.

Zeitungen und Zeitschriften:

Neuer Weg (1949): *Bonner Verfassung auf Befehl ratifiziert,* Ausgabe vom 24. Mai, 1949, S.1;

Neuer Weg (1949): *Unser Weg,* Ausgabe vom 13. März 1949, S.1;

Neuer Weg (1953): *Das schwere Los der westdeutschen Arbeiter,* Ausgabe vom 18. Juni, 1953, S.6;

Neuer Weg (1953): *Für ein gutes Gelingen der Prüfungen,* Ausgabe vom 18. Juni, 1953, S.4;

Neuer Weg (1953): *Schüler züchten Seidenraupen,* Ausgabe vom 18. Juni, 1953, S.4;

Neuer Weg (1954): *Über 100 Familien werktätiger deutscher Bauern der Kollektivwirtschaft beigetreten,* Ausgabe vom 18.03.1954, S. 1;

Neuer Weg (1954): *Deutscher Theaterabend in Bukarest,* Ausgabe vom 21. Juli, 1954, S.2;

Neuer Weg (1954): *Die Wahrheit über Westberlin,* Ausgabe vom 21. Juli, 1954, S.4;

Neuer Weg (1954): *Endspiel der Fußball-Weltmeisterschaft,* Ausgabe vom 06. Juli, 1954, S.2;

Neuer Weg (1954): *Endspiel der Fußball-Weltmeisterschaft,* Ausgabe vom 06. Juli, 1954, S.2;

Neuer Weg (1955): *Dass Deutschland nimmer werde der Herd zu neuem Kriege,* Ausgabe vom 07. Mai, 1955, S.2;

Neuer Weg (1955): *Für unsere ausländischen Literaturfreunde,* Ausgabe vom 15. September, 1955, S.2;

Neuer Weg (1955): *Regierungsdelegation der deutschen Bundesrepublik aus Moskau Abgereist,* Ausgabe vom 15. September, 1955, S.4;

Neuer Weg (1959): *SPD-Programm – Verzicht auf den Sozialismus. Mitglieder üben Scharfe Kritik,* Ausgabe vom 17. November, 1959, S.3;

Neuer Weg (1961): *Ein richtiger Beschluss - sagen die Berliner,* Ausgabe vom 15. August, 1961, S.4;

Neuer Weg (1963): *Kennedy in Westberlin,* Ausgabe vom 27. Juni, 1963, S.3;

Neuer Weg (1964): *Willy Brandt –Vorsitzender der SPD ,* Ausgabe vom 18. Februar, 1964, S.3;

Neuer Weg (1966): *An der Quelle der Volksdichtung,* Ausgabe vom 13. August, 1966, S.3;

Neuer Weg (1966): *Kiesinger neuer Bundeskanzler,* Ausgabe vom 02. Dezember, 1966, S.1;

Neuer Weg (1966): *Unsere Sprache gegen den Fremdwort-Alp,* Ausgabe vom 13. August, 1966, S.4;

Neuer Weg (1970): *Arbeitssitzung des Hermannstädter Literaturkreises,* Ausgabe vom 08. Dezember, 1970, S.6;

Neuer Weg (1970): *Deutsche Bücher im Verkauf,* Ausgabe vom 08. Dezember, 1970, S.6;

Neuer Weg (1970): *Franz Storch liest in Schäßburg,* Ausgabe vom 08. Dezember, 1970, S.6;

Neuer Weg (1970): *Polnisch-westdeutscher Vertrag unterzeichnet,* Ausgabe vom 08. Dezember, 1970, S.2;

Neuer Weg (1972): *Glick im Unglück,* Ausgabe vom 06. September, 1972, S.6;

Neuer Weg (1973): *Vertrag BRD-CSSR paraphiert,* Ausgabe vom 22. Juni, 1973, S.2;

Neuer Weg (1974): *Nach 20 Jahren wieder Weltmeister,* Ausgabe vom 09. Juni, 1974, S.5;

Neuer Weg (1974): *Willy Brandt zurückgetreten,* Ausgabe vom 08. Mai, 1974, S.1;

Neuer Weg (1978): Ausgabe vom 22. Juni, 1978;

Neuer Weg (1981): *Sonnenrad und Lebendbaum,* Ausgabe vom 13. August, 1981, S.6;

Neuer Weg (1982): *Banater Volksgut: Rufe und Reime,* Ausgabe vom 02.Oktober, 1982, S.4;

Neuer Weg (1983): *Trachten Tänze und Lieder,* Ausgabe vom 26. April, 1983, S.4;

Neuer Weg (1983): *Zweimal Deutsch-Olympiade* Ausgabe vom 26. April, 1983, S.4;

Neuer Weg (1987): Ausgabe vom 13. Oktober, 1987;

Neuer Weg (1987):*Wieder Strauß, Hut, Tuch,* Ausgabe vom 08. September, 1987, S.4;

Neuer Weg (1989): *Die Feder hat sich gesträubt*, Ausgabe vom 27. Dezember 1989, S.2;

Wissenschaftlicher Dienst Südosteuropa (1974): *Das neue rumänische Pressegesetz*, Hrsg. v. Südostinstitut München, 23/1974, Heft 8, S. 156-159;

Wissenschaftlicher Dienst Süosteuropa (1961): *Mündigkeitsfeiern in Rumänien*, Hrsg. v. Südostinstitut München, 10/ 1961, Heft. 6, S. 73-74;

Wissenschaftlicher Dienst Süosteuropa (1962): *Presse und Rundfunk in Rumänien,* Hrsg. v. Südostinstitut München, 11/ 1962, Heft. 3, S. 35-39;

Dokumente:

Darlegung auf der feierlichen gemeinsamen Tagung des Zentralkomitees der Rumänischen Kommunistischen Partei des Landrates der Front der Sozialistischen Einheit und der Grossen Nationalversammlung zum 60. Jahrestag der Schaffung des einheitlichen rumänischen Nationalstaates, 1. Dezember 1978, Politischer Verlag, Bukarest;

Documente ale Partidului Comunist Român. Naţiunea Socialistă, 1972, Editura politică, Bucureşti;

Monitorul Oficial al României (partea I), Nr. 138 vom 26. Dezember 1977;

Monitorul Oficial al României (partea I), Nr. 2 vom 3. Januar 1945;

Monitorul Oficial al României (partea I), Nr. 219 vom 22. September 1944;

Monitorul Oficial al României (partea I), Nr. 65 vom 29. Oktober 1989;

Monitorul Oficial al României (partea I), Nr. 68 vom 23. März 1945;

Monitorul Oficial al României, (partea I), Nr. 30 vom 7. Februar 1945;

Plenartagungen der Räte der werktätigen ungarischer und deutscher Nationalitätin der sozialistischen Republik Rumänien, 13.14. März 1978, Politischer Verlag, Bukarest.

Internetquellen:

www.ispmn.gov.ro

www.recensamantromania.ro

Anhang 1: Originalfassung des Agrargesetzes vom 23. März 1945

LEGE Nr. 187[323]
din 23 martie 1945 pentru înfăptuirea reformei agrare

Capitolul 1
Scopul legii (Dispoziţiuni generale)

Art. 1. - Reforma agrară este pentru ţara noastră o necesitate naţională, economică şi socială.

Agricultura României se va sprijini pe gospodării puternice, sănătoase şi productive, pe gospodării care sunt proprietatea particulară a celor care le stăpînesc.

Art. 2. - Scopul reformei agrare este:

a) Mărirea suprafeţelor arabile ale gospodăriilor ţărăneşti existenţe, care au mai puţin de 5 hă;

b) Crearea de noi gospodarii ţărăneşti individuale pentru muncitorii agricoli fără pămînt;

c) Înfiinţarea prin apropierea oraşelor şi a localităţilor industriale, a unor grădini de zarzavaturi pentru aprovizionarea muncitorilor, funcţionarilor şi meseriaşilor;

d) Rezervarea unor terenuri pentru şcoli agricole şi ferme experimentale model în vederea ridicării nivelului culturilor agricole, a producţiei de seminţe selecţionate, a creşterii vitelor şi creării şi desvoltarii industriei agricole, terenuri care vor fi sub administrarea Statului.

Capitolul 2
Exproprierea

Art. 3. - În scopul înfăptuirii reformei agrare, trec asupra Statului pentru a fi împărţite plugarilor îndreptăţiţi la împroprietărire şi pentru a constitui rezervele prevăzute la Art. 2, pct. c şi d, următoarele bunuri agricole cu inventarul viu şi mort afectat lor;

a) Paminturile şi proprietăţile agrare de orice fel aparţinînd cetăţenilor germani şi cetăţeni români, persoane fizice sau juridice, de naţionalitate (origine etnică) germană, care au colaborat cu Germania hitleristă.

b) Paminturile şi alte proprietăţi ale criminalilor de război şi ale celor vinovaţi de dezastrul ţării;

c) Paminturile celor care s-au refugiat în ţările cu care România este în stare de război ori s-au refugiat în străinătate după data de 23 August 1944;

d) Terenurile şi toate bunurile agricole ale absenteistilor;

[323] Monitorul Oficial al României, partea I., Nr. 68, 23 martie 1945.

e) Terenurile a celor care în ultimii şapte ani consecutivi nu şi-au cultivat paminturile în regie proprie, cu excepţia loturilor pînă la 10 hă;

f) Bunurile agricole de orice fel ale cetăţenilor români care s-au înscris voluntari pentru a luptă împotrivă Naţiunilor Unite;

g) Bunurile de mână moartă.

h) Prisosul terenurilor agricole constituind proprietăţi ale persoanelor fizice care depăşesc suprafaţa de 50 hă, şi anume: pămîntul arabil, livezile, fâneţele, bălţile şi iazurile artificiale, fie că servesc sau nu pentru pescuit, mlaştinile şi terenurile inundabile.

Art. 4. - Constructiunile, conacele, armanele, drumurile, livezile şi orice lucrări de îmbunătăţiri funciare, cu toate instalaţiile lor, vor fi cuprinse în cotă de 50 hă, prevăzută la Art. 3, pct. h, proprietarul având dreptul de a alege cotă rezervată pentru dînsul de unde voeste, dar într-un singur loc.

Art. 5. - Se consideră că o singură proprietate agricolă în ce priveşte aplicarea Art. 3, pct. h:

a) Terenurile agricole aparţinând aceluiaşi proprietar, aflate în diferite părţi ale ţării;

b) Proprietăţile agricole ale soţului şi soţiei.

În cazul când soţia are proprietate separată de a soţului, moştenită sau primită că zestre înainte sau după căsătorie şi dovedită cu acte, va rămâne asupra soţiei 10 hă, cu latitudinea din partea soţilor de a-şi rezervă cotele legale

din una sau ambele proprietăţi, după bună lor învoială;

c) Proprietăţile agricole ale părinţilor şi copiilor minori;

d) Bunurile agricole aflate în coproprietate.

Art. 6. - Tractoarele, batozele, locomobilele, secerătoarele şi combinele de pe bunurile agricole prevăzute la Art. 3, trec asupra Statului, care va creă centre judeţene de închiriat maşini agricole la dispoziţia agricultorilor. Celelalte unelte agricole şi animale de tracţiune trec asupra Statului, proporţional cu suprafaţa de teren agricol expropriat şi vor fi date ţăranilor împroprietăriţi.

Art. 7. - Toate bunurile agricole arătate în Art. 3 şi 6 trec imediat, fără nicio despăgubire, pe deplin, în proprietatea Statului, pentru scopurile arătate la Art. 2.

Capitolul 3

Excepţii de la exproprieri

Art. 8. - Sunt exceptate delă expropriere şi lăsate în proprietatea actualilor titulari: orezăriile existenţe, bunurile agricole aparţinând mânăstirilor, mitropoliilor, episcopiilor, bisericilor, parohiilor şi aşezămintelor bisericeşti, bunurile Domeniilor Coroanei, ale Eforiilor şi Aşezămintelor spitaliceşti, precum şi cele ale Academiei Române, Casei Şcoalelor şi celorlalte aşezăminte de cultură, ale composesoratelor, urbariatelor, obstiilor şi cooperativelor săteşti, de asemeni şi fâneţele şi păşunele aparţinând comunelor şi în general toate bunurile făcând parte din patrimoniul Statului.

Capitolul 4

Procedura exproprierii şi împroprietăririi

Art. 9. - Primarii comunelor rurale sunt obligaţi că în termen de 10 zile delă publicarea prezenţei legi în Monitorul Oficial să întrunească în adunare generală pe toţi ţăranii plugari din comună respectivă, fără pământ sau care au până la 5 hă, teren proprietate, pentru alegerea comitetului local de împroprietărire, compus din 7-15 membri.

Rezultatul alegerii va fi înscris într-un proces-verbal semnat de toţi cei prezenţi.

Art. 10. - În scopul colaborării cu organele de Stat, pentru înfăptuirea reformei agrare, se creiaza comisii de plasă pentru a coordona lucrările reformei agrare şi a hotărî asupra diferendelor între sate şi comune, precum şi între proprietari şi cei îndreptăţiţi la împroprietărire, diferende născute din aplicarea reformei agrare.

Comisiile de plasă se compun din membrii delegaţi de comitetele locale, fiecare Comitet trimiţând câte doi delegaţi. Comitetele de plasă pot admite îndreptăţiţi la împroprietărire şi din altă plasă.

Preşedintele comisiei de plasă pentru reforma agrară va fi delegat de Ministerul Agriculturii şi Domeniilor. El poate fi un magistrat sau jurist.

Art. 11. - Comitetele locale pe comune fac tabelele bunurilor agricole care urmează a fi trecute asupra Statului, tabelele celor îndreptăţiţi la împroprietărire şi la repartizarea de inventar agricol trecut asupra Statului, precum şi tabelele comunelor lipsite de păşune.

Art. 12. - La împroprietărire vor avea întâietate ostaşii care sunt concentraţi sau mobilizaţi şi toţi cei care au luptat împotrivă Germaniei hitleriste.

Art. 13. - Prefectură de judeţ, în urmă încheierii lucrărilor de împroprietărire, va eliberă titlul de proprietate celor împroprietăriţi, precum şi comunelor pentru islazuri, asupra loturilor ce li s-au atribuit.

Art. 14. - Mărimea loturilor gospodăriilor noi create că şi mărimea loturilor gospodăriilor mici, se va determină în raport cu rezervă de pământ existenţa în rază plasei. De asemenea şi în ce priveşte fâneţele şi islazurile.

Art. 15. - Mărimea loturilor de împroprietărire nu va trece de 5 hă, în afară cazurilor de strămutare în vederea împroprietăririi în alte regiuni, când loturile vor putea fi mai mari. Măsurarea lor va fi certificata de către organele Ministerului Agriculturii şi Domeniilor.

Art. 16. - Preţul pămîntului pentru împroprietărire va fi egal cu al unei recolte mijlocii anuale la hectar, socotit astfel:

În grâu: 1.000 kg.

În porumb: 1.200 kg.

Noii împroprietăriţi plătesc în bani sau în natură 10% din preţul de cumpărare, restul preţului de cumpărare va

fi plătit în rate, după cum urmează:

Pentru cei cu pămînt puţin, în 10 ani.

Pentru cei fără pămînt, în 20 ani.

În caz de plată în bani, preţul va fi acel al grâului pe piaţă liberă la 1 Martie 1945.

Art. 17. - Cei fără pămînt pot căpăta delă prefectură, după rezoluţia comisiei de plasă pentru reforma agrară, o amînare a plătii primei rate pe un termen până la 3 ani.

Art. 18. - În cazurile în care împărţirea moşiilor s-a făcut până la data publicării prezenţei legi, comitetul local de împroprietărire va întocmi tablouri noi, în conformitate cu legea de faţă.

Tabloul celor îndreptăţiţi va fi înaintat la prefectură judeţului respectiv, pentru că odată cu eliberarea titlului de proprietate, să se facă înscrierea proprietăţii în cartea funciară sau în registrele constatatoare ale proprietăţii.

Toate actele de înscriere sunt scutite de orice impozite, taxe sau timbre.

Capitolul 5

Dispoziţiuni finale

Art. 19. - Situaţia juridică a proprietăţilor, pentru aplicarea prezenţei legi, este aceea constatată la data de 23 August 1944, cu excepţia succesiunilor deschise legal ulterior.

Semănăturile efectuate din toamnă anului 1944 urmează să fie recoltate de cei care au semănat.

Art. 20. - Gospodăriile create în bază prezentului decret-lege nu pot fi împărţite, vândute, date în arendă, sau ipotecate, nici în totalitatea lor şi nici în parte. În cazuri excepţionale, gospodăriile noi create pot fi vândute, arendate, împărţite sau ipotecate, numai cu avizul Ministerului Agriculturii.

Art. 21. - Impropretaritul primeşte pământul liber de orice datorii şi obligaţii.

Datoriile ipotecare şi tot ceea ce grevează proprietatea expropriata vor fi regulate prin decret-lege special.

Art. 22. - Fermelor constatate de către Ministerul Agriculturii că ferme model, li se vor creă, prin regulamentul legii, un regim deosebit, de la caz la caz.

Art. 23. - Regimul pădurilor şi viilor va face obiectul unei legi speciale.

Art. 24. - Un regulament va stabili toate chestiunile de amănunt pentru aplicarea prezenţei legi.

Art. 25. - Pentru aplicarea prezentului decret-lege este însărcinat ministrul agriculturii şi domeniilor.

Art. 26. - Prezentul decret-lege intră în vigoare în ziua publicării lui.

Anhang 2: Originalfassung des Minderheitengesetzes vom 7. Februar 1945

LEGE Nr. 86[324]
din 7 februarie 1945 pentru Statutul Minorităţilor Naţionale

CAP.1
Dispoziţiuni generale

Art. 1
Toţi cetăţenii români sunt egali în faţă legii şi se bucură de aceleaşi drepturi civile şi politice, fără deosebire de rasă, naţionalitate, limbă sau religie.
Art. 2
Se interzice cercetarea originii etnice a cetăţenilor români, în vederea stabilirii situaţiunii lor juridice.
Art. 3
Deosebirea de limbă, de religie, de rasă sau de naţionalitate, nu poate constitui o piedică pentru nici un cetăţean român, pentru dobândirea sau folosirea drepturilor civile şi politice, sau pentru admiterea în funcţiunile publice sau pentru exercitarea oricărei profesiuni.
Art.4
Cetăţenii români, aparţinând unor naţionalităţi de altă limbă, rasă sau religie, decât cea romană, se vor bucură de acelaşi tratament şi de aceleaşi garanţii în drept şi în fapt, că şi ceilalţi cetăţeni români.
Orice îngrădire, directă sau indirectă, a drepturilor cetăţenilor, sau invers, stabilirea de privilegii, directe sau indirecte, pentru cetăţeni, pe temeiul rasei, religiei sau naţionalităţii lor, precum şi orice propovăduire a exclusivismului sau a urii şi dispreţului de rasă, religie sau naţionalitate, se pedepsesc de lege.
Art. 5
Fiecare cetăţean român este singur îndreptăţit a-şi stabili limbă maternă sau naţionalitatea să. Orice amestec din partea oricărei autorităţi în această privinţă este interzis, organele oficiale fiind obligate a acceptă indicaţia cetăţeanului respectiv.

CAP. 2
Dispoziţiuni speciale

SECTIA I
Dispoziţiuni privitoare la limbă

Art. 6

[324] Monitorul Oficial al României, partea I., Nr. 30, 7 februarie 1945.

Limbă oficială a Statului Român este limbă romană. Totuşi, în acele teritorii administrative sau circumscripţii judecătoreşti, unde o mare parte a populaţiei este de altă limbă decât cea romană, se vor aplică cele arătate în art. 8 şi următoarele.

Art. 7

În relaţiunile particulare, că de pildă corespondenţa, convorbiri telefonice etc., în industrii şi comerţ, în materii de religie, presă, publicatiuni de orice natură, sau în adunări publice, cetăţenii români pot întrebuinţa în mod liber şi fără nici o restricţie orice limbă.

Art. 8

Tribunalele şi judecătoriile care au competenţă asupra unei circumscripţii judecătoreşti, în care, potrivit ultimului recensământ, cel puţin 30% din locuitori sunt de limbă maternă comună a populaţiei respective, dar altă decât cea romană, sunt obligate:

a) A acceptă orice script prezentat de locuitorii circumscripţiilor respective care formează cotă de 30%, în limbă lor fără a se pretinde şi o traducere în limbă Statului;

b) A se pronunţa asupra acestor scripte în aceeaşi limbă;

c) A ascultă partea în limbă să maternă.

Art.9

Ministerul Justiţiei stabileşte, în bază datelor statistice oficiale, care anume sunt tribunalele şi judecătoriile prevăzute în art. 8.

Art. 10

Autorităţile comunale şi judeţene care au competenţă teritorială asupra unui district administrativ, în care, potrivit ultimului recensământ, numărul cetăţenilor de limbă maternă comună, altă decât cea romană, este de cel puţin 30% din totalul locuitorilor acelui district, sunt obligate:

a) A acceptă orice fel de scripte, din partea locuitorilor ce formează cotă de 30%, în limbă lor maternă, fără a pretinde că aceştia să prezinte şi o traducere în limbă oficială a Statului;

b) A se pronunţa asupra scriptelor înaintate, în aceeaşi limbă;

c) A ascultă partea în limbă să maternă;

d) În consiliile comunale şi judeţene ale unor asemenea districte teritoriale, membrii aleşi sau de drept ai naţionalităţilor de 30% vor putea luă cuvântul în limbă lor maternă.

Art. 11

Ministerul de Interne, în bază datelor statistice oficiale, stabileşte care anume sunt comunele şi judeţele prevăzute de articolul precedent.

Art. 12

Magistraţii şi funcţionării instanţelor şi autorităţilor administrative prevăzute de art. 9 şi 11 vor trebui să cunoască şi limbă naţionalităţilor respective.

Art. 13

Ziarele şi publicaţiile periodice ce apăr în altă limbă decât cea romană vor putea indică în limbă respectivei minorităţi atât numele localităţii unde ziarul apare, cât şi numele celorlalte localităţi ale ţării.

Art. 14

Numele de familie ale cetăţenilor, în registrele şi documentele de stare civilă, se vor scrie numai în formă şi cu ortografia originală, dovedită cu actele personale ale cetăţeanului respectiv.

Art. 15

În oraşele şi comunele rurale unde conform ultimului recensământ cel puţin 30% din totalul locuitorilor este de limbă maternă comună, altă decât cea romană, numele străzilor vor trebui să fie indicate şi în limbă naţionalităţilor respective.

Art. 16

Funcţionarii publici, de orice categorie, numiţi în bază diplomelor sau certificatelor eliberate de instituţii de învăţământ recunoscute de Stat, nu vor putea fi supuşi, sub nici un motiv, vreunui examen de limbă romană.

Art. 17

Legile intervenite de la 23 august 1944, precum şi regulamentele lor de aplicare, vor fi traduse în colecţie oficială, în limbile acelor naţionalităţi conlocuitoare, care reprezintă cel puţin 5% din populaţia totală a ţării, conform ultimului recensământ.

Regulamentele, ordonanţele şi comunicatele autorităţilor locale se vor publică în limbă naţionalităţii care constituie cel puţin 30% din populaţia judeţului respectiv sau localităţii respective.

SECTIA a II-a

Dispoziţiuni privitoare la învăţământ

Art. 18

Statul Român asigură învăţământul în limbă maternă prin şcolile de Stat primare, secundare şi superioare pentru naţionalităţile conlocuitoare care posedă un număr suficient de şcolari solicitanţi şi cu excepţia localităţilor unde şcolile particulare confesionale corespund acestei necesităţi. Corpul didactic în şcolile de Stat, sau secţiile lor, de altă limbă decât cea romană, va fi recrutat de preferinţa din naţionalitatea respectivă.

Art. 19

Dispoziţiunile ce se aplică şcolilor particulare confesionale româneşti se aplică şi şcolilor particulare confesionale ale naţionalităţilor.

Art. 20

La examenele, inclusiv bacalaureatul, atât în şcolile de Stat, sau secţiile lor, de altă limbă decât cea romană, cât şi în şcolile particulare confesionale ale naţionalităţilor respective, elevii vor fi examinaţi în limbă în care li s-au predat materiile, în afară de cazul că însuşi elevul doreşte să fie examinat în limbă romană.

Art. 21

Şcolile particulare confesionale ale naţionalităţilor se vor bucură de acelaşi sprijin material al Statului, că şi şcolile particulare confesionale româneşti.

Art. 22

Pe lângă Facultatea de Drept şi cea de Litere şi Filozofie de la Universitatea din Cluj, se vor înfiinţă catedre cu limbă de predare maghiară şi germană, după necesităţi, avându-se în vedere numărul studenţilor respectivi.

SECTIA a III-a

Dispoziţiuni privitoare la culte

Art. 23

Cultele recunoscute îşi administrează bunurile lor potrivit statutelor sau actelor de fundaţiune, conform legii asupra regimului general al cultelor.

Art. 24

Este interzis amestecul autorităţilor administrative în chestiunile de serviciu religios al cultelor recunoscute în afară de controlul Ministerului Cultelor.

Art. 25

Preoţii tuturor cultelor recunoscute la pregătire egală şi grade ierarhice egale vor fi în mod egal salarizaţi, întrucât confesiunile lor vor reprezenta numărul prevăzut de legea regimului cultelor pentru a se putea bucură de sprijinul material al Statului.

CAP. 3

Dispoziţiuni finale şi tranzitorii

ART 26

Ministerul Naţionalităţilor Minoritare, de comun acord cu Ministerul Justiţiei, va luă măsurile legislative necesare pentru soluţionarea tuturor cererilor rămase nerezolvate, înaintate în bază decretului-lege pentru modificarea şi completarea unor dispoziţiuni din legea privitoare la dobândirea cetăţeniei române apărută în Monitorul Oficial nr. 171 din 27 iulie 1939 şi pentru acordarea unui nou termen de înscriere.

Art. 27

Ministerul Naţionalităţilor va îngriji de executarea dispoziţiunilor prezenţei legi.

Toate organele administrative şi poliţieneşti vor executā dispoziţiunile acestui minister, date în legătură cu aplicarea legii de faţă.

Plângerile cetăţenilor români de orice confesiune sau naţionalitate, pentru violare sau greşită aplicare a principiilor stabilite prin această lege, se vor adresă Ministerului Naţionalităţilor Minoritare.

Art. 28

Toate dispoziţiunile anterioare legale sau regulamentare contrarii prezenţei legi sunt şi rămân abrogate.

Anhang 3: Originalfassung des Artikels 22 aus der Verfassung der Sozialistischen Republik Rumänien vom Jahr 1965

Constituţia Republicii Socialiste România 1965

Art. 22[325]**.**
În Republică Socialistă România, naţionalităţilor conlocuitoare li se asigură folosirea liberă a limbii materne, precum şi cărţi, ziare, reviste, teatre, învăţământul de toate gradele, în limbă proprie. În unităţile administrativ-teritoriale locuite şi de populaţie de altă naţionalitate decît cea romană, toate organele şi instituţiile folosesc oral şi scris şi limba naţionalităţii respective şi fac numiri de funcţionari din rîndul acesteia sau al altor cetăţeni care cunosc limba şi felul de trăi al populaţiei locale.

[325] Monitorul Oficial al României, partea I., Nr. 65, 29 octombrie 1989.

Anhang 4: Originalfassung des Pressegesetzes von 1974

Lege Nr. 3 din 28 martie 1974 (*republicata*)
Legea Presei din Republica socialistă România[326]

CAP. 1
Dispoziţii generale

ART. 1
În Republică Socialistă România presă îndeplineşte o înaltă misiune social-politică, slujind, prin întreagă să activitate, cauza poporului, interesele supreme ale naţiunii socialiste.
Presă are menirea să militeze permanent pentru traducerea în viaţă a politicii Partidului Comunist Român, a înaltelor principii ale eticii şi echităţii socialiste, să promoveze neabătut progresul, ideile înaintate în toate domeniile vieţii şi activităţii sociale.
Tribună a opiniei publice, presă exprimă concepţia clasei muncitoare - clasă conducătoare a societăţii româneşti -, năzuinţele întregului popor, difuzează în mase ideile şi iniţiativele valoroase, contribuie prin întreagă să activitate la făurirea societăţii socialiste multilateral dezvoltate.
ART. 2
Presă îşi desfăşoară activitatea sub conducerea Partidului Comunist Român - forţă politică conducătoare a întregii societăţi din Republică Socialistă România.
ART. 3
Libertatea presei constituie un drept fundamental consfinţit prin Constituţie. Tuturor cetăţenilor le este garantat dreptul şi le sînt asigurate condiţiile de a-şi exprimă prin presă opiniile în problemele de interes general şi cu caracter public, de a fi informaţi asupra evenimentelor din viaţă internă şi internaţională.
ART. 4
În deplină concordanţă cu politică partidului şi statului de asigurare a unei reale egalităţi între toţi cetăţenii ţării, oamenilor muncii din rîndul naţionalităţilor conlocuitoare le sînt create condiţii de informare şi exprimare a opiniilor şi prin organe de presă în limbă maternă. [...]

CAP. 2
Funcţiile social-politice ale presei

ART. 7
În Republică Socialistă România presă exercită un rol activ în cunoaşterea de către mase a politicii interne şi externe a Partidului Comunist Român, militează pentru transpunerea în viaţă a programului de făurire a societăţii socialiste multilateral dezvoltate, a societăţii comuniste.[...]
ART. 11

[326] Monitorul Oficial al României, partea I., Nr. 138, 26 decembrie 1977.

Presă este un mijloc de largă informare publică privind viaţă internă şi internaţională, de formare a opiniei publice; că exponent al acesteia, presă este o tribună de dezbateri şi schimb de opinii, un mijloc prin care cetăţenii ţării îşi exercită libertatea cuvintului şi a opiniei. [...]
ART. 13
Factor important de progres, presă are menirea de a contribui la raspindirea şi generalizarea experienţei pozitive, înaintate, obţinută în toate domeniile de activitate, atît pe plan naţional, cît şi pe plan internaţional; ea stimulează schimbul de idei, gindirea şi activitatea creatoare, puse în slujbă valorificării cît mai eficiente a resurselor materiale şi spirituale ale întregii ţări.[...]

CAP. 4
Profesiunea de ziarist

Sectiunea 1
Îndatoririle şi drepturile ziaristului

ART. 39
În sensul prezenţei legi, este considerat ziarist profesionist persoană care asigură redactarea, elaborarea sau conducerea publicaţiilor, a emisiunilor de radioteleviziune, a jurnalelor cinematografice şi în general desfăşoară activităţi de presă.
Poate fi încadrat că ziarist persoană care militează pentru aplicarea în viaţă a politicii Partidului Comunist Român de făurire a societăţii socialiste multilateral dezvoltate, se conduce în activitatea să şi în viaţă particulară după normele eticii şi echităţii socialiste; este absolvent cu diplomă al unei instituţii de învăţămînt superior sau al unei instituţii de învăţămînt de specialitate; are aptitudini, dovedite în activitatea practică, pentru profesiunea de ziarist; cunoaşte cel puţin o limbă străină; are cunoştinţe şi deprinderi practice necesare exercitării în bune condiţii a profesiunii de ziarist. În funcţie de profilul organului de presă, editorul poate stabili şi alte condiţii de încadrare a personalului redacţional.
ART. 40
În exercitarea profesiunii sale, ziaristul are datoria:

a) să contribuie cu toată capacitatea să la îndeplinirea funcţiilor social-politice ale presei, aşa cum sînt stabilite de prezenţa lege şi în documentele Partidului Comunist Român;

b) să slujească cu devotament cauza socialismului şi comunismului, să lupte pentru aplicarea în viaţă a politicii interne şi internaţionale a partidului şi statului;

c) să militeze pentru promovarea spiritului revoluţionar în întreagă viaţă socială, să lupte împotrivă inerţiei, rutinei şi conservatorismului, împotrivă a tot ceea ce este perimat şi poate frînă mersul înainte al societăţii;

d) să dea dovadă de o înaltă conştiinţă etico-profesională, de obiectivitate şi spirit de răspundere în îndeplinirea exemplară a profesiei, să respecte legile şi secretul de stat, să militeze neabătut şi în orice împrejurare pentru triumful adevărului;

e) să respecte consecvent în viaţă normele eticii şi echităţii socialiste;

f) să-şi perfecţioneze permanent pregătirea politico-profesională, să-şi lărgească continuu orizontul de cunoaştere.

Anhang 5: Interviews

1. Interview geführt mit Frau Gertrud Montferrato

Fragen zur Person

1.Seit wann arbeiten Sie beim Neuen Weg?

Seit 1957 zuerst als Daktilografin, danach gearbeitet mit den Lokalkorrespondenten aus dem ganzen Land, war zuständig für die Aufnahme der Materialien und das Aufschreiben der Inhalte für das Ressort Lokales. Jetzt Sekretärin seit 1987.

Redakteure

2. Wie kam man zum Neuen Weg? Welche waren die Kriterien nach denen man die Redakteure ausgewählt hatte?

Sie mussten die deutsche Sprache gut beherrschen.

3. Welche Rolle spielte die Zugehörigkeit zu den "Sachsen" bzw. "Schwaben"?

Die Zugehörigkeit spielte keine Rolle, die Korrespondenten und die Journalisten waren hauptsächlich Sachsen und Schwaben, aber auch einige Rumänen, die die deutsche Sprache gut beherrscht haben, waren bei dieser Zeitung tätig.

4. Welches war die Stellung der Redakteure: waren sie Angestellte von wem? (Soweit ich weiß des Z.K. der RKP, uzw. der Propagandaabteilung)

Die Redakteure waren alle Parteimitglieder.

Journalisten

5. Welches war die Ausbildung der Journalisten? Waren die Journalisten in der "Stefan Gheorghiu" Akademie ausgebildet?

Zuerst wurden sie aus der Arbeiterklasse, der Zeitung zugeteilt, in späteren Jahren kamen sie von der Hochschule, meistens aus Temeswar. Es gab keine Journalistik an der Fakultät damals, sondern alle waren Absolventen der philologischen Fakultät, sie mussten die deutsche Sprache ganz gut beherrschen. Die Journalisten der Karpatenrundschau waren eher Absolventen der "Stefan Gheorghiu" Akademie, während die Journalisten des Neuen Wegs hauptsächlich an der Temeswarer Hochschule, aber auch von der Bukarester Hochschule ausgebildet wurden.

Zensur

6. Wer machte die Zeitung? Wie mischte sich die Zensur ein?

Wir mussten seitenweise die Reden von Ceauşescu übersetzen. Viele Materialien mussten übersetzt werden. Wir haben geschrieben, wie die wilden, 30 Seiten pro Tag haben wir geschrieben.

Die Zeitung wurde in Bukarest gemacht. Es gab zwei Zensoren, die abwechselnd die Zeitung die ganze Zeit gelesen und kontrolliert haben. Sie waren aber nicht bei der Zeitung angestellt, sondern bei der Zensurbehörde.

7. Haben Sie ein konkretes Beispiel darüber, wie man die Zensur umgehen konnte?

Man konnte die Zensur nicht umgehen, man musste sehr brav sein.

Einige Seiten waren lockerer, aber Kritik hat man sich nicht getraut zu machen. Dann wäre sowieso die Pressekontrolle gekommen und hätte alles herausgenommen, was nicht entsprechend gewesen wäre.

8. Hatte die Zeitung offizielle Kontakte zur Securitate?

Die Chefs hatten alle offizielle Kontakte zur Securitate, sie waren alle Parteimitglieder. „Wir hatten auch einen, der auf uns gesorgt hat.

Deutschtum

9. Was war spezifisch Deutsch an dieser Zeitung? (formell bzw. inhaltlich)

Das Brauchtum das von der Zeitung gepflegt wurde. Die Feste über die geschrieben wurde, besonders Feste aus dem Banat, wie die Kehrweihen. Das hat die Zeitung gelockert, das hatten andere Zeitungen nicht.

10. Wo situierte sich die Zeitung zu den großen Themen der deutschen Geschichte in Rumänien: Kolonisation, Privilegien der Sachsen (Andreanum) und besonders zweiter Weltkrieg, Zugehörigkeit zu den Waffen SS und Wehrmacht, Deportation und Kriegsgefangenschaft, danach Auswanderung und Familienzusammenführung?

Man hat solche Themen behandelt, aber immer im Rahmen des Dürfens. Kritisch natürlich gegen Sachen, wie zum Beispiel das Hitlerismus. Eine Zeit lang durfte man zB die Deportation nicht erwähnen, danach hat man dies erwähnt, aber ohne Details, nicht wie es war.

Auch die Auswanderung wurde kritisch behandelt.

11. Mit welchen Zeitungen im Ausland hatte man Beziehungen (aus der DDR-wie waren diese aber aus der BRD?)

Man hatte Beziehungen mit Zeitungen sowohl auch aus der DDR, als auch aus Westdeutschland. Diese Zeitungen waren in einem Zimmer, unter Schloss und Riegel, es durfte sie nicht jeder lesen, nur die Auslandsabteilung hatte dort Zugang. *Der Spiegel*, die *Frankfurter Allgemeine Zeitung.* Aus diesen Zeitungen wurden keine Artikel übernommen, um im *Neuen Weg* veröffentlicht zu werden, höchstens kritische Inhalte wurden übernommen.

12. Wie wirkt sich die Aufnahme deutsch-rumänischer Beziehungen nach 1967 auf die Zeitung aus?

-

13. War der *Neue Weg* einfach nur eine rumänische Zeitung in deutscher Sprache? Gab es konkrete Unterschiede zwischen dieser und den rumänischen Zeitungen?

Sie war doch lockerer. Die Rum. Zeitungen mehr offizielle Sachen eingebracht,. Wir haben die Zeitung doch lesbarer gemacht, das haben auch viele Rumänen sehr geschätzt. Viele sagten, man kann hier noch was lesen. Wir hatten eine Kulturseite, die Kinderseite. Der *Neue Weg* hat auch Filmkritiken gebracht, was andere Zeitungen nicht gemacht haben.

2. Interview geführt mit Frau Rohtraut Wittstock

Fragen zur Person

1.Seit wann arbeiten Sie beim Neuen Weg? Welche Funktion hatten/haben Sie?

Ich kam 1976 als Kulturredakteurin zum NW. Vorher war ich vier Jahre lang Rundfunkjournalistin bei Radio Bukarest. Ich wurde dann Leiterin der Kulturabteilung und im Mai 1991 stellvertretende Chefredakteurin. Das blieb ich auch 1993, als im Januar die Allgemeine Deutsche Zeitung für Rumänien gegründet wurde. Ab August 2008 bin ich Chefredakteurin der ADZ.

Redakteure

2. Wie kam man zum Neuen Weg? Welche waren die Kriterien, nach denen man die Redakteure ausgewählt hatte?

In den 50er Jahren war es die gesunde Abstammung, man sollte aus dem Arbeiter-, Bauernmilieu sein. Die Redaktion suchte in Städten der deutschen Siedlungsgebiete in den Fabriken Leute, die ihnen geeignet schienen. Die meisten machten dann eine Ausbildung mit, sie absolvierten ein Fernstudium.

Später, ab den 60er Jahren, hielt man sich an die Absolventen der Germanistikfakultäten, die Redaktion nahm mit den Professoren von den Universitäten Kontakt auf.

3. Welche Rolle spielte dabei die Zugehörigkeit zu den "Sachsen" bzw. "Schwaben"?

Die Zugehörigkeit zu Sachsen oder Schwaben spielte eine untergeordnete Rolle, wichtig waren die Deutschkenntnisse. Der NW wurde in den Anfangsjahren (50er Jahre) zu einem großen Teil von deutschsprachigen Juden gemacht, auch der Chefredakteur Ernst Breitenstein war halber Jude und halber Landler aus Hermannstadt. Mehrere Juden waren bis in die frühen 80er Jahre Mitarbeiter in der Redaktion. Andererseits gab es immer auch schon vereinzelte Rumänen in der Redaktion, die deutsche Schulen in Siebenbürgen oder dem Banat besucht hatten, und ein perfektes Deutsch sprachen und schrieben.

4. Welches war die Stellung der Redakteure: waren sie Angestellte von wem? (Soweit ich weiß des Z.K. der RKP, uzw. der Propagandaabteilung)

Die Redakteure waren nie Angestellte des ZK. Die Zugehörigkeit änderte sich im Laufe der Zeit. Man war Angestellter des Verlags ISIAP, zu dem mehrere Publikationen gehörten, später des Verlags „Scânteia", zu dem zumindest die fünf großen zentralen Tageszeitungen Scânteia, Scânteia Tineretului, România Liberă, Elöre und der NW gehörten, wenn nicht auch noch andere Publikationen. In den 80er Jahren war der NW ein „Organ der Front der Sozialistischen Einheit", wie unter dem Titel zu lesen war. Das ZK hatte allerdings ein waches Auge über die Zeitungen und es kamen immer Anweisungen von dort. Die Verbindung hielt der Chefredakteur.

Journalisten

5. Welches war die Ausbildung der Journalisten? Waren die Journalisten in der "Stefan Gheorghiu" Akademie ausgebildet?

Beim NW gab es so gut wie keinen Journalisten, der „Stefan Gheorghiu" besucht hat. Ich kenne keinen. Das galt auch damals nicht als Universität. Journalismus konnte man an keiner Universität studieren. Die Journalisten kamen von anderen Fakultäten und lernten in der Redaktion schreiben.

Zensur

6. Wer machte die Zeitung? Wie mischte sich die Zensur ein?

Die Zeitung wurde in der Redaktion gemacht. Die Zensur saß im Hauptgebäude der Casa Scânteii, wir in einem Nebenflügel. Alle Seiten wurden zur Zensur gebracht. Die Zensur hat sich manchmal eingemischt und hat Änderungen gefordert, nicht zu oft, denn man schrieb die Artikel schon so, dass die Zensur nicht viel aussetzen konnte.

7. Haben Sie ein konkretes Beispiel darüber, wie man die Zensur umgehen konnte?

Die Zensur umgehen, konnte man nicht. Alle Seiten wurden ihr gebracht. Was man konnte, war zwischen den Zeilen zu schreiben, was fleißig geübt wurde. Es gab eine Art Einverständnis zwischen Autor und Leser, allerdings weiß man nie, inwieweit, wie viele und welche Leser die Intention des Autors verstanden haben.

Schließlich war auch der Zensor nichts anders als ein Leser und auch bei ihm spielte der subjektive Faktor eine Rolle. Ein Text oder eine Textstelle, die einmal beanstandet wurde, konnte ein andermal vielleicht gedruckt werden.

Die Verhandlungen mit der Zensur führten immer nur die Chefredakteure, die Redakteure hatten keinen Kontakt zu den Zensoren (soweit ich das weiß).

Anfang der 80er Jahre (glaube ich) wurde die Zensur offiziell aufgelöst, das wurde also publik gemacht – eine Sache, die es davor offiziell nie gegeben hatte. Eine der Zensorinnen, Kety Taub, nahm in unserer Redaktion Platz und las die NW-Seiten. Sie war friedlich, nicht borniert und man konnte mit ihr reden. Der Chefredakteur trug die ganze Verantwortung der veröffentlichten Texte.

8. Hatte die Zeitung offizielle Kontakte zur Securitate?

Es hieß, dass ein Securist für unsere Redaktion zuständig war, und der unterhielt sich regelmäßig mit dem stellvertretenden Chefredakteur Hugo Hausl. Ich habe diesen Menschen nie bewusst wahrgenommen. Inoffizielle Mitarbeiter gab es gewiss, aber Näheres dazu weiß ich nicht. Von CNSAS bekam ich den Bescheid, dass sich über mich keine Akte finden lässt.

Deutschtum

9. Was war spezifisch Deutsch an dieser Zeitung? (formell bzw. inhaltlich)

Deutsch war die Sprache, die Thematik und auch das Vorbild, wie eine Zeitung auszusehen hat, der Umbruch. Die Thematik umfasste deutsche wirtschaftliche, soziale, kulturelle Bereiche im Zusammenhang mit den Deutschen in Rumänien, aber auch im deutschen Sprachraum. In diesem Fall wurde die Politik in den deutschsprachigen Ländern lange mehr oder weniger tendenziös dargestellt, bei kulturellen Themen konnte man sachlicher sein. Die Redaktion bekam zahlreiche Publikationen auch aus Westdeutschland und hat oft Artikel daraus abgedruckt, im Gegensatz zu den rumänischen Tageszeitungen. Aus diesem Grund griffen oft auch rumänische Leser mit Deutschkenntnissen zum NW.

10. Wo situierte sich die Zeitung zu den großen Themen der deutschen Geschichte in Rumänien: Kolonisation, Privilegien der Sachsen (Andreanum) und besonders zweiter Weltkrieg, Zugehörigkeit zu den Waffen SS und Wehrmacht, Deportation

und Kriegsgefangenschaft, danach Auswanderung und Familienzusammenführung?

Geschichte war ein heißes Eisen und wurde im Allgemeinen in der rumänischen Gesellschaft zu propagandistischen Zwecken missbraucht. Das begann schon im Schulunterricht und hat bis heute in den Köpfen der Leute Spuren hinterlassen. Über Kolonisation und Andreanum konnte man die Geschichte der Deutschen auf dem Boden des heutigen Rumänien noch halbwegs wissenschaftlich schreiben, angefangen von der Zwischenkriegszeit gab es viele Tabus und weiße Flecken in der rumänischen Geschichte und somit auch in der Geschichte der Rumäniendeutschen. Zu diesen Themen gehörten Waffen-SS, Wehrmacht, Deportation, selbstverständlich Auswanderung und Familienzusammenführung. Die Deportation kam im NW allein in Banat-schwäbischen Mundarttexten vor, in der Reihe „Dem Alter die Ehr", da erzählten ältere Menschen ihr Leben. Das nannte sich damals so: man leistete „Wiederaufbauarbeit" in der Sowjetunion. Die Leser verstanden sofort, wovon die Rede war. Das war z. B. ein Umgehen der Zensur. Aber auch die Zensur wusste, was gemeint war.

11. Mit welchen Zeitungen im Ausland hatte man Beziehungen (aus der DDR-wie waren diese aber aus der BRD?)

Wie gesagt, in die Redaktion kamen viele Zeitungen und Zeitschriften aus der BRD, auch das „Neue Deutschland" aus der DDR, aber das war weniger begehrt. Manchmal blieben Publikationen aus (die Zensur), aber schließlich kam in solchen Fällen dann ein Paket von der Botschaft, dort lagen obenauf Bücher und darunter „Der Spiegel".

Zu Zeitungen in den sozialistischen Ländern hatte man Kontakt und es wurde mit jeweils einer Zeitung auch ein regelmäßiger Journalistenaustausch gepflegt. Zuweilen kamen westliche Journalistendelegationen in die Redaktion.

12. Wie wirkt sich die Aufnahme deutsch-rumänischer Beziehungen nach 1967 auf die Zeitung aus?

Ich kam 1976 in die Redaktion. Meine Erinnerung geht also nicht so weit zurück. So wie ich die Chefredakteure Ernst Breitenstein und Anton Breitenhofer kannte, werden sie auch vorher Kontakt zu den Botschaften gehabt haben, immer fein säuberlich unter Wissen und mit Einwilligung des ZK. Aber man war an einem Anschein der Normalität und wohl auch an Informationen interessiert.

13. War der *Neue Weg* einfach nur eine rumänische Zeitung in deutscher Sprache? Gab es konkrete Unterschiede zwischen dieser und den rumänischen Zeitungen aus der damaligen Zeit?

Wenn es eine Zeitung mit übersetzten Reden von Ceauşescu war, was in den 80er Jahren leider immer häufiger wurde, dann kann man die erste Frage bejahen. Doch ist das nur ein kleiner Teil der NW-Geschichte. Die Frage ist mit jener nach dem Spezifisch Deutschen beantwortet.

3. Interview geführt mit Herr Werner Kremm

Fragen zur Person

1.Seit wann arbeiten Sie beim Neuen Weg? Welche Funktion hatten/haben Sie?

15.september 1980.

Korrespondent, Redakteur, Kommentator, verantwortlich für Westrumänien

Redakteure

2. Wie kam man zum Neuen Weg? Welche waren die Kriterien nach denen man die Redakteure ausgewählt hatte?

Möglichst Deutschstudium, vorherige Mitarbeit, Kriterien mir nicht bekannt...

3. Welche Rolle spielte dabei die Zugehörigkeit zu den "Sachsen" bzw. "Schwaben"?

Grundsätzlich keine

4. Welches war die Stellung der Redakteure: Wessen Angestellte waren sie? (Soweit ich weiß des Z.K. der RKP, uzw. der Propagandaabteilung)

Angestellte der Zeitung, die über das Presseamt der Propagandaabteilung des ZK der RKP herausgegeben wurde. Ausnahmen waren nur die Sport- und die Gewerkschaftspublikationen bzw. Fachpublikationen.

Journalisten

5. Welches war die Ausbildung der Journalisten? Waren die Journalisten in der "Stefan Gheorghiu" Akademie ausgebildet?

Die einzige journalistische Ausbildung gab es an der Parteihochschule „SG". Sonst gab es keine Journalismusschulen oder –Hochschulen. Im Falle deutscher Journalisten hatten sie in der Regel ein deutsches Lyzeum und eine Fachhochschule, meist Deutsch. Anschließend mussten sie in Crash-Kursen die SG besuchen – ich zwischen 1986-87, postuniversitär.

Zensur

6. Wer machte die Zeitung? Wie mischte sich die Zensur ein?

Die Redakteure machten die Zeitung. Wir schlugen in einem Monatsplan Themen vor – pro Woche, die Zeitung wurde in Bukarest in den täglichen Redaktionskonferenzen gemacht. Wie man mit der Zensur arbeitete, weiß ich nicht, weil ich nie direkt mit ihr zu tun hatte.

7. Haben Sie ein konkretes Beispiel darüber, wie man die Zensur umgehen konnte?

Nein, hab ich nicht. Die gefährlichste Zensur war im Kopf des Schreibenden und die kann man nicht umgehen, außer durch jahrelanges Training. Haben Sie noch nie bemerkt, dass man die Medienleute in Mutige und in Konforme einteilt, als regelmäßiger Medienkonsument? Nun, die Mutigen haben die Zensur im Kopf überwunden, die Konformen stehen unter der Fuchtel der Zensur. Grundsätzlich konnte man alles schreiben, man musste nur wissen, wie man es der Zensur – sollte sie Fragen stellen – so verkauft, dass sie selber es auch glaubhaft weitersagen kann an ihre Chefs.

8. Hatte die Zeitung offizielle Kontakte zur Securitate?

Nein. Securitate-Leute saßen in der Redaktion, die meisten unter ihnen waren bekannt, wir hatten sogar den Mann einer Securitate-Generälin als Kollegen... und die Redaktion Bukarest konnte mit ihrer Hilfe viele heikle Probleme erledigen.

<u>Deutschtum</u>

9. Was war spezifisch Deutsch an dieser Zeitung? (formell bzw. inhaltlich)

Nichts. Vielleicht Themen, die sich mit spezifischen Manifestationen der Deutschen Rumäniens befassten. Formell ein gewisses angelerntes Deutsch und der Zwang, aus dem Rumänischen zu übersetzen.

10. Wo situierte sich die Zeitung zu den großen Themen der deutschen Geschichte in Rumänien: Kolonisation, Privilegien der Sachsen (Andreanum) und besonders zweiter Weltkrieg, Zugehörigkeit zu den Waffen SS und Wehrmacht, Deportation und Kriegsgefangenschaft, danach Auswanderung und Familienzusammenführung?

Das ist ein eigenes Dissertationsthema...

11. Mit welchen Zeitungen im Ausland hatte man Beziehungen (aus der DDR-wie waren diese aber aus der BRD?)

Aus der DDR. „Vorwärts“ Erfurt, aus der Sowjetunion mit einer deutschen Zeitung aus Alma Ata.

12. Wie wirkt sich die Aufnahme deutsch-rumänischer Beziehungen nach 1967 auf die Zeitung aus?

Weiß ich nicht.

13. War der *Neue Weg* einfach nur eine rumänische Zeitung in deutscher Sprache? Gab es konkrete Unterschiede zwischen dieser und den rumänischen Zeitungen aus der damaligen Zeit?

Wir hatten viel mehr Freiräume als eine rumänische Zeitung und konnten andere Themata angehen: Umwelt, Nischen wie Höhlenforschung, Naturschutz, Heimatkunde (siehe Punkt 11) Sauberkeit des Trinkwassers und der Luft, Schulwesen in deutscher Sprache usw.